Silvio Luiz
O que só ele viu em 50 anos
de rádio, televisão e esportes

OLHO NO LANCE

Wagner William

EMPRÊGO OCUPADO
(a ser preenchido pelo empregador)

O portador desta Carteira foi admitido no

Emissora de Televisão
(espécie do estabelecimento)

Rádio Televisão Paulista S/A
(nome da firma)

Cidade S. Paulo
Estado S. Paulo
Rua Av. Rebouças   n.º 6?
Função que exerce Ator e Narrador
Seção Artística
Salário especificado CR$ 800,00 —
  (Oitocentos cruzeiros)

Data de admissão 23 de Março de 19 5.

Rádio Televisão Paulista S.
Assinatura do empregador [assinatura]
                           CONTADOR

Data da saída do emprêgo _____ de _____ de 19 ___

Assinatura do empregador _____

Nome do menor ...Sylvio Luiz Perez Machado de Sousa...
(legível)

Nasceu em ...14... de ...julho... de 19..34..

Natural de ...São Paulo — São Paulo...

Filho de ...Adhemar Machado de Sousa...

de ...Natholia Perez Machado de Sousa...

Residente à ...Rua Leandro Dupret, 235...

Data ...São Paulo, 22 de Abril de 1952...

OBSERVAÇÕES ....

Ass. do expedidor: ...Jayme Yunder...

(Assinatura do menor)

Copyright © 2002 Wagner Willian Knoeller
Licença editorial para a Editora Nova Cultural Ltda.
Todos os direitos reservados

Coordenação Editorial
Janice Florido

Editor
Eliel Silveira Cunha

Assistente Editorial
Elaine Barros

Editoras de Arte
Ana Suely S. Dobón
Mônica Maldonado

Projeto Gráfico
Mario Cafiero

Capa
Ana Suely S. Dobón

Revisores
Agnaldo A. de Oliveira
Dirce Yukie Yamamoto
Patricia Garcez
Ubirajara Idoeta Cará

Editoração Eletrônica
Daniel Abrahão Modesto
Marcio Osamu Goke

EDITORA NOVA CULTURAL LTDA.
Direitos exclusivos da edição em língua portuguesa
no Brasil adquiridos pela Editora Nova Cultural Ltda.,
que se reserva a propriedade desta edição.

EDITORA BEST SELLER
uma divisão da Editora Nova Cultural Ltda.
Rua Paes Leme, 524 – 10.º andar – CEP 05424-010
Caixa postal 9442 – São Paulo – SP

2002

Impressão e acabamento:
DONNELLEY COCHRANE GRÁFICA E EDITORA BRASIL LTDA.
CÍRCULO - Tel. (55 11) 4191-4633 - Barueri - SP

Silvio Luiz
OLHO NO LANCE

Wagner William

EDITORA BEST SELLER

Aos inimigos e desafetos!

Mãe, desculpe o trabalho que dei.

Márcia, sem a sua ajuda eu teria desistido.

Alê, você me enche de orgulho.

Teca, seu carinho é muito importante.

André, não perca nunca sua força de vontade.

A vocês, obrigado e Deus lhes pague!

FOTO: LUIZ HENRIQUE MENDES

AGRADECIMENTOS DO AUTOR

Agradeço a todos os que gentilmente deram seu depoimento para que este livro pudesse ser feito:

Affonso Splendore
Alberto Helena Jr.
Alexandre Sousa
André Francioli
André Sousa
Andrea Sousa
Angelo Henrique Ribeiro
Antoine Gebran
Antonino Seabra
Antonio Augusto Amaral de Carvalho
Antonio Codeseira
Antonio Valter Cosentino
Arlete Montenegro
Armando Marques
Armando Nogueira
Boris Casoy
Careca
Carlito Adese
Carlos Manga
Casagrande
Cid Sandoval
Ciro Batelli
Ciro José
Cláudio Amantini
Demerval Gonçalves
Edgar (José Silvério de Souza)
Eliana Almeida
Elizabeth Darcy
Fábio Caetano
Fábio Sormani
Fausto Silva
Fernando Pelegio
Fernando Solera
Flávio Prado
Francisco Coelho Leal
Galvão Bueno
Geraldo Blota
Gil de Oliveira
Gilberto Gaeta
Giovanni Bruno
Guilherme Stoliar
Horácio Margulies
Humberto Wisnick
Israel Gimpel
Itamar Franco
Ivan Busic
Ivan Magalhães
J. Hawilla
João Carlos Saad
Jorge Guirado
Jorge Kajuru
Jorge Vieira
José Carlos Carboni
José de Assis Aragão
José Francisco Queiroz
José Luiz Datena
José Luiz Iorio
José Maria Marin
José Paulo de Andrade

José Roberto Maluf
José Wander
Juarez Soares
Juca Kfouri
Juca Silveira
Leandro Quesada
Leleco Barbosa
Luciano do Valle
Luís Ricardo Bernardoni
Luiz Felipe Agostinelli
Marcelo Parada
Márcia
Marcos Lázaro
Marcos Reis
Mário Sérgio
Mauro Lissoni
Michel Laurence
Miele
Moacir Pacheco Torres
Murilo Fraga
Neimar de Barros
Nelson de Souza Faria
Neto
Nilton Travesso
Orlando Duarte
Osmar de Oliveira
Paulo Calçade
Paulo Machado de Carvalho Filho
Pepe (José Macia)
Ratinho
Reali Jr.
Ricardo Saad
Rivellino
Rui Viotti
Salvador Tredice
Sérgio Noronha
Severino Verardo
Sílvio Lancellotti
Téo José
Teti Alfonso
Tom Zé
Ubirajara Guimarães
Vital Battaglia
Waldemar de Moraes
Wanderley Luxemburgo
Zico Góes
Zito (José Eli de Miranda)

Agradeço a Alexandre Sousa pela idéia, confiança e principalmente pela amizade.
Agradeço a Ignez Esteves e Lourdes Peres pelo incansável trabalho de pesquisa.
Agradeço a Carlos Saraiva pelo apoio e indicações técnicas e a Alexandre Ricardo Peres pelas sugestões na leitura dos originais.
Agradeço a Sandro Rossi e Gilberto Gaeta pela ajuda e colaboração.
Agradeço às equipes do departamento de arquivo do SBT, da Rede Record e do Arquivo Público do Governo do Estado de São Paulo.
Agradeço a Lucas e Isabel por existirem.
Agradeço a Janice Florido pelo fundamental incentivo, pelas importantes orientações, pela serenidade e paciência dedicadas ao meu trabalho.
Agradeço a Silvio Luiz e a Sylvio Luiz Perez Machado de Sousa pela gentil convivência durante as mais de trinta horas de entrevistas, pela franqueza e generosidade.

WAGNER WILLIAM

Quem é mais famoso?

Apresentação

Silvio Luiz e eu formávamos uma dupla na TV Record, trabalhamos juntos de 1977 a 1987, e foi quando aprendi a fazer televisão. Falar do Silvio Luiz é muito tranqüilo, convivemos durante treze anos (dez na Record e três na Band) e, quando comecei a trabalhar com ele em 77, só tinha experiência em rádio. Nosso primeiro trabalho juntos foi um dia marcante, em 13 de outubro de 77, na final entre Corinthians e Ponte Preta, quando, finalmente, o Corinthians ganhou um título após 23 anos.

Silvio Luiz aparentemente justifica o apelido de "Iogurte": branco, baixinho e azedo. Mas Silvio Luiz ser humano, amigo, chefe e padrinho (foi meu padrinho de casamento) jamais esquece o dia do meu aniversário, nunca falta a uma festa, mesmo que seja dos meus filhos ou até de um amigo meu. Você pode contar com ele para palestras em escolas, para uma reunião mais séria ou simplesmente um bate-papo para desabafar seus problemas. E, nessas horas, o aparente durão se derrete e mostra todo o seu lado humano e sua face sensível. Aprendi muito com Silvio. Viajamos pelo mundo todo juntos e fui cúmplice em coisas hilariantes, como nossa famosa candidatura à presidência da Federação Paulista de Futebol. Você que é fã do Silvio Luiz vai conhecer neste livro uma das figuras mais incríveis da televisão desde os seus primórdios, mas principalmente ficará ainda mais admirado com esse nosso grande professor. Portanto, olho no lance!

FLÁVIO PRADO

Como ator em Casa de Pensão, *na TV Paulista.*

Apresentação

O amor à profissão, a seriedade, a versatilidade e a combatividade são as marcas de Silvio Luiz. Conheci poucas pessoas que se dedicaram a tantas atividades diferentes e conseguiram êxito como o Silvio Luiz. Ele foi locutor, apresentador de programas musicais e esportivos, repórter, árbitro, diretor. Para quem não sabe, o Silvio teve uma participação importante em um dos programas mais polêmicos da televisão, o *Quem Tem Medo da Verdade?* Entende muito de música, foi produtor, diretor, trabalha em rádio e conhece como poucos a parte técnica da televisão. É claro que a marca maior sempre vai ficar como locutor esportivo. Pela sua irreverência, humor e estilo diferente, ele está, sem dúvida, entre os melhores narradores esportivos da televisão brasileira. Silvio Luiz acabou se expondo a vida inteira justamente porque nunca ficou em cima do muro. Seu comportamento explosivo muitas vezes o prejudicou, mas também serviu para que as pessoas passassem a admirá-lo pela coragem e por falar sempre o que pensa — às vezes falando até sem pensar. Tenho muito respeito e admiração pelo Silvio, homem sério, batalhador e que dedicou a sua vida inteira à família e ao trabalho. Quem o conhece na intimidade percebe que a sua pseudo-arrogância nada mais é do que uma armadura envolvendo um coração emotivo e generoso. E que essa casca esconde um homem sensível e humano. Trabalhei com o Silvio durante uns quatro ou cinco anos nos meus tempos de repórter da Jovem Pan. Nessa convivência, aprendi muito, principalmente quando ele me aconselhava a não repetir o que já tinha feito de errado. Este livro é um painel desse profissional com 50 anos de carreira e que tem muitas histórias para contar aos amantes do Esporte e aos estudantes de Comunicação. O mais importante: ao mesmo tempo que foi vítima do seu próprio temperamento, Silvio Luiz nunca deixou de ser um homem honesto. Ele não foi bajulador, procurou ganhar dinheiro através da sua profissão e sempre seguiu o caminho da dignidade.

FAUSTO SILVA

No México, diante do Museu de Antropologia.

Prefácio

OBRIGADO, SILVO DE LUZ E GOELA SOLAR

Obrigado pelo otimismo disfarçado em humor, temperado com destemperança e overdose de criatividade; pela santificada iconoclastia, descontração encantatória e quebra de formalidades banais; pelo paradoxal drible do elástico na pseudoculta racionalidade cartesiana que tenta se instalar onde a riqueza é justamente a improbabilidade lógica.
Pelas harpas do esteta!

Obrigado, meu caro Silvo de Luz e Goela Solar, porque seu humor pode nos induzir a hastear a bandeira de uma maior sobriedade em nossa atuação esportiva. Temos de ter cuidado até com esta pequena arma poderosíssima que manejamos diariamente: o microfone. Porque nossa torcida, mantida contra a parede por uma sociedade lodosa e ladra, não tem esclarecimento para identificar seus verdadeiros carrascos e fica à disposição, como massa de manobra, para voltar sua justa revolta contra um alvo equivocado: atletas, técnicos e outros torcedores, uma vez que a dor latente do homem explorado, que tem o filho no *crack*, a filha à beira da prostituição e a fome na mesa, pode ser facilmente acirrada e canalizada para um futebol-batalha-e-luta-fratricida, enquanto seus verdadeiros algozes deitam, governam e rolam com sua sociologia de baioneta, praticando o esporte preferido dos ricos: tecer tricô com a tripa dos tapeados.
Piolho no *dancing*!

Obrigado meu caro Luiz de Humor e Silvo, porque isso humaniza o esporte e nos faz sonhar com a inversão da tendência de considerar cada jogo um apocalipse, uma batalha final. Abissal absurdo; se a derrota for proibida e se ninguém puder falhar, teremos que admitir como natural que o zagueiro da Colômbia se-

ja, como foi, assassinado, ao fazer um gol contra numa partida da Copa do Mundo na qual sua equipe "não podia perder". Já estamos quase lá, em termos de bestialidade, pois entre nós repetem-se casos nos quais a torcida, não dispondo de "inimigos" para agredir, muitas vezes, num cabuloso *nonsense,* briga consigo mesma. E quando "inimigos" há, assistimos a um delicado lá-vai-pau-não-sei-pra-quem que já deixou vários mortos em campo.
       Deu caspa no cacho da Maricota!

 Obrigado, meu caro Silvio Luiz, por pintar os melhores lances do jogo com expressões verbais tão precisas que podemos lhe creditar a mais adequada moldura para cada relâmpago mágico da arte do pé-na-bola, que outros toques admite.
       Ó boca da intuição,
       obrigado por esta mão.

 Obrigado, Silvio Luiz, porque sua expressão "queimou o filme", usada quando o favorito está prestes a perder o jogo, mostra-nos, com graça, que o adversário, inicialmente pequeno, tem direito a crescer e chegar à vitória, pois não se pode ganhar sempre, isso seria o fim e a falência do próprio espírito do esporte. Seu "queimou o filme" especialmente me comove como flagrante de uma força sempre em movimento: a História.
 Sou um torcedor solitário e isolado, ao defender firmemente a tese de que a Seleção Brasileira não tem obrigação de vencer. Não justifico. O justo prevalece, cru.
 Sem falar que nos últimos cinqüenta anos, ganhando quatro Taças do Mundo e formando oito times do sonho, tendo sido, sem dúvida, os melhores do planeta, socialmente continuamos os piores do *ranking*. O eu-cidadão está cansado das glórias do eu-torcedor e crê mesmo que chegou a hora de o Brasil começar a ser bom também, ou até preferencialmente, em outras áreas de atividade, nas quais a humildade dá resultados bem melhores que a arrogância.
       Torça, mas não se canse,
       descanse o olho no lance.

Nesse terreno, o humor é um estágio cósmico superior. Queiramos ou não, ele é superior ao orgulho dos tetracampeões do mundo, estando, na essência do ser, acima da vitória: é um estado de auto-estima privilegiado, capaz de conviver galhardamente com vitórias e derrotas. É uma arte humilde que, levando em consideração o ritmo e o capricho dos augúrios, apresenta-nos à implacável curva da fortuna, ascendente e descendente, que escolhe seus eleitos a cada década em uma região do mundo, porque assim é e assim falou Zaratustra.

Desde que o homem começou a registrar os fatos com a ciência chamada História, não tem sido outra a alternância do fado. Este levanta um império com Nabucodonosor na Babilônia para fazê-lo decair e esboroar-se em seiscentos anos. Mais tarde leva seus bons ventos para a Grécia democrática, para vê-la espedaçar-se em lutas intestinas e fenecer depois de sete séculos de esplendor. A seguir, abre suas ilhargas da sorte para o Império Romano, que cresce, coevo de Cristo, até a derrocada final com a queda de Constantinopla e dá lugar ao crescimento do Império Sarraceno. Caminha, passo a passo, até chegar aos Estados Unidos, o Império Americano, que hoje mostra sinais de apodrecimento e tendência suicida.

Nas letras, nas artes, na ciência, a roda da fortuna sobe e desce, criando verões seguidos de invernos nos quatro cantos do mundo. Assim será com o futebol, pois, pela lei natural, estamos na curva descendente, na implacável curva descendente. (Tomara as harpias me tapem a boca!)

Meu caro Silvio, o humor é aliado do fado. Ele convive com os dois pólos da sorte. Além de nos ensinar o verdadeiro sentido do esporte: comemorar o pequeno que cresce e, não com humilhação e sim com solidariedade, alentar a vitória alheia — até mesmo, ó, bom Deus, se o vencedor for a Argentina, com os diabos!

RUI BARBOSA E JUCA KFOURI

Se fôssemos paradigmatizar a famosa frase de Rui Barbosa, poderíamos dizer: de tanto ver triunfar a polêmica e a violência o homem sofre diante do prazer e tem vergonha da tolerância.

Esclareçamos um pouco essa idéia: 3 de outubro de 2001, quarta-feira, jogo vespertino, apesar do dia útil, seis e quinze, Juca Kfouri falando na CBN após a partida Palmeiras e Corinthians, quando este, dirigido por Luxemburgo, numa fase de baixa, há vários jogos sem uma vitória, ganhou surpreendentemente do Verdão, naquele momento um dos primeiros colocados do Campeonato Nacional. Venceu pelo largo placar de 4 a 2.

Dizia Kfouri: "Quero comemorar este time do Corinthians que hoje abriu a arca da oficina do futebol e, de sua juventude insípida, sacou uma tarde de inspiração...". Veio a primeira interrupção do âncora, tentando dirigir a atenção do comentarista para o fracasso do Palmeiras.

Juca reagiu: "Hoje me permita comemorar o vencedor e a vitória. Ninguém esperava que esse Corinthians ainda verde achasse uma centelha de arte em suas chuteiras para...".

Outra interrupção. O acontecimento vitorioso sempre necessitará, para plasmar sua efígie, de um grande derrotado na outra banda. Mas, habituado ao obituário do perdedor, de preferência ao gozo da vitória, o âncora, com razão, se arrogava o direito de ficar-se na beira da impaciência: "Entretanto, o fracasso injustificado desse Palmeiras preguiçoso...".

Desta vez foi Kfouri quem atropelou: "Perdoe-me, mas hoje vou abandonar a culpa e os culpados para alçar esse elenco que renasceu, alavancado numa volta-por-cima, e chegou com pompa e circunstância perto dos grandes momentos que estes meus velhos olhos assistiram no esporte...".

O âncora não podia acreditar. Que vexame!

Kfouri manteve sua determinação, enquanto eu, guiando o carro, descendo a avenida Sumaré, desfrutava, com o coração reconfortado, aquela tarde de exceção. Nossa! Dava até vontade de saltar e ajudar os cortadores de grama que trabalhavam por ali. Que coisa gostosa de ouvir! Elogio, até dirigido aos outros, dá na ignição da gente! Nessa noite, trabalhei até depois das 24 e solucionei um problema de composição que, havia já um mês, me dava o drible da vaca.

E não é, seu Luiz de Silvio e Luz, que aquelas suas saudosas transmissões fascinantes explodiram, alegres, em minha lembrança? Por semelhança, dizem os doutos, unem-se alhos e bugalhos. Tudo com

>Piolho no *dancing*,
>de olho no lance.

Não é por outra razão que em toda e qualquer ditadura o humor é censurado. Suas transmissões de futebol, Silvio, estão proibidas por uma ditadura que comanda hoje o gosto médio e a produção descartável a que estamos submetidos, sob correntes, no cavo porão de uma prepotência que almeja idiotizar as massas.

Um censor silencioso e anônimo, Luiz, amordaça sua boca e qualquer silvioluisismo que possa botar a cabeça de fora. Beto Hora e sua equipe devem tomar todas as precauções. Daqui a pouco, como tanto tem acontecido, eles recebem um dinheiro daquele do gênero tapa-boca.

(Ah, Tom Zé, vem cá dançar um axé e relaxar com uma novelinha, que você já está ficando maníaco!)

Com essa recordação, volto do *flashback* daquela tarde prazerosa para este espinhoso texto no qual tento lembrar a ode jukfouriana para, ajuntada aos melhores momentos de inspiração deste Cio-de-Luz-e-Giz, me ajudar na bipolarização das palavras de Rui Barbosa: de tanto ver triunfar a condenação, o homem tem vergonha de ser feliz no louvor.

OS DEVOTOS DA INCONGRUÊNCIA NO PARADOXO NEOLÍTICO

Se só nos ocupamos do perdedor, do culpado e do erro, o vencedor começa a sentir desconfiança, podendo pensar com seus botões: "O que há de errado em ganhar? Quem vence não tem direito a espaço nem comentário? Assim, vencedor é quem perde".

À semelhança de algumas famílias nas quais os filhos só recebem carinho dos pais se adoecem, o vencedor pode concluir que para merecer atenção será necessário perder. E, se perde, entra em confusão, porque a derrota ganha espaço e a vitória é esquecida. Logo, vencer é perder e perder é ser famoso.

(Está na hora de eu mesmo fazer uma pergunta que está na boca de todos vocês: O que é que esse Tom Zé tem contra a crônica esportiva? Respondo: Tenho tudo contra. Eu a amo. Ouço-a pelo menos três horas por dia. Às onze e pouco estou com Orlando na Trianon, logo com Romano na LBV, Quesada e Papa, na Bandeirantes, esperando as manchetes da abertura da Pan. De tarde persigo Ulisses e Paulo na Globo, e a *Hora do Brasil* é a hora de Beto Hora na Brasil 2000. E não dispenso Dalmo e Fiori na grande casa do bispo. Se pudesse, teria uma linha direta no almoço com Milton, Quartarolo, Wanderley e Cláudio Suprema-Corte Carsughi, esse florentino que sabe mais português que nós brasileiros.

Tenho tudo contra a crônica esportiva. Não posso viver sem ela.)

MUSEU DA IMAGEM E DO SOM

Vou encomendar a Fernando Faro um documentário para o Museu da Imagem e do Som com trechos de suas transmissões, de forma que Flávio Prado possa levá-las para as aulas dele e as futuras gerações ouçam seus refrões, colocados em momentos axiais, no nervo exposto do jogo.

> Pelas barbas do profeta
> de olho no lance
> queimou o filme
> é a raspa no tacho da mandioca.

Diante do quê, vê você mercê que dê e venha render a um coração preocupado mais ventura do que comentar este livro sobre o silvitroante Luiz e sua desabrida veia bergsoniana?

Seu humor, Silvio, está oficialmente aprovado como de utilidade pública, por ter o mesmo efeito de uma desafiadora parábase coral na cara da corrupção e da violência vigentes. Estas, de maneira sutil e subliminar, tentam instalar um pessimismo arrivista, com ares e *status* de cultura, que emigrou do mundo financeiro e da política para a arte, as ciências, o esporte, e todos os setores da vida nacional.

Seu humor silvino está instituído como socialmente benéfico por nos oferecer a mesma mágica sentida e manifestada por Platão ao ler os mimos da comédia grega registrados por Sôfron, que os escreveu no rude e picante dialeto de Siracusa.

Porque, com todos os seus refrões, dileto, você compôs também um dialeto, aquele da esperança. Aos quintos do inferno tudo que é culto-e-cultura do pessimismo e, persistindo os médicos, os sintomas deverão ser consultados.

São Paulo, fevereiro de 2002.

TOM ZÉ

Capítulo I
O REPÓRTER

Rádio São Paulo

DE CALÇA CURTA

Ele tanto insistiu que sua mãe acabou concordando, mas com uma condição: teria de tirar boas notas no colégio. Assim Natália Perez de Sousa, muito mais conhecida como Elizabeth Darcy, uma estrela entre as locutoras de rádio da época, prometeu ao filho que ele poderia acompanhá-la em seu trabalho na Rádio São Paulo.

Sylvio Luiz Perez Machado de Sousa não viu problema algum na condição imposta e passou a ser companhia constante da mãe na rádio, onde — sempre com a mesma frase, "me dá uma chance", na ponta da língua — perturbou muito o diretor Waldemar de Moraes. Dessa forma conseguiu uma vaga no elenco, mas sem contrato e sem registro na carteira. Na Rádio São Paulo Silvio passou a fazer locuções e pequenas pontas nas radionovelas, ganhando um tímido cachê. Apresentava também o programa *Cinema*, quando o titular, Marino Neto, não comparecia. A abertura ficou marcada na memória de Silvio: "Projeta-se na tela maravilhosa do éter mais um facho sonoro do programa *Cinema*. *Cinema*: um programa de Marino Neto. *Cinema*: um programa para ouvintes da Rádio São Paulo".

E lá ia o garoto de dezessete anos, agora assinando Silvio Luiz, ainda usando calça curta, correndo para a rádio assim que aparecia algum serviço. Seu primeiro trabalho foi em uma radionovela. O único receio do estreante radioator era entrar na hora errada. Pediu que o contra-regra lhe desse um sinal na sua deixa. Com essa pequena ajuda, sua estréia foi perfeita. Ele passaria a atuar, com direito a algumas poucas falas, nas radionovelas da emissora.

Mas o que assustava Elizabeth Darcy era a possibilidade de Silvio Luiz não se sair bem no mundo do rádio e da televisão. A expectativa dela era muito grande. A decepção poderia ser forte para o adolescente que perdera o pai, Ademar Machado de Sousa, quando tinha apenas seis anos de idade. Além disso, ela realmente queria que o filho se dedicasse aos estudos, enquanto ele só pensava na carreira e não dava muita importância aos sérios ensinamentos do Colégio de São Bento.

Tv Paulista

A MESMA TÁTICA

Pouco tempo depois, Elizabeth Darcy foi contratada para ser garota-propaganda da TV Paulista. E Silvio foi atrás. Claro que ele iria repetir a estratégia e acompanhar a mãe para tentar arrumar um emprego melhor.

A TV Paulista — "a imagem perfeita e o melhor som" — foi inaugurada em 14 de março de 1952. Pertencia ao deputado Ortiz Monteiro. Três anos depois ele venderia a emissora para as Organizações Victor Costa (que possuíam as rádios Excelsior e Nacional). Em 1964 a TV Paulista trocaria de dono novamente. Roberto Marinho compraria o canal para instalar a TV Globo Paulista.

Silvio, de tanto insistir agora com Moacir Pacheco Torres, narrador esportivo da emissora, conseguiu o emprego. E com registro na carteira de trabalho, datado de 23 de março de 1952. Seu entusiasmo era tão grande que praticamente passou a morar nos estúdios. Faltava mão-de-obra na recém-inaugurada emissora, e Silvio virou um faz-tudo naquele prédio da rua da Consolação, onde ficavam os estú-

Um dos primeiros jogos como repórter no Estádio do Pacaembu.

dios (que eram, na realidade, um pequeno apartamento). Ele puxava cabos, arrumava a fiação, trocava lâmpadas dos estúdios e organizava os cenários.

Ganhou também outra função: locutor, dividindo o trabalho com Luís Guimarães e Eduardo Pires de Carvalho, o Boi, um médico catarinense que tinha uma potente voz.

Nas tardes de terça e quinta o garoto de dezessete anos virava a estrela da emissora, narrando corridas de trote no programa *Tarde Esportiva no Trote*. Silvio não se importava com aquela responsabilidade, o que ele comemorava mesmo era o fato de não ter de ir à escola naqueles dias. Dona Elizabeth percebia que o filho começava a deixar os estudos de lado; então, para que ele sentisse a responsabilidade do trabalho, exigiu que assumisse o pagamento das contas de água, luz e telefone.

NO CAMPO DE FUTEBOL

Poucos meses depois da sua inauguração a TV Tupi já transmitia jogos de futebol, mas na equipe esportiva da pioneira emissora não havia repórter de campo.

A TV Paulista montou um forte trio para enfrentar a Tupi. Moacir Pacheco Torres na narração, o ex-craque da Seleção Leônidas da Silva nos comentários e José Iazetti analisando a arbitragem. Moacir sugeriu que um repórter de campo entrasse nesse time, mas era preciso vencer o problema do microfone. E que problema: o repórter não tinha como se comunicar, do gramado, com a equipe na cabine, assim como não ouvia o que o narrador estava falando. Assim, o responsável técnico da TV Paulista, Sílvio Vasconcellos, desenvolveu um transmissor que deveria ser carregado pelo repórter. O transmissor emitia o sinal em freqüência modulada para a mesa de som da cabine da emissora, no Estádio do Pacaembu.

Silvio ainda não era um rosto conhecido como ator, mas já tinha a experiência de narrar as corridas no Trote. Acabou ganhando o microfone e a ordem de ir trabalhar no Estádio do Pacaembu durante os jogos.

Aos dezessete anos de idade Silvio Luiz se tornava o primeiro repórter de campo da televisão brasileira.

Ele agora era o menino que entrevistava Gilmar, Cláudio, Luizinho, Djalma Santos, Baltazar, Bauer... Um garoto tímido que se transformava quando pegava o microfone e saía para as reportagens. Invejado por outros garotos e até admirado pela garotas — que se encantavam com seu topete loiro, no melhor estilo James Dean —, ele não percebia a repercussão e a importância de sua função. Para Silvio, aquele era um trabalho normal, e isso o tornava irreverente e abusado nas perguntas, que já começavam a fugir de qualquer padrão. Ele realizava reportagens no começo e no intervalo das partidas, trabalhando sem retorno — não ouvia o que Moacir falava nem tinha certeza se o que dizia estava indo ao ar —, comunicando-se com o narrador por meio de gestos.

Como defesa própria, adotou um estilo agressivo e, principalmente, sem rodeios. Era preciso coragem para colocar o microfone na frente do jogador e mandar uma pergunta provocativa e direta. Ele era o único repórter de campo da emissora, e saía correndo a cada movimentação nos bancos de reservas, porque tinha de cobrir os dois times. Jovem, magro e muito rápido — e sempre carregando o transmissor de cinco quilos —, Silvio levaria

Com o goleiro Gilmar.

vários tombos, que faziam a alegria dos torcedores, nos seus piques atrás do entrevistado.

VOCAÇÃO DE CURINGA

Dois meses e meio antes de ser inaugurada oficialmente, a TV Paulista transmitiu, em caráter experimental, a Corrida de São Silvestre. O narrador Moacir Pacheco Torres e o repórter Silvio Luiz tornaram-se os primeiros profissionais de televisão a cobrir a tradicional prova.

Só havia duas câmeras para transmitir o evento. Uma delas foi instalada no antigo prédio da Gazeta, na avenida Cásper Líbero, no centro de São Paulo, antigo local da largada e da chegada da corrida. A outra câmera ficava mostrando as entrevistas que Silvio fazia. Para entrevistar os atletas sul-americanos, Silvio tinha a grande vantagem de dominar a língua espanhola. (Depois que sua mãe casou pela segunda vez, com o publicitário Fábio Teixeira de Carvalho, a família viveu um ano na Argentina. Foi durante esse período da infância que ele, continuando seus estudos, aprendeu com facilidade a língua espanhola.)

Enquanto Silvio, na rua, entrevistava personalidades e autoridades que aguardavam os atletas na linha de chegada, Moacir ficava dentro do Telecruiser — o caminhão de externas que era o grande orgulho da emissora —, colocava um fone, sintonizava o seu rádio na transmissão de Pedro Luiz pela Panamericana e, ouvindo tudo o que o narrador falava, repassava as informações aos telespectadores, como se estivesse acompanhando a corrida. Claro que os profissionais da Panamericana não sabiam disso.

Sinhá das Dores marcou sua estréia como ator de novela. Ele interpretava Jacob, um judeu mascate. Também fazia ponta no seriado *Rafles, o Ladrão de Casaca*, escrito e dirigido por Antonino Seabra, que se inspirou nos seus heróis da infância para criar as histórias do sofisticado ladrão que só roubava ricos. As aventuras de Rafles se passavam em Londres. O figurino e a cenografia tentavam transmitir o clima inglês. O *fog* londrino exigia um improvisadíssimo efeito especial: os funcionários que fumavam ficavam ao lado da câmera soprando em direção à frente da lente para "fabricar" a neblina.

A estréia como ator, na novela **Sinhá das Dores.**

O ator principal era Davi Conde. Silvio fazia figuração interpretando um guarda britânico, com casaco e chapelão típicos. Sua participação se resumia a entrar em cena, apitar e sair. Atuou também em vários especiais, fazendo muitas pontas, como o papel de um centurião, apesar de seu porte físico — magro e baixo —, no especial de Natal *A Vida de Jesus Cristo*.

TV RECORD

Inaugurada em 27 de setembro de 1953, a TV Record de São Paulo, de propriedade do empresário Paulo Machado de Carvalho, o doutor Paulo, abriu um novo rumo para a televisão brasileira. Entrava no ar com o número 7, que, segundo acreditava o empresário, iria trazer sorte.

Para montar a equipe esportiva, a Record tirou o comentarista Leônidas da Silva da TV Paulista. Mas faltava um repórter. Leônidas então telefonou para Silvio avisando da vaga. Seguindo o conselho do comentarista, ele procurou o responsável pelas transmissões esportivas, Antonio Augusto Amaral de Carvalho (o Tuta) — um dos filhos do doutor Paulo —, e acertou sua transferência para a Record, dezoito dias depois da inauguração da emissora. Alfredo de Carvalho e Paulinho eram os outros filhos do doutor Paulo que também participavam do comando da Record.

Silvio se despedia da TV Paulista. Sua mãe continuaria lá até se transferir para a TV Tupi, onde iria apresentar programas dedicados às donas-de-casa, como *No Mundo Feminino* (originariamente apresentado por Maria de Lourdes Lebert). Mais tarde Elizabeth iria para a TV Cultura. Ela possuía uma bela voz e ótima memória, qualidades fundamentais em uma época em que não havia videoteipe. Ao lado de Amélia Seyssel, Idalina de Oliveira, Branca Ribeiro, Neide Alexandre e Marlene Morel, ela brilharia também como garota-propaganda.

O CURINGA ASSUMIDO

O salário de Silvio continuava praticamente o mesmo, porém haveria mais oportunidades de crescer e aprender mais sobre televisão, o principal objetivo dele naquele momento. A equipe esportiva ficou assim formada: o narrador Raul Tabajara, o comentarista Leônidas da Silva (mais tarde substituído por Paulo Planet Buarque) e Flávio Iazetti como analista

Foi com essa turma que a Record chegou ao sucesso.

de arbitragem, além de Silvio, que empunhou o microfone-volante da TV Record pela primeira vez em um jogo de futebol entre o time da ACEESP (Associação dos Cronistas Esportivos do Estado de São Paulo) e uma equipe de estudantes.

O drama do retorno continuava, pois Silvio não ouvia o que seu narrador estava dizendo. Mas alguns códigos foram adotados para facilitar a comunicação entre eles: para começar a falar, ele chamava: "Alô, Tabajara..." e olhava para a cabine da Record. Quando Geraldo Campos, o motorista da equipe, abaixava o braço, Silvio começava a reportagem sem saber se estava de fato no ar. Nos jogos noturnos, Geraldo acendia uma lanterna. Pelo menos Silvio não precisaria mais levar o transmissor junto. Paulo Fagundes, técnico da Record, desenvolveu um microfone-volante — que servia como transmissor — pouco maior do que uma caixa de sapato, mas que também pesava cerca de cinco quilos.

A estrutura da nova emissora era bem maior que a da TV Paulista. Silvio aproveitou e começou a se interessar por outras áreas. Sua função principal era repórter esportivo, mas, conforme a necessidade da emissora, também atuaria nos teleteatros da Record, que tinham o charmoso nome de *Sob a Luz dos Refletores*. O diretor de televisão Hélio Ansaldo, aproveitando a repercussão mundial de um caso real de pena de morte nos Estados Unidos, produziu e dirigiu uma adaptação dessa história: *Cela: 2477 — Corredor da Morte*, que tinha Randal Juliano no papel principal e Silvio como vilão, realizando uma atuação muito elogiada pela crítica.

Nas novelas da Record Silvio fez o papel de Julinho, um dos filhos de dona Lola, na primeira versão produzida na televisão da novela *Éramos Seis*. Gessy Fonseca (dona Lola), Gilberto Chagas (Júlio, o pai), Arlete Montenegro (Isabel), Randal Juliano (Carlos) e Fábio Cardoso (Alfredo) completavam o elenco principal. A história original — de Maria José Dupré — foi adaptada e dirigida por Ciro Bassini. Os capítulos eram apresentados ao vivo e iam ao ar apenas três vezes por semana, em dias intercalados. Chamou a atenção dos telespectadores um recurso usado pela maquiagem para envelhecer o personagem de Silvio: um bigodinho castanho-escuro que contrastava demais com o cabelo loiro do ator.

Mesmo sendo magrinho e tendo de enfrentar os cem quilos do equipamento, Silvio trabalhou como câmera de estúdio várias vezes. Para os funcionários da Record havia uma motivação a mais em se dedicar a diversas funções: além de aumentar seus conhecimentos, eles sempre ganhavam um pequeno cachê que engordava um pouco mais o salário. Silvio aceitava qualquer convite de trabalho: chegou até a acompanhar o técnico Reinaldo Paim ao alto dos morros para ajudá-lo a desmontar os microondas (transmissores portáteis que recebem e transmitem os sinais). Também chegou a buscar os operadores da emissora — heróis de uma televisão que não existe mais — que passavam noites no meio do mato, cuidando da manutenção dos equipamentos provisoriamente instalados, mas fundamentais para o sucesso da transmissão.

Silvio também produziu e comandou o programa *Sete Dias no Prado*. Dava dicas para os apostadores do turfe, entrevistava jóqueis, indicava as barbadas e premiava o melhor jóquei da semana.

Com Gilberto Chagas, no especial Cela 2477 – Corredor da Morte.

Com Wilson Fittipaldi, o Barão, apresentava o *Esportes a Motor*. Silvio fazia reportagens no programa, que tratava de automobilismo nacional e internacional.

Esportevisão era um resumo geral dos acontecimentos no esporte. Silvio era o apresentador e produtor. Usava muito a equipe da Rádio Panamericana (também pertencente a Paulo Machado de Carvalho), comandada por Narciso Vernizzi, que entrava no ar pelo telefone dando as últimas notícias do plantão esportivo. Por sugestão de Silvio foi montado um *loop* (uma seqüência de imagens que se repetiam) de filme com cenas de Vernizzi ao telefone. Esse filme começava a rodar assim que a voz de Vernizzi entrava no ar, dando a impressão de que ele estava ao vivo.

O lado cômico de Silvio surgia no programa *Risos e Melodias*. Ele tinha uma participação em um dos quadros. Virgínia Lane era a grande estrela do humorístico.

No programa *Astros do Disco* eram apresentados os grandes sucessos musicais do momento, e como não havia videoclipe, a solução então era improvisar: aproveitando-se do seu topete, Silvio fazia imitações de Elvis Presley, dublando e dançando como o rei do *rock* e arrancando elogios do público, principalmente o feminino.

O PRIMEIRO PRESIDENTE

O Grande Prêmio São Paulo de Turfe de 1953 contou com a presença do presidente Getúlio Vargas, já desgastado por uma grave crise política. A TV Record estava transmitindo o evento ao vivo. Depois de fazer as entrevistas na pista, Silvio, com dezenove anos, subiu para as tribunas de honra e ficou cara a cara com Gregório Fortunato, até então o todo-poderoso guarda-costas do presidente. Ainda surpreso, arriscou:

— Senhor Gregório, se eu não entrevistar o presidente, eu vou ser mandado embora.

Gregório olhou bem para o franzino repórter por uns instantes e ordenou:

— Espera um momento, menino.

Minutos depois Gregório voltava da tribuna do presidente:

— Pode entrar.

Silvio, ainda não acreditando, chamou:

— Alô, Tabajara...

E olhou para o local onde a equipe da Record estava. Geraldo abaixou o braço e ele continuou:

— Estamos aqui ao lado de Sua Excelência, o presidente da República...

E prosseguiu a entrevista exclusiva com Vargas. Foi a primeira vez que Silvio viu um presidente da República.

TRANSMISSÃO HISTÓRICA

O primeiro repórter de campo da televisão brasileira entraria definitivamente para a história da televisão no dia 26 de maio de 1956. A TV Record e a TV Rio se uniram para fazer a primeira transmissão interestadual no país. As imagens geradas ao vivo, do Rio de Janeiro para São Paulo, mostraram Silvio Luiz e Hélio Ansaldo andando pelo calçadão de Copacabana. Silvio, em se-

Adil, um dos craques do turfe.

guida, entrevistou as pessoas que estavam tomando banho de sol, os turistas, o salva-vidas e até uma mulher que estava na janela de um prédio em frente, observando toda aquela agitação. Silvio pediu licença e subiu até o apartamento, apareceu na janela, acenou para a câmera e conversou com a moça lá mesmo.

Enquanto isso os cariocas paravam e ficavam intrigados com aquele caminhão do Canal 7 de São Paulo estacionado em frente à praia. "O que vocês estão fazendo aqui?" era a pergunta mais ouvida. A equipe explicava que estava enviando imagens para São Paulo, mas não adiantava: ninguém acreditava que as imagens geradas ali pudessem ser transmitidas ao mesmo tempo para São Paulo. Mesmo assim, para matar a curiosidade, eles pediam para entrar e conhecer o caminhão.

Isso era o que os cariocas puderam ver. Mas para realizar essa transmissão, outros funcionários da Record, montados em burros, agiram como verdadeiros desbravadores, abrindo picadas no meio do mato para instalar os microondas. A operação demorou quinze dias para ser executada. Na parte técnica, Jacob Abreu, José Alvares Penteado, Reinaldo Paim (que chegou a montar microondas com tela de galinheiro), Severino Verardo e Sílvio Vasconcellos também fizeram parte dessa história. Hélio Mugnaini e Salvador Tredice (o Dodô) foram os câmeras. Tuta realizou a direção. Os diretores da Record estavam exultantes. A repercussão foi grande. A façanha virou notícia em todos os jornais.

Tanta comemoração tinha um só motivo: a rivalidade entre Record e Tupi. Essa festejada transmissão foi realizada em resposta à transmissão feita pela emissora de Assis Chateaubriand, que havia saído na frente na disputa ao transmitir direto de Santos para São Paulo e comemorava o feito com o *slogan*: "Tupi: 70 km na frente!". A Record então fez uma transmissão de Campinas para São Paulo e modificou o *slogan* para: "Record: 100 km na frente!". A família Carvalho queria desempatar a briga e consolidar a vitória, por isso fez a transmissão das areias de Copacabana, contando com a fundamental ajuda da TV Rio, que pertencia a

João Batista do Amaral. É claro que o *slogan* da Record mudou para: "Record: 500 km na frente!".

Porém, a mais brilhante vitória da Record contra a Tupi ocorreria no dia 1.º de julho de 1956. Record e TV Rio entraram em cadeia e transmitiram as mesmas imagens direto do Maracanã, onde jogaram Brasil e Itália. Paulistas e cariocas viram juntos a vitória da Seleção Brasileira por 2 a 0, com gols de Ferreira e Canário.

A Tupi também anunciou a transmissão para São Paulo, mas não conseguiu realizar a operação. Essa proeza da Record impulsionou definitivamente as vendas de televisores. A população começava a achar alguma vantagem em comprar aqueles aparelhos, que ainda eram novidade.

O caminhão de externas, que despertou a curiosidade dos cariocas.

PELA PRIMEIRA VEZ NA TELEVISÃO: O PALAVRÃO

Corinthians e Santos, dia 21 de abril de 1955, Torneio Rio—São Paulo. O craque corintiano Luizinho é expulso pelo árbitro Antônio Musitano. Silvio sai correndo para pegar uma declaração do jogador. Ele é o primeiro repórter a chegar perto de Luizinho, que, nervoso com a expulsão, explode ao microfone da TV Record:
— Foi tudo culpa daquele gaveteiro filho da puta!
No dia seguinte esse palavrão era tema de debate na Câmara Municipal. Um projeto que proibia a existência de repórteres de campo começava a ser discutido, mas nunca chegaria a ser elaborado. O repórter de campo passou a ser visto como um indivíduo perigoso, que poderia levar o palavrão para dentro dos lares brasileiros.

Alguns anos depois a Federação Paulista de Futebol impediu, de fato, os repórteres de entrevistarem os atletas no gramado. Correram boatos de que a determinação partira do então presi-

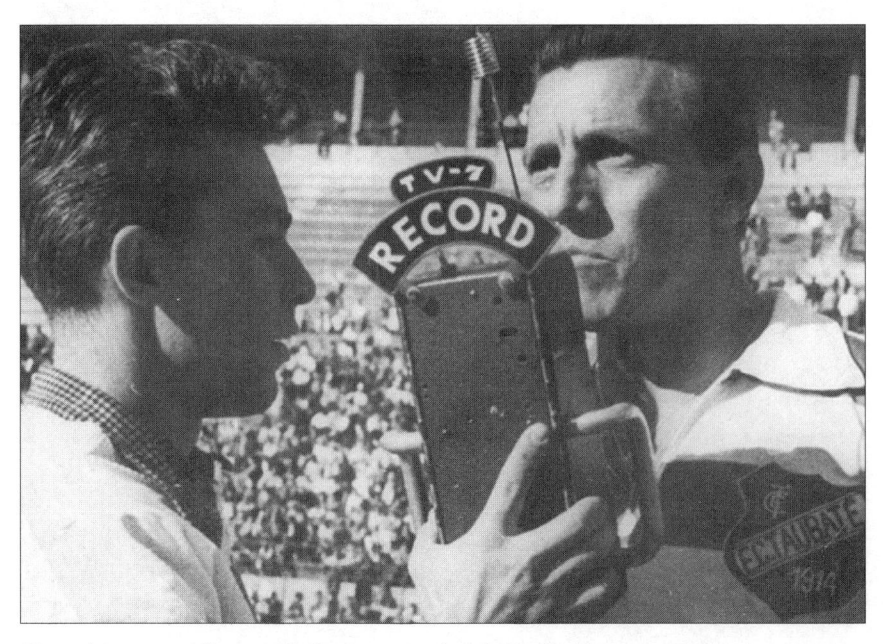

O repórter em ação com Rubens, zagueiro do Taubaté.

dente da Federação, Mendonça Falcão, porque ele tinha uma amante que ficava sentada no reservado da Federação. O câmera da TV Record que estava no campo, Salvador Tredice (o Dodô), sempre que focalizava a torcida acabava mostrando Falcão com a amante. Assim, ele proibiu também a Record de usar a câmera no campo.

Silvio venceria com criatividade a ordem de Mendonça Falcão já no jogo do São Paulo, na semana seguinte. O repórter da Record ficou à beira do gramado e passou o microfone aos líderes dos times que iriam enfrentar-se:

— Estamos proibidos de fazer entrevistas no campo. Nosso repórter hoje vai ser Mauro Ramos.

O jogador do São Paulo transformava-se em repórter, entrevistava os colegas e devolvia o microfone a Silvio. Na partida seguinte, Silvio escolheria outro craque para ser o repórter provisório. A proibição não durou muito tempo.

A MENININHA DO PACAEMBU

Durante as transmissões esportivas da Record, uma menina ficava na sacada de uma casa em frente ao estádio. Várias vezes, durante o jogo, o câmera Dodô fechava o *zoom* na garota. Raul Tabajara então arriscava:

— Você está vendo a Record?

Para alívio de todos ela acenava concordando.

A improvisada conversa prosseguia, e a partir daquele momento a menina da sacada se transformaria em mais uma atração da cobertura esportiva da Record.

Em um jogo realizado perto do Natal, Silvio foi até a casa onde a garota morava e chamou:

— Alô, Tabajara.

Ele estava longe do estádio, e ficou feliz ao ver que Geraldo Campos abaixara o braço. O sinal do microfone, mesmo distante, estava chegando até a cabine. Em seguida, Silvio entrevistou a menina e, em nome da Record, deu uma boneca de presente a ela.

A PROMESSA

Paulistas e cariocas se enfrentavam no Pacaembu pelo Campeonato de Seleções. Era um jogo com uma curiosa formação tática: a Seleção Carioca escalou dois jogadores que atuavam na ponta direita: Garrincha e Sabará — que jogaria deslocado na esquerda —, enquanto os paulistas entraram com dois jogadores que costumavam jogar na lateral direita; De Sordi e Djalma Santos, que seria deslocado para a esquerda. Dessa forma, Djalma marcaria Garrincha.

Houve um lance em que um cruzamento feito por Djalma Santos foi rapidamente cortado pela defesa carioca, que armou o contra-ataque lançando para Garrincha, nas costas de Djalma. O lateral começou a dar o maior pique atrás de Mané, a essa altura totalmente livre, sem marcação. Era só ir em direção ao gol. Ele foi... Mas em vez de sair em disparada, começou a diminuir o passo, olhando para trás.

E Djalma vindo... e Garrincha esperando... assim que o lateral se aproximou da bola, Garrincha deu-lhe um lindo corte. Mas nem assim resolveu partir em direção ao gol. Garrincha esperou para dar um novo drible, porém o vigoroso lateral conseguiu se recuperar e colocou a bola para fora de campo.

Silvio estava no banco da Seleção Paulista, ao lado do supervisor Vicente Feola e do técnico Aimoré Moreira. Naquele exato momento ele perguntou para o supervisor:

— Seu Feola, o que o senhor achou dessa jogada?

— Esse Garrincha é um irresponsável. Tinha todas as condições para fazer o gol. Esse rapaz nunca jogaria no meu time.

Feola seria o técnico da Seleção Brasileira que, pouco tempo depois, conquistaria a Copa do Mundo de 1958. Garrincha deu um show de bola nesse Mundial...

O REPÓRTER QUE CORREU DO GOLEIRO DURANTE O JOGO QUE COMEÇOU NO DOMINGO E TERMINOU NA SEGUNDA

Domingo, 27 de janeiro de 1957. A forte chuva que caía no Estádio do Pacaembu desde os quinze minutos de jogo forçou o árbitro mineiro Geraldo Fernandes a interromper a partida aos 35 minutos do primeiro tempo. O jogo estava muito nervoso e com um surpreendente resultado parcial: com um gol de Dodô a Seleção Mineira vencia a forte Seleção Paulista, que reclamava muito da não-marcação de um pênalti a seu favor. As poças d'água e a lama propiciavam lances desleais, esquentando o clima dentro do campo. A defesa da Seleção Mineira abusou da violência. O goleiro mineiro Edgar foi o destaque desses 35 minutos. (Edgar na verdade se chamava José Silvério de Souza, o nome Edgar foi herdado de seu pai. Na infância, em Itaúna, ele era chamado de "Zé do Edgar" e o nome pegou.)

Ficou acertado entre os dirigentes que a partida, válida pelo Campeonato de Seleções, recomeçaria no dia seguinte, segunda-feira, às 4:30 da tarde, no mesmo estádio e com entrada franca. Seriam jogados os dez minutos restantes do primeiro tempo e toda a segunda etapa. O placar parcial ficaria mantido.

A tarde ensolarada da segunda-feira estimulou os torcedores paulistas a lotar o Pacaembu. Como o jogo estava difícil para os paulistas, Zito, que não jogava naquela partida mas estava no banco e era muito amigo da equipe da Record, fez um pedido para o repórter Silvio Luiz:

— Fica atrás do gol perturbando o goleiro deles porque ele é muito nervoso.

Antes mesmo do começo dos dez minutos restantes do primeiro tempo, Silvio passou pelo goleiro, que acabava de entrar em campo, e começou a realizar as provocações:

— Seu veado, você não vai pegar nada hoje.

Edgar se surpreendeu, mas manteve a calma:

— Escuta, rapaz, você cuida do seu serviço que eu vou cuidar do meu.

Depois do aquecimento e das entrevistas, Edgar se dirigiu para o seu gol, e a primeira pessoa que ele viu atrás das traves foi Silvio:

— E aí, leiteiro?

— Olha que você não sabe com quem está mexendo...

Como os mineiros estavam vencendo, Edgar não deu atenção aos insultos de Silvio.

Os dez minutos restantes do primeiro tempo foram jogados sem nenhum lance mais emocionante. Mas o segundo tempo começou quente: logo aos dois minutos de jogo, Luizinho, o Pequeno Polegar, caiu na área. O juiz nada marcou. Um minuto depois foi a vez de Pepe reclamar de uma falta do zagueiro Wilson, também dentro da área. Mais uma vez o árbitro mandou a partida seguir normalmente. O time paulista aumentou a pressão. A torcida não se conformava.

Silvio Luiz continuou atrás do gol dos mineiros, provocando o goleiro, que a princípio ignorou os elogios que ouvia: "frangueiro", "filho da puta"... Silvio insistia, e de vez em quando o arqueiro dava uma olhada para trás, encarando o repórter e respondendo às provocações.

Aos dez minutos Luizinho aproveitou um rebote do goleiro e tocou para as redes mineiras. O gol de empate e o estádio lotado trariam de volta a tensão e a violência do dia anterior. O nervosismo dos jogadores transformou a partida em uma correria só. Os paulistas, muito mais por empolgação, lançavam-se ao ataque de qualquer maneira. Os mineiros faziam cera e catimbavam como podiam, seguindo as ordens de seu técnico, o argentino Ricardo Diez. E a cada defesa de Edgar, uma ofensa de Silvio.

Aos 32 minutos, novamente Luizinho, no meio da área mineira, depois de um bate-rebate, acerta um forte chute com endereço certo, mas uma mão desvia a trajetória da bola, que sai pela linha de fundo. O bandeirinha João Etzel assinala escanteio. Os paulistas pressionam, dizendo que a bola foi tirada pelo zagueiro Afonso com a mão. O árbitro Geraldo Fernandes vacila por alguns instantes, porém aponta a marca do pênalti. A demorada mar-

Com Carlos de Oliveira Monteiro, o "Tijolo".

cação provoca a revolta dos jogadores mineiros, que cercam o juiz e ainda impedem a cobrança durante cinco minutos. Edgar, jurando que tinha espalmado e que a bola batera em um atacante paulista antes de sair, queria o tiro de meta. O goleiro é acalmado, quem diria, por Zito, que, ao mesmo tempo que instigava Silvio, dava uma de inocente tentando consolar Edgar:

— Acho que esse juiz é meio louco...

— Meio não. Ele é "inteiro".

Seis minutos depois, Djalma Santos pôde se preparar para bater. Com um tiro forte e rasteiro no canto direito de Edgar, o lateral paulista desempatava a partida.

Assim que Edgar se abaixa para pegar a bola na rede, Silvio corre para perto dele gritando:

— Pega essa, filho da puta!

Edgar ouve, larga a bola e sai correndo atrás de Silvio, que dá o maior pique sem largar o microfone. A torcida pára de comemorar e acompanha a perseguição. Apesar de ter apenas 22 anos, Silvio seria alcançado por Edgar, mas o operador de som Moacir Bombig, conhecido como "Cara de cavalo", passou o pé no goleiro, que se esborrachou. Mesmo assim Silvio continuou correndo, apoiou as mãos na cerca lateral do vestiário e, descendo as escadas praticamente deitado, entrou no vestiário, deu a volta por fora do estádio e se abrigou no caminhão de externas da Record, onde encontrou Tuta, que comandava a direção da transmissão:

— O que você está fazendo aqui?

— Porra, o goleiro quer me pegar!

A confusão durou dez minutos. O campo foi invadido por repórteres, comissões técnicas e vários penetras. O técnico da Seleção Paulista, Aimoré Moreira, tentou conter Edgar. E ninguém sabia onde Silvio estava.

Dodô, câmera da TV Record, estava posicionado na linha de meio-do-campo, mas registrou a perseguição, o pulo para o vestiário e a descida pelas escadas. Uma cena que não saiu da memória de todos que trabalharam naquele jogo.

A partida recomeçou com mais violência ainda. No finzinho da partida, Gunga, atacante mineiro, caiu na área quando ia chutar para o gol de Gilmar. Foi a vez de os mineiros reclamarem. Mais uma vez, o juiz mandou o jogo seguir. A partida ficou interrompida por mais de treze minutos, porém Fernandes deu apenas sete de acréscimo.

Ouvido pelos repórteres ao final da partida, Edgar jura Silvio:

— Aquele repórter baixinho me insultou com palavras pesadíssimas. Se não tivessem me derrubado eu teria dado uma surra nele. Ele que não vá para Belo Horizonte. Se ele for, vai ter uma conversa muito séria comigo. Aqui ele correu, mas lá não vai dar pra escapar não!

Os colegas da Record ficaram surpresos com a corrida de Silvio — que permaneceu no caminhão de externas e não retornou ao gramado —, mas a direção da emissora não tomou nenhuma atitude contra seu profissional.

Para o jogo da volta, a imprensa mineira montou um clima de guerra. A confusão gerada pelo repórter era continuamente lembrada. A pressão e a obrigação de vingança no Estádio Independência acabaram descontrolando os próprios atletas mineiros. Eles não conseguiram dominar os nervos e acabaram sendo derrotados pelos paulistas, que seguiram em frente.

A Seleção Paulista foi a campeã do torneio. Silvio não foi para Belo Horizonte.

Logo depois Edgar foi convocado para a Seleção Brasileira que iria participar das eliminatórias da Copa de 1958. Silvio e o goleiro se reencontraram no Aeroporto de Congonhas. O repórter arriscou:

— Eu posso te entrevistar?

— Se você vier com honestidade, pode. Se você vier com conversa fiada, não adianta correr que eu te pego.

GARRAFADAS E MICROFONADAS

O Campeonato Paulista de 1957 poderia ser decidido na partida entre São Paulo e Corinthians realizada no dia 29 de dezembro de 1957. O tricolor precisava somente de um empate para ser campeão. Se o Corinthians ganhasse, haveria um triangular com as duas equipes e o Santos. Ao contrário de Silvio, que já era um repórter famoso, Reali Júnior estava começando a carreira na Rádio Record.

Foi um jogo muito nervoso. O árbitro Alberto da Gama Malcher não conseguia controlar os jogadores. O Pacaembu lotado, com 39.670 pagantes oficiais.

Em um lance da partida, um jogador cai e começa a rolar, gritando de dor. Ocorre a tradicional invasão de repórteres (na época era comum que os repórteres entrassem em campo a qualquer momento) para entrevistar o contundido. O descontrolado Malcher, para mostrar que ainda tinha o domínio do jogo, tenta expulsar os repórteres usando o magrelinho Reali como exemplo. O novato repórter levou um pontapé na bunda, aplicado pelo juiz, que queria mostrar sua autoridade. Assim que Silvio viu a agressão, partiu para cima do árbitro e deu-lhe um golpe no peito com o microfone-volante. Começou uma confusão, logo apartada pelo goleiro Gilmar.

Reali saiu levado pela polícia, mas debaixo de aplausos da multidão. Silvio continuou trabalhando normalmente.

O jogo prosseguiu com um juiz perdido em campo. O São Paulo foi campeão, venceu por 3 a 1. Mas não houve volta olímpica porque o público começou a jogar garrafas no campo.

A Polícia agiu com violência, provocando mais revolta dos torcedores. Esse jogo entrou para a história do futebol como a "Tarde das Garrafadas".

Depois de um jogo do Corinthians, Antoine Gebran, na época apenas um torcedor do Timão, procurou Silvio:
— Senhor Silvio Luiz, eu represento uma empresa que quer anunciar na Record. Como é que eu faço para falar com o senhor Hélio Ansaldo?

Com a paciência de sempre, sem acreditar em nada do que Gebran havia dito, o repórter balbuciou:
— Ah, sei lá, porra... é lá na alameda Jaú.

Gebran realmente foi atrás de Hélio e apresentou uma ótima proposta comercial para a Record. O contrato de publicidade foi fechado pouco tempo depois. A partir daquele momento, Gebran, mesmo sem nunca se ter tornado funcionário da emissora, passaria a trazer cada vez mais anunciantes para a Record. Ainda bem que não ligou para a recepção que teve. Silvio e Gebran se tornariam amigos, encontrando-se várias vezes para participar dos mesmos programas na Record, e até nas eleições para a Federação Paulista, muitos anos depois.

UM REPÓRTER A TODA VELOCIDADE

A Record transmite ao vivo a Corrida de São Silvestre. O repórter Silvio Luiz, a uns trinta metros da faixa de chegada, aguarda a aproximação do líder. Quando o primeiro colocado — o argentino Osvaldo Suarez — surge, Silvio rompe o cerco e, com o pesado microfone-volante em punho, corre ao lado do atleta até ele cruzar a linha de chegada.

Waldemar de Moraes acompanhou a corrida e não entendeu por que o repórter deu aquele pique, já que, é claro, o corredor não daria entrevista durante a corrida. Mais tarde Silvio explicaria:

— Os jornais e revistas que cobriram o evento vão publicar a foto da chegada. E eu vou estar lá com o microfone da Record.

No dia seguinte a foto de Silvio estava em quase todos os jornais, inclusive na capa da revista argentina *El Gráfico*.

Wilson Fittipaldi, o Barão, narrava as Mil Milhas Brasileiras, em Interlagos, pela Rádio Panamericana e pela TV Record, que mostraria *flashes* do evento. Silvio era o repórter, com um microfone sem fio, que ainda era uma novidade. O Barão abre a transmissão falando sobre as maravilhas do novo microfone do repórter-volante:

— Hoje o nosso repórter-volante está usando o microfone sem fio, que fala a 300, 500, 1000 metros de distância! Silvio, onde você está?

— Estou a 200 metros da cabine, e o microfone funciona perfeitamente.

Algum tempo depois, com boa parte da corrida já disputada, Fittipaldi chama o repórter:

— Silvio, estou vendo uma fumaça na Curva da Ferradura. Vamos checar, vai até lá.

Silvio sai correndo. Enquanto ele corre, o Barão volta a elogiar o microfone:

— Vamos aproveitar e testar o microfone mais uma vez: fala, Silvio!

— Estamos já a 500 metros de distância do posto de comando. Realmente, há um carro soltando fumaça. É o carro do piloto paulista Jaburu.

E Fittipaldi cada vez mais empolgado:

— Muito bem! O som chega perfeito!

Silvio continua correndo. Depois de 500 metros, já quase sem fôlego, ele consegue alcançar o piloto. O repórter, ofegante, anuncia:

— Fittipaldi..., chegamos ao carro... Tem fumaça pra todo lado... Vamos ver... o que o piloto tem a dizer... Jaburu..., o que aconteceu?

Jaburu, um descendente de italianos, todo sujo de graxa, inconformado com a quebra, desabafa, apontando para o carro:

— Silvio, ferveu esta merda!

O GERENTE

Em 1958 a Rádio Guarujá, ZYT-7, "a Pérola do Atlântico", que pertencia ao grupo Machado de Carvalho, foi arrendada ao empresário Mário Okuhara. Porém o doutor Paulo impôs a condição de que Silvio fosse o gerente da rádio.

Como ele tinha três períodos de férias vencidos, aceitou o convite para aumentar seus rendimentos.

Morando em uma pensão na rua da Alfândega (perto do cais do porto), Silvio passava a gerenciar a rádio, mas exercendo todas as funções, de caixa a apresentador. E nos finais de semana ele ainda retornava a São Paulo para fazer a prestação de contas para Okuhara. Depois desses três meses Silvio continuou como gerente da rádio, mas voltou a trabalhar como repórter de campo da Record nos jogos de domingo no Pacaembu. Ficaria quase um ano como gerente da rádio e repórter esportivo.

Sem verba para produzir programas, Silvio praticamente copiava a programação das grandes rádios da capital. Também promovia concursos de calouros e narrava os jogos diretamente do banheiro da emissora, para obter um "som de lata", semelhante ao de uma transmissão efetivamente realizada de uma cidade para outra. Ele ficava ouvindo e narrando em cima da transmissão da Rádio Bandeirantes. Silvio Luiz preferia acompanhar a Bandeirantes porque Edson Leite era o narrador e tinha um ritmo mais cadenciado que o estilo "metralhadora" de Pedro Luiz, da Rádio Panamericana. A experiência da Rádio Guarujá não seguiu adiante, mas com o dinheiro que ganhou Silvio pôde comprar o seu primeiro carro, um modesto Ford inglês, de chão de madeira.

Ao mesmo tempo Silvio trabalhava na Rádio Panamericana e era emprestado também para a Rádio Record.

Dirigindo a Rádio Guarujá, ZYT-7.

O PENETRA NO AVIÃO DOS CAMPEÕES MUNDIAIS

O avião que trazia a Seleção Brasileira campeã da Copa de 1958 iria chegar a Congonhas. A polícia montou um forte esquema de segurança para impedir que a multidão invadisse a pista do aeroporto. A entrada de repórteres na pista também estava proibida. Mas Silvio chegou bem cedo ao aeroporto. Assim que soube que o avião havia pousado no Rio de Janeiro, ele furou o bloqueio, ajudado pelo repórter setorista do aeroporto da Rádio Record, Walter Prado. Os dois esconderam-se debaixo das escadas e ficaram lá durante todo o tempo que o avião levou para chegar a São Paulo.

A escada era fechada dos lados, e os funcionários do aeroporto não viram que Silvio e Walter Prado estavam escondidos quando foram buscá-la. Faltando uns cinco metros para chegar ao avião, Silvio se agarrou ao degrau mais alto e subiu por fora da escada. Walter Prado passou o microfone para ele, que já estava de pé no degrau mais alto. Os policiais viram o furão e queriam tirá-lo de lá de qualquer maneira. Os funcionários do aeroporto balançavam a escada para ele cair. Começou o bate-boca. A multidão que esperava pelos novos campeões do mundo acompanhava a cena e gritava: "Deixa, deixa!".

Silvio venceu a discussão com policiais, funcionários do aeroporto e comissárias de bordo: manteve-se firme em cima da escada. À medida que os jogadores saíam do avião, eram entrevistados por Silvio, o primeiro repórter a falar com os campeões mundiais que chegaram a São Paulo. Foi a reportagem que mais emocionou Silvio em toda a sua carreira.

ROQUETTE PINTO

O Troféu Roquette Pinto foi criado em 1950, pela Associação dos Funcionários das Emissoras Unidas, para homenagear os que mais se destacavam no rádio e na televisão. Na década de 60 a Record reunia um grande e talentoso elenco, com os grandes nomes da música, humor, dramaturgia e esportes; e a festa de premiação acabaria se tornando um dos acontecimentos mais esperados pelos telespectadores.

Recebendo da mãe, Elizabeth Darcy, o primeiro Roquette.

Silvio ganhou seu primeiro Roquette Pinto em 1954, como melhor repórter esportivo. Voltaria a ser premiado nos quatro anos seguintes. Esse primeiro Roquette serviu como alívio para sua mãe. Foi nesse momento que Elizabeth Darcy viu que o filho havia acertado na escolha profissional.

Em 1971 Paulinho de Carvalho decidiu suspender a premiação. Como a televisão brasileira passava por uma fase de transição, com Record e Tupi começando a entrar em decadência e a Globo ainda sem se firmar como nova potência, o diretor da Record preocupou-se com o desgaste que poderia haver em relação ao prestígio alcançado pelo prêmio.

A premiação seria retomada apenas em 1978, ano em que a Record completou 25 anos, e se repetiria em 1983, quando Silvio ganhou como melhor narrador.

A SAÍDA DA RECORD

Depois de sete anos na TV Record, Silvio passou a lutar por um aumento de salário na época da renovação de seu contrato. A discussão sobre esse reajuste salarial durou muito tempo, mas Alfredo de Carvalho não concedeu o aumento que ele pretendia. Enquanto a negociação se arrastava, a direção da TV Record, preocupada com a possível saída de Silvio, começou a pensar em nomes para substituí-lo. Reali Júnior, que era repórter de campo da Rádio Record, foi convidado a ficar no lugar de Silvio, se realmente ele não quisesse aceitar a proposta apresentada.

Na época a TV Record era líder absoluta nas coberturas esportivas. Reali ficou em uma situação difícil, porque, como amigo de Silvio, essa atitude poderia parecer uma traição. Decidiu então procurá-lo e alertá-lo sobre o que estava havendo. Depois de contar que havia recebido a proposta da família Carvalho, Reali recebeu total apoio de Silvio:

— Essa é a oportunidade da sua vida. Você tem que aceitar.

E saíram para jantar. Reali sabia que sua ida para a TV Record fecharia as portas da emissora para Silvio, mas ele deixou claro que jamais viu Reali como uma ameaça. De maneira franca, Silvio Luiz incentivava Reali a aceitar o convite. E foi o que ocorreu. Silvio perdeu o emprego na maior vitrine esportiva da época, mas ganhou um amigo para sempre. Eles tinham estilos opostos. Silvio corria atrás, perguntava, provocava. Reali era um repórter mais calmo, mais companheiro dos jogadores.

A negociação entre Silvio e a Record terminou pouco depois, quando ele ameaçou ir embora e ouviu de Alfredo: "Então vai". Silvio saiu da Record sem ter um local certo para trabalhar. Mas foi logo pedir emprego na Rádio Bandeirantes, porque sabia que o narrador de esportes da emissora, Pedro Luiz, também havia deixado a Panamericana devido a desentendimentos com a família Carvalho.

RÁDIO BANDEIRANTES

Em 1960 Silvio Luiz foi contratado pela Rádio Bandeirantes, a grande potência esportiva do rádio brasileiro, para ser repórter de campo. Edson Leite, lendário narrador e titular da Bandeirantes (também diretor artístico da emissora), comandava a equipe formada por Pedro Luiz, Mário Morais, Mauro Pinheiro, Ethel Rodrigues, Fernando Solera, Darcy Reis, Braga Júnior, Atílio Riccó, Luiz Augusto Maltoni, Alexandre Santos, Flávio Araújo, Benedito Ruy Barbosa e Jaime Madeira.

NO RIO DE JANEIRO

Nesse mesmo ano Edson Leite apresentou ao dono da rádio, João Saad, o projeto de reformular uma emissora que a Bandeirantes tinha no Rio de Janeiro: a Rádio Guanabara. A idéia de Edson era adotar na Rádio Guanabara — que estava praticamente abandonada em termos de investimento — a mesma programação de sucesso da emissora paulista, líder de audiência.

Seu João concordou com o projeto. Edson convidou, então, o próprio Silvio e o jovem narrador Fernando Solera, além do técnico de som, Amadeu Garib, para participarem da reformulação da rádio, cuidando da parte esportiva. Eles se mudaram para o Rio. A Bandeirantes alugou um apartamento para os três, no bairro do Leme.

A idéia era muito ambiciosa. Um dos maiores locutores esportivos do país, Jorge Cury, abandonou vários anos de consagração na Rádio Nacional, a mais forte das emissoras cariocas da época, para embarcar no projeto da Rádio Guanabara. Oduvaldo Cozzi, João Saldanha, Vitorino Vieira, Sérgio Paiva e Mário Vianna eram outros mitos que foram contratados pela Guanabara.

Uma noite o versátil Cury transmitia uma partida de tênis de Maria Esther Bueno, na quadra do Fluminense. O locutor teve de conter o seu famoso vozeirão para narrar de acordo com o padrão que o tênis da época impunha.

Uma partida de tênis com Maria Esther Bueno, no Fluminense, era um verdadeiro acontecimento social. O público limitava-se, no máximo, a rápidos aplausos, nenhuma conversa entre os espectadores era ouvida. Cury, respeitando a etiqueta do jogo, narrava a partida num tom baixo, quase sussurrando, sem usar adjetivos e jamais elevando o tom de voz: "Saca Maria Esther"... "*Ace*. Maria Esther fecha o *game*."

Silvio Luiz não era

Como repórter da Rádio Guanabara.

Anos depois, Silvio continuaria aprontando com Jorge Cury.

plantonista, mas, por curiosidade, estava no estúdio fazendo o plantão esportivo naquela noite. A certa altura do jogo Silvio precisou dar uma informação urgente. Em vez de interromper a narração de forma normal, ele imita o locutor, abaixando o tom de voz e sussurrando: "Alô, Cury...". De repente ouviu-se na quadra do Fluminense uma estrondosa e surpreendente gargalhada: era Cury, que não se conteve com a brincadeira de Silvio. A potente risada — famosa nos programas de auditório da Rádio Nacional — provocou a interrupção do jogo.

Trabalhando com essas feras do jornalismo esportivo, Silvio aprendeu muito. Mas aqueles profissionais também possuíam manias bem curiosas: João Saldanha deu um termômetro para Silvio, porque fazia questão de ser informado pelo repórter qual era a temperatura no gramado antes de o jogo começar. Em pleno verão carioca, o termômetro chegou a registrar temperaturas de 42°C no Maracanã.

Saldanha criticava muito o fato de os jogos serem disputados sob um forte calor. O comentarista morreu na Itália, durante a Copa de

1990. Não viu o Mundial dos Estados Unidos, em 1994, quando os jogadores jogavam ao meio-dia, a uma temperatura elevadíssima.

Silvio também procurava curiosidades para ilustrar suas reportagens e passava informações fora do padrão em uma transmissão; chegava até a medir o diâmetro das traves e a distância entre elas, além de sempre informar qual era o peso da bola.

LUA-DE-MEL A TRÊS

O técnico Jorge Vieira foi campeão estadual pelo América em 1960, e Silvio, representando a Rádio Guanabara, colocou a faixa em Vieira, então com 25 anos, o mais jovem técnico a ser campeão carioca.

Um ano depois Vieira estava em lua-de-mel em São Paulo, e Silvio convidou o casal para jantar. Havia fortes boatos de que Vieira iria ser contratado pelo São Paulo. Silvio decidiu, então, levar o casal para conhecer o local onde seria construído o Estádio do Morumbi. Perto do estádio acabou a gasolina do fusca azul de Silvio. Para Jorge não restou alternativa: ele teve de descer e ajudar a empurrar o carro. Foi uma passagem inesquecível em sua lua-de-mel: ele e Silvio empurrando um fusca na madrugada deserta das ruas do Morumbi. A amizade seria mantida ao longo de vários anos. Muito tempo depois, Silvio e sua esposa, Márcia, foram escolhidos pela filha de Jorge, Lilian, para serem padrinhos do seu casamento. Dessa vez Silvio não quis passear com o casal na lua-de-mel.

A Rádio Guanabara contratou os melhores profissionais do jornalismo esportivo. À exceção de Waldir Amaral que continuou na Rádio Globo, fizeram parte do projeto o próprio Jorge Cury, Oduvaldo Cozzi, Doalcei Camargo, Mário Vianna e João Saldanha, formando a maior e mais cara equipe esportiva do Rio de Janeiro. O objetivo era tornar-se a primeira em audiência, mas a idéia não deu certo porque a emissora possuía um transmissor de baixa potência, que estava situado em Niterói. Havia vários problemas de recepção, principalmente na zona sul do Rio, público-alvo da rádio.

O projeto da Rádio Guanabara durou pouco para Silvio, que retornou a São Paulo em fins de 1961.

De volta à Bandeirantes, Silvio fazia reportagens no Maracanã, antes de uma partida da Seleção Brasileira, preparatória para a Copa de 1962. A Banda Marcial da Força Pública executava o Hino Nacional Brasileiro. Silvio, concentrado apenas nas entrevistas, prosseguiu:

— Pedro, vamos continuar as reportagens enquanto a bandinha do campo toca essa marchinha.

A PRIMEIRA COPA

A Rádio Bandeirantes, decidida a manter a liderança nas transmissões esportivas em São Paulo, formou uma grande equipe para a cobertura da Copa de 1962: os locutores Pedro Luiz, Darcy Reis, Braga Júnior e Edson Leite; os comentaristas Mário Morais e Mauro Pinheiro; os repórteres Ethel Rodrigues, Luiz Augusto Maltoni, Atílio Riccó e o próprio Silvio; no plantão esportivo, Alexandre Santos.

A Cadeia Verde-Amarela, montada para os Jogos Pan-Americanos de 1955 na Cidade do México, seria reeditada: havia várias emissoras em todo o país que desejavam transmitir o Mundial mas não tinham recursos técnicos e financeiros. Edson entrou em contato com a direção dessas rádios, que passaram a captar o sinal da Bandeirantes em ondas curtas. Formava-se, assim, uma rede de rádio comandada pela emissora paulista.

A Bandeirantes também criou mais uma inovadora forma de "transmitir" os jogos da Seleção durante a Copa de 1962. Um imenso painel luminoso, representando um campo de futebol, foi instalado na praça da Sé. Conforme os locutores — já orientados a passar a colocação dos atletas no gramado — narravam a partida, lâmpadas eram acesas para indicar a posição da bola. A idéia foi um sucesso. Os alto-falantes da Bandeirantes reuniram uma imensa torcida no centro de São Paulo.

DORMINDO COM UM LEÃO

Não havia vaga nos hotéis de Viña del Mar, o belo balneário chileno onde a Seleção Brasileira ficaria durante a primeira fase da Copa. Murilo Leite, diretor da Rádio Bandeirantes, alugou um apartamento para a equipe. Porém Mário Morais, com seu ronco espalhafatoso, não deixava ninguém dormir, nem ao menos admitia que roncava. Depois de algumas noites em claro, Silvio gravou o ronco, e no dia seguinte, quando todos estavam reunidos, provocou:

— Mário, você ronca pra caramba, hein?

— Eu não!!

Silvio soltou o gravador. Mário ganhava, a partir daquele momento, o apelido de "Leão".

A delegação brasileira era muito organizada. O médico da seleção, Hilton Gosling, chegou a visitar o bordel de Viña del Mar para examinar quais profissionais do lugar poderiam manter relações com os craques brasileiros, que, depois de muitos treinos e dias e dias de concentração, conseguiram uma "licença" do doutor Paulo Machado, chefe da delegação. Nem todos os jogadores foram, mas os que visitaram o lugar só puderam se relacionar com as mulheres pré-selecionadas pelo doutor Gosling.

ENGOLE ESSA

A liderança e a fibra de Paulo Machado de Carvalho foram decisivas na conquista. Depois de ser expulso na partida semifinal contra o Chile, Garrincha corria o risco de ser suspenso e não jogar a final. O julgamento dependia da palavra do bandeira da partida, o uruguaio Esteban Marino, a única testemunha do lance que provocou a expulsão.

Diz a lenda que o doutor Paulo pediu ajuda para João Etzel (o mesmo bandeira do jogo do Edgar), que era o árbitro brasileiro na Copa. Etzel era muito amigo de Marino — que já fora contratado pela Federação Paulista para apitar no campeonato regional — e o convenceu a voltar para o Uruguai antes do julgamento.

Sem a testemunha principal, Garrincha não foi suspenso e pôde jogar a final. O resto da história...

Termina o jogo decisivo. O Brasil ganha da Tchecoslováquia e torna-se bicampeão mundial. Silvio sai correndo para entrevistar o chefe da delegação, Paulo Machado de Carvalho, que fora duramente criticado pelo principal narrador da Bandeirantes, Pedro Luiz, durante o Mundial. Eles também tiveram vários desentendimentos quando Pedro era o narrador titular da Panamericana, que também pertencia ao doutor Paulo.

Silvio aproxima-se do doutor Paulo, que comemorava o título, e anuncia:

— Aqui está o marechal da vitória: uma palavra do grande comandante da Seleção para a Rádio Bandeirantes.

Doutor Paulo tem a grande chance para acertar as contas com o antigo desafeto. Ele grita ao microfone:

— Pedro Luiz, engole mais essa!

A final do Mundial de 1962 foi transmitida por Edson Leite e Pedro Luiz, cada um narrando um tempo, como sempre faziam, pela Rádio Bandeirantes. Todo ano Edson comentava com a equipe que iria parar de narrar futebol. Assim, no fim daquela jornada, Pedro começou a fazer um discurso elogiando a conquista da Seleção Brasileira e, surpreendentemente, anunciou que aquela havia sido a última transmissão de Edson

Leite, que abandonaria o microfone para se dedicar integralmente à direção da rádio.

Edson não conseguiu desmentir Pedro, tamanho era seu espanto, pois acabava de ser dispensado, no ar, por um subordinado. Ele realmente não voltaria a narrar pela Rádio Bandeirantes. Poucos meses depois seria convidado a dirigir a TV Excelsior. Mas não agüentaria muito tempo longe do futebol. Mais tarde alugaria a Rádio Excelsior para montar uma nova equipe de esportes e voltar a narrar.

Pedro e Edson tinham estilos completamente diferentes. Edson, com sua voz gutural, tirava vantagem da variação de áudio (o som ia e voltava) que ocorria nas transmissões internacionais e narrava mais pausadamente. Quanto menos palavras e quanto mais espaçadas, mais clara a transmissão chegava ao ouvinte. Pedro já fazia o estilo metralhadora, com uma rapidez de pensamento impressionante.

FAZENDO CAMPANHA

Na eleição para o governo de São Paulo em 1962, ocorreu a primeira campanha que rompeu com o padrão clássico do candidato falando sem parar direto para o telespectador. Edson Leite, mais uma vez, inovou e modificou para sempre o conceito de campanha política de televisão, ao aceitar ser o marqueteiro de Ademar de Barros. Ele convidou artistas e personalidades para darem seus depoimentos sobre o candidato. Uma idéia inédita até então.

Silvio Luiz e Carlito Adese foram os principais assessores de Edson e trabalharam também como produtores, executando as idéias e controlando a exibição da propaganda nas emissoras de rádio e televisão.

Ademar de Barros (PSP-PSD), José Bonifácio Coutinho Nogueira (PR-PDC-UDN-PTB-PRP), Jânio Quadros (PTN-MTR) e Cid Franco (PSB) disputaram a eleição. Silvio e Carlito passaram a fre-

Como divulgador musical da RGE, entre Roberto Luna e Maysa.

qüentar a residência de Ademar, onde ouviam os projetos que Edson apresentava ao candidato, enquanto ele acompanhava atentamente as idéias apresentadas chupando laranja na cozinha de sua casa.

Edson usou também o formato do programa de entrevista *Preto no Branco* (no Rio) ou *Pingos nos Is* (em São Paulo), contratando inclusive o mesmo locutor, Sargentelli, para fazer as perguntas para Ademar. A gravação desse programa foi feita nos estúdios da TV Record. Edson utilizava equipamentos e técnicos da Record, da Excelsior ou da Bandeirantes, que apoiavam a candidatura Ademar.

A imagem do ex-governador estava completamente desgastada por acusações de envolvimento em desvio de verbas e pela sua idade avançada. Porém, Edson Leite reverteu a situação em favor de Ademar e fez uma campanha mostrando imagens do papa Pio XII, Churchill, Roosevelt e outros veteranos líderes, criando uma analogia com a situação do Estado paulista, reforçando a idéia de que São Paulo precisava de um homem equilibrado e de um líder experiente para combater a candidatura Jânio. Ao mesmo tempo lançava contra Coutinho Nogueira acusações totalmente sem critério. Edson conseguiu transmitir a imagem de um Ademar seguro e defensor da ordem, qualidades valorizadas no cenário de insegurança política e social que o país vivia durante o governo João Goulart.

Moral da história: Ademar de Barros foi eleito com 1.249.414 votos contra 1.125.941 para Jânio, 722.823 para José Bonifácio e 35.653 para Cid Franco. A gratidão de Ademar para com Edson não teria mais limites.

Ao mesmo tempo que era repórter e trabalhava em campanha políticas, Silvio Luiz chegou a ser divulgador da gravadora RGE. José Bonifácio de Oliveira Sobrinho, o Boni, era o chefe geral de divulgação da empresa. Walter Silva, o Pica-Pau, também era chefe de Silvio. Nessa fase ele participou de uma grande pesquisa que qualificou todas as emissoras de rádio por gêneros musicais.

DE VOLTA À TELEVISÃO

Um ano depois da cobertura que marcou época na Copa do Chile, houve uma verdadeira debandada na Rádio Bandeirantes. Pedro Luiz foi para a Rádio Tupi, enquanto Darcy Reis e outra parte da equipe, para a Rádio Record. De uma só vez a Rádio Bandeirantes perdeu seus principais profissionais. Edson Leite foi "obrigado" a assumir o comando da TV Excelsior, levando consigo Silvio Luiz — que deixara a Bandeirantes em 16 de novembro de 1962 — para viver uma nova fase na sua carreira.

Entre Pepito e Carlito Adese.

Capítulo II

O DIRETOR / O ATOR

TV Excelsior

A concessão da TV Excelsior pertencia às Organizações Victor Costa, que venderam o canal a um grupo formado por Mário Wallace Simonsen — um dos maiores milionários do país, dono de mais de quarenta empresas, entre elas a Panair do Brasil —, Ortiz Monteiro (deputado federal), José Luiz Moura (exportador de café em Santos) e João Scantimburgo (dono do jornal *Correio Paulistano*).

Em 9 de julho de 1960 a emissora começou oficialmente suas transmissões. Pouco tempo depois Mário Wallace compraria as ações dos outros sócios, tornando-se o único dono da Excelsior. A direção ficou então com Wallace Cochrane Simonsen Neto, o Wallinho, filho mais velho de Simonsen.

Nos seus primeiros dois anos a Excelsior já mostrava que pretendia ser uma televisão diferenciada. Mas foi somente a partir de 1962 que passou a investir na contratação e formação de seus artistas e técnicos.

Murilo Leite, Edson Leite e Alberto Saad formavam um poderoso trio que comandava a Rádio Bandeirantes. Eles tinham grande força na rádio, mas houve um atrito qualquer entre Alberto Saad e o dono da Rádio Bandeirantes, João Saad. (Apesar do mesmo sobrenome, não havia nenhum parentesco entre os dois.) A autoridade do trio era tão indiscutível que a sigla de MEA (M de Murilo, E de Edson e A de Alberto) foi adotada para representar uma decisão tomada em conjunto.

Havia um compromisso acertado entre os três: se um deles saísse da Bandeirantes, seria seguido pelos outros. Alberto, depois desse desentendimento com seu João, foi apresentado a Wallinho, que imediatamente o convidou para trabalhar na Excelsior. Alberto aceitou na hora e resolveu cobrar de Edson e Murilo o cumprimento do acordo. Alberto era o homem das finanças na rádio e precisava da criatividade de Edson, que, a princípio, não queria sair da Bandeirantes. Até Alberto usar um argumento que o convenceu:

— Nós temos esse compromisso. Eu te mato se você não vier comigo.

O trio se transferiu para a Excelsior. Murilo Leite ficaria por apenas dois dias na emissora e retornaria para a Rádio Bandeirantes. Edson e Alberto mudariam a história da televisão brasileira.

DE REPÓRTER A DIRETOR

Edson Leite executaria uma revolução no modo de comandar e fazer televisão. O estilo empresa-família não seria adotado na Excelsior. Wallinho não se intrometia nas decisões sobre programação. Edson — um profissional reconhecido pelo talento, odiado pelo temperamento, admirado pela genialidade, famoso pelas noitadas e amantes — ficou à frente da programação da emissora. Em dezembro de 1962 ele criou uma grade de programação horizontal (programas exibidos em dias e horários fixos) e determinou que o horário de entrada das atrações fosse seguido rigidamente.

Em 1963 a Excelsior comprou uma emissora no Rio de Janeiro e começou a montar uma rede, aproveitando-se do fato de ter duas emissoras trabalhando juntas. Houve uma divisão nas produções entre Rio e São Paulo. Os paulistas continuaram fazendo novelas e teleteatros, enquanto os cariocas, mantendo a forte tradição, produziriam musicais e humorísticos. Os programas gravados em São Paulo eram exibidos uma semana depois no Rio de Janeiro, e vice-versa. Estava criado o conceito de rede nacional, apesar de os programas não serem exibidos simultaneamente. As fitas com os programas viajavam pelo país. Surgia assim uma revolução comercial: o custo de produção passaria a ser rateado entre as emissoras (São Paulo e Rio de Janeiro, e mais tarde Porto Alegre e Belo Horizonte). Dessa forma a Excelsior pôde pagar melhores salários e exigir mais profissionalismo. (A Tupi possuía mais emissoras, mas cada uma delas competia com a outra, em clima de muita rivalidade. O maior exemplo foi a novela *O Direito de Nascer*, que, produzida pela TV Tupi de São Paulo, foi recusada pela "parceira" carioca e acabou sendo exibida — com enorme sucesso — pela TV Rio.)

As idéias e a organização de Edson e Alberto — uma influente e ousada dupla — eram susten-

Diretor de televisão das externas da Excelsior.

tadas pelo dinheiro, que, naquele momento, sobrava na emissora. Além disso, Edson também carregava toda a fama de ter sido o marqueteiro que elegeu Ademar de Barros, enquanto Alberto era muito amigo do publicitário Luiz Vicente Goulart Macedo, sobrinho do então presidente João Goulart. As ligações de Edson abriam para ele livre trânsito, e sem problema de verba ficou fácil tirar as principais estrelas da Tupi, da TV Rio e da Record. A Excelsior adotou um estilo agressivo, saqueando as principais atrações da concorrência. Entre essas conquistas, Kalil Filho, o *Repórter Esso* da Tupi. O famoso telejornal continuou na Tupi, mas Kalil, seduzido pelo caminhão de dinheiro que lhe fora oferecido, levaria toda sua credibilidade para a Excelsior. Para abertamente declarar guerra à Tupi, Kalil foi colocado no mesmo horário em que o *Repórter Esso* era exibido.

Edson aproveitou a contratação de Kalil e criou — depois de vencer inúmeras resistências — uma grade de programação que ficou conhecida como "sanduíche": entre a novela das sete e a das oito, ele programou o telejornal *A Marcha do Mundo*. A Excelsior tornava-se, assim, a primeira emissora a adotar a fórmula: novela das sete, jornal, novela das oito. (Em julho de 1966 a Excelsior exibia, com sucesso, às sete da noite *Redenção*; às sete e meia *Anjo Marcado*; às sete e cinqüenta *A Marcha do Mundo*; e em seguida a novela das oito, *Ninguém Crê em Mim*.) Depois do pioneirismo da Excelsior — e da coragem de Edson —, esse esquema de programação seria usado por várias emissoras.

Outra façanha da Excelsior, antes mesmo da chegada de Edson, foi a contratação, em um único dia, de quase todo o elenco da TV Rio.

Edson conhecia Silvio Luiz desde que ele se transferira para a Bandeirantes, sabia que ele tinha experiência e domínio da técnica da televisão devido ao trabalho na Record, e o chamou para ser diretor de produção da Excelsior. Um enorme salto na carreira de Silvio, que passava de repórter de campo a diretor de produção.

O DIRETOR DE PRODUÇÃO

Silvio tinha agora nas mãos a organização e divisão das funções, a coordenação dos horários de utilização de estúdios, cálculo dos custos de gravação e produção dos programas. Como ele também fazia a escala dos funcionários, poderia enfim realizar seu desejo de ser diretor de televisão, função que tentou exercer na Record, mas não teve chance. Naquela época os diretores eram os profissionais mais reconhecidos da televisão. Silvio passaria a fazer a direção do *Show do Meio-Dia*, do *Festival de Bossa Nova*, do *Boxe no 9* e até do futebol, que não ia ao ar em São Paulo. A Excelsior gravava o futebol e enviava as fitas de videoteipe para a TV Gaúcha, do Rio Grande do Sul. O jogo era narrado por Geraldo José de Almeida, que começava a trabalhar em televisão. (Certa vez Geraldo teve um problema e não pôde narrar. Silvio, depois de combinar a marcação com os câmeras — um ficaria trabalhando em plano aberto e outro em *close* —, fez a direção e narrou ao mesmo tempo!)

Também fez a direção de um dos maiores momentos da Excelsior: a apresentação do cantor Ray Charles no Brasil.

Como diretor de produção, ele inventou os temidos relatórios de ocorrência, que apontavam as falhas ocorridas na emissora. O relatório, em cinco vias coloridas, ia primeiro para as mãos de Silvio, que analisava o problema e tomava as providências: questionando ou até suspendendo o funcionário envolvido.

Como ele não pensava duas vezes antes de punir qualquer empregado que tomasse uma atitude errada, foi ganhando muitas inimizades dentro da emissora.

A princípio Silvio sumiu da frente das câmeras. Mais tarde ele substituiria Hugo Santana na apresentação do *Show do Meio-Dia*, um programa de auditório com entrevistas, musicais e brincadeiras, realizado no auditório da Excelsior.

Alguns meses depois Silvio iria sentir as conseqüências do agitado ritmo de vida que levava. O trabalho, as noitadas na farra, o cigarro, a alimentação descontrolada e a bebida provocaram o surgimento de uma tuberculose. Ele se afastou das suas atividades e ficou quase um ano se recuperando.

Silvio só retornaria após a estréia de mais um marco da televisão produzido pela Excelsior: a primeira telenovela diária exibida no Brasil: *2-5499 Ocupado*, com Tarcísio Meira e Glória Menezes. Até aquele momento as telenovelas eram exibidas, no máximo, de duas a quatro vezes por semana e em dias alternados.

A GUERRA DA COMIDA

O Teatro Cultura Artística, utilizado quase desde a inauguração da emissora para gravar os shows e as novelas, já não comportava mais o ritmo das produções da Excelsior. Edson sentiu a necessidade de uma maior estrutura para gravação de novelas e alugou os estúdios da Vera Cruz, em São Bernardo do Campo, na região da Grande São Paulo.

Silvio, já recuperado, participou da escolha dos estúdios e sugeriu que se alugasse um estúdio longitudinal, onde poderiam ser gravadas duas novelas, porque os cenários seriam montados um de cada lado do estúdio. Assim, a cada três dias da semana era gravada uma novela. Mesmo com essa vantagem, os diretores tinham de correr para conseguir concluir três capítulos por dia. Dionísio Azevedo, famoso pelo preciosismo, freqüentemente atrasava o cronograma. E batia o desespero. Muitas vezes o diretor Waldemar de Moraes (o mesmo que dera a primeira chance a Silvio na Rádio São Paulo) foi chamado para colocar em dia as gravações.

Edson possuía fortes ligações sentimentais com a Argentina, e foi daquele país que trouxe vários profissionais (cenógrafos, iluminadores, diretores) para trabalhar na produção das novelas. Entre eles o cantor de tango Oscar Fuentes, irmão de sua amante, que foi escolhido para ser diretor desses estúdios. Fuentes raramente tomava alguma atitude, porém, em uma das poucas vezes que decidiu mexer com o dia-a-dia do estúdio, provocou uma das maiores crises que a emissora enfrentou: mandou fazer uma separação entre a comida dos artistas e a dos técnicos. Silvio recebeu um telefonema relatando que havia um clima de guerra na Vera Cruz. Ele procurou Edson e foi direto ao ponto:

Com os colegas argentinos na Excelsior.

— O teu cunhado tá fazendo um monte de merda lá.

Edson não queria problemas com Fuentes e considerava ideal o cargo do "cunhado", principalmente por causa da distância entre São Paulo e São Bernardo. Silvio teve de ir para a Vera Cruz e acalmar a briga da comida, alegando que houvera um engano que não iria repetir-se.

AMIGO É PRA ESSAS COISAS

Silvio havia organizado o departamento de produção e mandou montar vários escaninhos, onde seriam colocados os *scripts* utilizados pelos atores. Tito de Miglio, mais um dos profissionais importados da Argentina, reclamou da disposição dos escaninhos na frente de Silvio, que não gostou da opinião do argentino. Para demonstrar claramente que não havia ficado contente com o comentário, jogou uma caixa porta-papel na direção dele. Passou raspando.

O recado era urgente. Edson chamou Silvio a sua sala. Ele foi imediatamente. Assim que Silvio entrou, Edson, cercado por várias pessoas, começou a gritar com ele, dando uma tremenda bronca e ameaçando, aos berros:

— Porra, já te falei pra não fazer isso. Quem manda aqui sou eu. Se você fizer isso de novo, você tá na rua. E pode sair.

Silvio deixou a sala sem entender nada.

Mais tarde eles se encontraram no estúdio. Edson estava sozinho. Silvio pediu explicações:

— Pô, Edson, não entendi nada. O que eu fiz?

— Não esquenta, é que tinha dois anunciantes ali e eu precisava dar uma desculpa pra eles, então joguei a culpa em cima de você.

— Mas... Mas...

— Silvio, amigo é pra essas coisas.

A VOLTA DO CURINGA

O resultado da revolução provocada pela Excelsior chegou rápido. O telespectador respondeu positivamente à grade de programação e aos horários fixos. Sentiu-se respeitado e adquiriu o hábito de assistir aos programas da emissora. A filosofia nacionalista da Excelsior, que seguia a opinião do seu dono, também serviu para aumentar a identificação entre a emissora e o telespectador. Em setembro de 1963 Edson Leite reuniu todos os funcionários para anunciar que a Excelsior conseguira ultrapassar a Record, alcançando o primeiro lugar de audiência em São Paulo.

A bem-sucedida mudança na grade de programação da Excelsior também contou com a participação de Silvio. Apesar de ser o diretor de produção, voltava à sina de curinga. Em pouco tempo estaria trabalhando em diversas áreas. Silvio limitou-se a exercer seu cargo de diretor de produção "apenas" nas novelas, escalando os profissionais da técnica e coordenando os horários dos estúdios. Nos outros programas da emissora, a exemplo do que ocorreu na Record, foi muito mais que um diretor de produção, desdobrando-se na função de produtor, diretor de televisão e apresentador.

Como em *Signo Show*, em que fazia a produção e direção, junto com Walter Guerreiro. O programa era apresentado por Omar Cardoso. Uma vez a equipe estava deslocada para o Festival da Bossa Nova e não houve tempo de fazer a produção. Resolveram, então, mostrar um *making of* do programa. A câmera foi fixada em plano geral focalizando Silvio, os produtores, o iluminador e o pessoal de estúdio andando pelo cenário e dando idéias sobre o programa. Entre um comentário e outro, Omar dava a previsão do horóscopo. O ensaio virou programa e foi ao ar exatamente dessa maneira. Muitos telespectadores ligaram para avisar que havia algo errado com o programa que estava sendo transmitido.

Boxe no 9: Edson "Bolinha" Cury era apresentador da Rádio Excelsior e foi convidado por Edson Leite, também diretor da rádio, para ser o mestre-de-cerimônias do *Boxe no 9*. Silvio fazia a direção do programa e resolveu usar o auditório como cenário para dar a impressão de ginásio, porque no Rio de Janeiro também havia uma noite de boxe dirigida por Teti Alfonso e era preciso marcar uma diferença entre os dois programas. Silvio colocou uma câmera sobre um praticável no fundo do palco e o apresentador ficava de costas para o público do auditório, mas de frente para essa câmera. No intervalo das lutas, a iluminação do auditório era acesa, aumentando a impressão de que a luta era transmitida de um ginásio. Silvio solicitou à cenografia que criasse um placar em que seriam colocados o nome dos pugilistas, o número do assalto e a categoria. Também pediu que se montasse um relógio de quatro minutos, para melhor controlar o tempo da luta e o descanso.

Com apenas duas câmeras, Silvio preparou um esquema especial de cortes, fazendo fusões do cronômetro para o ringue; do ringue para o placar. Trabalhava com a câmera no geral até um lutador ser nocauteado ou ir para o *clinch*, momento em que passava para a câmera do detalhe. O "Bolinha" começou no *Boxe no 9* e foi conquistando o próprio espaço, até conseguir um programa só seu.

Em *Últimas Esportivas* Silvio repetia o recurso que ele criara na Record, usando o *loop* de um filme com imagens de esporte, enquanto o locutor narrava o texto com notícias sobre assuntos esportivos.

VT Show era um programa semanal apresentado por Silvio e realizado por Waldemar de Moraes e Ubirajara Guimarães. Eram mostrados os maiores destaques da Excelsior, cenas engraçadas e momentos emocionantes da programação da emissora. Silvio também recebia o artista que iria protagonizar a atração noturna. Depois de ver um trecho do programa, o artista comentava sua participação e convidava os telespectadores a assistir ao programa. Assim, o *VT Show* servia também como uma grande chamada para os programas da casa. O cenário não podia ser outro: a sala onde estava a máquina de videoteipe, comandada por Arlindo Partite.

Edson Leite também promoveu na Excelsior maratonas beneficentes: Noite de Vigília da Criança Brasileira; Faça uma Criança Sorrir; Um Brinquedo Velho, um Sorriso Novo foram os temas das campanhas que arrecadaram dinheiro ou presentes para entidades que cuidavam de crianças carentes. Silvio fez a direção de televisão dessas campanhas.

CASACA-DE-FERRO

Já estava quase na hora da apresentação ao vivo do programa infantil comandado por Walter Stuart, que fazia muito sucesso nos sábados, mas dois assistentes do apresentador não haviam aparecido. Eles fariam o papel de "Casaca-de-ferro", o figurante que se vestia de soldado e realizava o trabalho braçal enquanto o artista principal se apresentava como se fosse o dono de um circo. A falta de dois casacas-de-ferro prejudicaria muito o ritmo do programa.

Assim que soube da ausência dos funcionários, Silvio chamou Carlito Adese, o homem de vendas da emissora. Eles foram à maquiagem, vestiram o casaco de soldado e entraram em cena. Silvio e Carlito realizaram todas as funções do casaca-de-ferro:

O apresentador Walter Stuart (ao centro) e os figurantes Silvio e Carlito.

acompanhar a bandinha de música, enrolar e desenrolar tapetes, fazer micagens, levar tropeções. Apesar de eles terem cumprido bem o papel, Walter Stuart aproveitou a situação para dar umas boas chicotadas, com vontade, nos dois novos assistentes.

A NAMORADA

Alberto Saad ficou encantado com o show de uma jovem cantora e, impressionado com a voz e o talento da moça, imediatamente a convidou para participar dos programas da TV Excelsior. Ela então passou a se apresentar com freqüência no *Show do Meio-Dia* e no *Brasil 63*, apresentado por Bibi Ferreira.

Silvio era diretor do *Show do Meio-Dia* — além de eventual

No **Show do Meio-Dia,** *aplicando a primeira cantada na futura namorada.*

substituto do apresentador Hugo Santana — e começou a dedicar uma atenção especial a essa cantora. A jovem passou a ouvir comentários dos colegas: "Tem um diretor aí que só falta entrar no seu nariz com a câmera". Silvio buscava cada vez mais informações sobre a cantora. Queria saber em qual programa ela iria apresentar-se e armava situações para se encontrar "por coincidência" com ela na emissora. A moça não dava a menor atenção a esse assédio. Ela só estava preocupada com a música e sua carreira. Mas os ataques começaram a aumentar: Silvio mandava flores... ela jogava as flores no lixo. Silvio mandava mais flores... ela jogava as flores em cima de Silvio. O assédio virou perseguição. Silvio venceu pelo cansaço. A cantora Márcia aceitava enfim o insistente e apaixonado pretendente. Realmente ela era especial para Silvio. Seis anos depois se casariam.

E SURGE O FAMOSO APELIDO

Ubirajara Guimarães, o Bira, amigo de Silvio desde os tempos da Record, era o assistente de produção do Departamento de Teleteatro da Excelsior, em julho de 1963, durante a produção e exibição da primeira telenovela diária da televisão brasileira: *2-5499 Ocupado*. Os capítulos eram gravados no Teatro Cultura Artística. No subsolo havia outro palco, onde, às vezes, eram feitas outras cenas.

As gravações só podiam começar depois que a programação saísse do ar (por volta da meia-noite), porque não havia equipamento e profissionais suficientes. Era preciso adequar o uso dos equipamentos, o horário das equipes e a montagem do cenário no palco (que não podia ser feita ao mesmo tempo que se gravava no estúdio, porque o barulho das marteladas vazava). Silvio, como diretor de produção, era responsável por toda essa coordenação.

A produção e o elenco ficavam trabalhando, geralmente, até as cinco da manhã. Os capítulos eram gravados de uma só vez, já que não havia corte eletrônico. Assim, se alguém errasse era preciso regravar desde o início do bloco, porque era proibido cortar as fitas, que eram muito caras e perdiam o valor e o poder de gravação a cada corte realizado.

No máximo eram gravados três capítulos por noite. Porém houve uma vez em que o elenco estava com quatro capítulos decorados. Era uma chance raríssima de adiantar o cronograma da novela. Ubirajara, querendo aproveitar a oportunidade, foi até a sala de Silvio:

— Olha, Silvio, o elenco e a produção estão dispostos e podem gravar quatro capítulos.

O meticuloso Silvio não gostou da idéia. Ubirajara questionou:

— Como?! Temos de aproveitar! Por que você não permite?

— Porque você não fez o pedido.

Realmente, o pedido da produção da novela solicitava equipamento e equipe técnica para apenas três capítulos. Ubirajara, inconformado com o argumento, ainda tentou resolver essa questão de excesso de organização:

— Então eu sento na máquina e faço um novo pedido pra você agora!

— Mas eu não vou aceitar.

Já irritado, o assistente desafiou:

—Você não aceita? Espera só um pouquinho!

Ubirajara saiu da sala e foi procurar Edson, que ainda estava na emissora. A maneira com que ele deixou a sala chamou a atenção do elenco e da produção. Com essa atitude, Ubirajara estava passando por cima do Silvio na hierarquia da empresa. A irritação dele era evidente. Bira achava que, pela amizade que tinha com o Silvio, seria fácil conseguir essa autorização. Além disso, ele também estava inconformado porque seria bom para a emissora adiantar alguns capítulos de uma produção tão importante.

Na sala de Edson, Ubirajara — visivelmente transtornado — explicou novamente a situação:

— Seu Edson, nós estamos com tempo e equipe disponíveis para gravar um capítulo a mais do que estava marcado e gostaríamos que o senhor autorizasse a gravação.

Edson não entendeu tanto nervosismo do assistente para um pedido que achava simples:

— Tudo bem, eu autorizo.

Depois de receber a permissão de Edson, Ubirajara voltou à sala de Silvio para ir à forra:

— Eu vou gravar porque o Edson autorizou.

Silvio perdeu a paciência com a ousadia do assistente de produção. Começou um bate-boca que só terminou quando Ubirajara disse uma frase que espantou a produção e o elenco, que, a essa altura, já acompanhavam a briga atentamente:

— Silvio, e tem mais: você, pra mim, é como um iogurte.

A discussão silenciou bruscamente. Todos ficaram imóveis. Silvio também ficou quieto, sem entender. Até que Ubirajara explicou:

— Porque você é branco, baixo e azedo.

Ubirajara jura que o "iogurte" saiu na hora, no calor da discussão. Nunca mais Silvio se livraria do apelido.

O MAQUIADOR DO GOVERNADOR

Alguns dias antes do Golpe de 1964, a Excelsior colocou um caminhão de externa dentro do Palácio dos Campos Elísios, à disposição do governador de São Paulo, Ademar de Barros. Devido à instabilidade política daquele período, Silvio ficou morando no caminhão durante esses dias, assim o governador poderia gravar um pronunciamento a qualquer hora. Na noite do dia 31 de março, assim que os tanques golpistas saíram às ruas, Edson chamou Silvio: "O doutor Ademar quer falar".

Ele foi até o governador, que estava em uma sala de reunião em uma mesa comprida. Silvio já conhecia as manias de Ademar desde a campanha política e sabia que ele não gravava nada antes de ser maquiado. Aproveitou para sugerir:

— Governador, acho que é preciso passar um pozinho.

Ademar concordou e fez sinal para Silvio acompanhá-lo. Eles subiram de elevador e saíram dentro do quarto do governador, que ordenou, apontando para duas prateleiras de produtos para maquiagem:

— Vamos usar uma dessas melecas da Leonor.

Silvio pegou um pote de pó-de-arroz e passou no rosto do governador. Então retornaram à primeira sala, onde Ademar gravou seu pronunciamento. A lente da câmera permitia que se fizesse *zoom*. A gravação começou em plano aberto e foi fechando lentamente até um *close*. Ademar anunciava, em seu pronunciamento à população paulista, o início da movimentação das tropas que iriam depor o presidente João Goulart:

"A situação nacional entra em fase delicada e perigosa, além de ser altamente ameaçadora à pátria. O regime federativo é agora inexistente. Os governadores perderam agora suas respectivas autoridades. Inexistem também as liberdades humanas. Minhas próprias palavras estão sendo dificultadas. Entretanto, reafirmo nossa fé cristã de garantir a família, o trabalho e a sociedade. Estamos no limiar dos acontecimentos, mas a paz e a tranqüilidade vão ser mantidas em nossa casa. Dirijo-me, neste momento, aos trabalhadores de São Paulo, para que continuem a trabalhar, pois o Estado precisa de vocês. O regime e a Constituição vão ser mantidos. Os momentos são difíceis, e medidas drásticas serão tomadas. Estamos conscientes de que não vamos desapontar ninguém. Esta crise pode durar mais do que o previsto. Talvez três ou quatro meses. Esta comunização tem de terminar. A quebra de hierarquia nos atemoriza, mas estamos em condições de assistir a todos, para manter as tradições de nossa pátria (...). Não vamos dar nenhum golpe. Falamos com seis governadores no decorrer do dia de hoje e todos estão de acordo com o nosso pensamento. Uma coisa é certa: a autoridade será imposta por bem ou por mal (...). Está criada uma oficina de boatos, engendrada pelos comunistas que andam espalhados pelo Nordeste, de que nós estamos dispostos a encetar um movimento separatista.

Vacinem-se contra esse perigo".

Imediatamente depois da gravação, Edson entregou a fita a Silvio e ordenou:

— Você vai levar esta fita para o seu Alfredinho na Record.

Silvio foi conduzido a um carro que tinha dois seguranças no banco de trás, um na frente e o motorista. Silvio sentou entre os dois seguranças. No largo do Arouche o carro foi fechado bruscamente. O motorista não quis saber se houve intenção ou não. A partir dali pisou fundo até o Aeroporto. Silvio já estava sendo aguardado na Record. Pediram-lhe que esperasse, porque iriam fazer uma cópia e devolver a fita original.

Enquanto isso ocorria, o jornalista Nelson Gatto invadiu a TV Excelsior, na rua Nestor Pestana, procurando a fita, já que havia sido a equipe daquela emissora que acompanhara o governador durante dias. Mas Edson, ao decidir que o pronunciamento seria mostrado pela Record, deu um drible em todos que achavam que a Excelsior exibiria a fita. Enquanto isso, outra cópia foi feita na Record e enviada aos estúdios da TV Tupi, no Sumaré.

Silvio não tinha a mínima noção do que estava acontecendo no país nem da importância política daquele pronunciamento. Ironicamente os desdobramentos do Golpe de 1964, com uma ditadura militar no poder, trariam terríveis conseqüências para a Excelsior.

O PRIMEIRO FESTIVAL E A ÚLTIMA BRIGA

Silvio foi diretor de televisão das etapas eliminatórias no Primeiro Festival de Música Popular Brasileira da TV Excelsior, produzido por Solano Ribeiro. As eliminatórias foram realizadas em várias cidades do país. Silvio não participou da fase final porque estava brigado com Edson.

A grande final do Festival foi realizada no dia 6 de abril de 1965, no Tortuga Clube, no Guarujá. Elis Regina e Márcia, amigas desde a adolescência, foram as primeiras colocadas. A música vencedora do Festival foi *Arrastão*, de Edu Lobo e Vinicius de Morais, interpretada por Elis Regina, então com vinte anos. Em segundo lugar, com a música *Miss Biquíni*, ficou Márcia, a namorada do brigão.

A discussão com Edson surgiu durante a apuração da eleição para prefeito, realizada no dia 21 de março de 1965, vencida por Faria Lima. Silvio montou um placar para a Excelsior informar a marcha da apuração e organizou uma sala de visita no Ginásio do Ibirapuera, onde seria centralizada toda a apuração, que começou às oito da manhã do dia 22 e terminou por volta da meianoite do mesmo dia. Ele também deslocou um caminhão de externas para fazer entradas ao vivo ou gravar entrevistas com os políticos. A prioridade que Silvio deu para a cobertura da apuração, interrompendo várias vezes a programação normal, não agradou a Edson, que mandou um bilhete malcriado para ele.

Na primeira vez em que se encontraram após o bilhete, Silvio abaixou o nível mais ainda:

— Quando você quiser dar um esporro em mim, me chama num canto e fala. Não fica com essa frescura de mandar bilhete. E tem mais: eu quero minhas contas.

Edson não aceitou a demissão, mas suspendeu Silvio, que ficou mais irritado ainda. Carlito Adese esperou que a raiva passasse e levou Silvio até o restaurante A Baiúca, na praça Roosevelt, para conversar com Edson. Silvio foi logo avisando:

— Eu só falo se ele me pedir desculpas.

Não houve acordo no jantar.

Depois disso Silvio procurou Tuta, na Record, e perguntou se havia emprego lá, sem saber que alguns amigos preparavam sua volta.

Salvador Tredice (o mesmo Dodô que era câmera de campo nas transmissões esportivas) e sua esposa, Vilma, haviam se encontrado com Silvio no restaurante Gigetto. Lá ele contou ao casal que, além de estar brigado com Edson, a Excelsior estava sentindo muito a nova situação política do país, depois do Golpe Militar. Vilma prometeu então falar com o Tuta. Já no dia seguinte, ela procurou o diretor da Record e explicou a situação. Tuta ficou na defensiva, principalmente porque Silvio, durante o período em que estava na Excelsior, fazia piadas sobre atrasos (que nunca existiram) no pagamento da Record:

— Da forma como ele saiu, eu vou ter de falar com os meus irmãos e com meu pai.

Nesse instante, doutor Paulo entrou na sala. Vilma aproveitou o momento:

— Doutor Paulo, o Tuta tem uma coisa pra falar com o senhor.

Tuta tentou escapar:

— Agora, não. Tenho de esperar a reunião da família.

Mas o doutor Paulo ficou curioso e pediu para Tuta contar o que havia:

— É o Silvio Luiz, que não está satisfeito na Excelsior. O senhor acha que devemos trazê-lo de volta?

— Da minha parte, não tenho nada contra aquele garoto. Aliás, gosto muito dele e nem sei por que ele saiu da Record.

Preocupada com o avanço da Excelsior, a Record estava executando um contra-ataque, contratando vários profissionais da concorrente.

A estratégia da Record era simplesmente reeditar o sucesso das novelas, dos programas ao vivo e do festival de música da concorrente, o que realmente ocorreu.

Como parte desse processo, em março de 1965 Ubirajara Guimarães — o criador do "Iogurte" — foi convidado para ser produtor da Record. Assim que começou a trabalhar na nova casa, Bira, sentindo a falta de um diretor de produção na emissora, sugeriu a Paulinho Machado que trouxesse o Silvio também. Além disso, para a Record seria interessante tirar mais um profissional da Excelsior. Dois meses depois desses pedidos, Silvio retornava à Record.

EXCELSIOR: ASCENSÃO E QUEDA

Em 1965 todas as mudanças realizadas pela Excelsior estavam no ar. Foi lançada a campanha "Eu Também Estou no 9", com *outdoors* que mostravam fotos do fantástico elenco reunido pela emissora, para comemorar a liderança. A campanha foi criada por Carlito Maia e Mário Régis Vita. Mas a emissora desfrutaria o primeiro lugar por pouco tempo.

Mário Wallace Simonsen sempre foi um defensor da democracia. Como retaliação às suas posições políticas e ao apoio franco da Excelsior a João Goulart (o programa *Show de Notícias* manifestou-se abertamente a favor da posse de Goulart, após a renúncia de Jânio. Também classificou como golpe a instituição do parlamentarismo, que tirava o poder de Jango), o governo militar passou a atacar Simonsen, que caiu em desgraça com os novos homens do poder.

Foi criada uma CPI para investigar as atividades de Simonsen no ramo de café. O governo não apresentou nenhuma prova definitiva de que havia irregularidade na exportação do produto, mas a imprensa e os políticos contrários a Simonsen aproveitaram para destruir a Comal Wasin Internacional (empresa de Simonsen que exportava café para toda a Europa), que foi fechada pouco tempo depois. A Panair, famosa empresa de aviação, também de propriedade de Simonsen, já havia sido forçada a encerrar suas atividades no segundo semestre de 1964.

Os profissionais da emissora sentiram a mudança logo após o Golpe de 1964: o dinheiro fácil que vinha dos bolsos de Simonsen havia provocado um relaxamento na administração financeira. A emissora sempre gastava mais do que arrecadava. A personalidade polêmica de Edson — ao mesmo tempo que tinha fantásticas idéias, instigava brigas internas entre funcionários —, conhecido sedutor que esbanjava para fazer novas conquistas, também contribuiu para que a Excelsior começasse a morrer aos poucos.

Só depois de as verbas para produção terem diminuído nasceu a preocupação com a administração da emissora. Era tarde... vários programas foram ao ar sem ter passado por uma análise de custos e cálculo de rentabilidade. A injeção de dinheiro que vinha da publicidade oficial do governador paulista Ademar de Barros também cessou.

Logo após o Golpe de 1964 havia uma apreensiva movimentação entre Edson, Alberto e Luiz Macedo. Edson ia ao Rio de Janeiro no mínimo uma vez por semana. Silvio acompanhava esses lances dramáticos a distância, mas já percebendo que não haveria saída para a emissora.

Simonsen não resistiria a tanta pressão e se suicidaria — segundo a explicação veiculada na época — em Paris, em 1965. Edson e Alberto teriam então ficado, em uma obscura transação, com o controle da Excelsior. (Depois da morte de Simonsen, os funcionários da emissora tratavam Edson e Alberto como donos da Excelsior. A versão que correu na época foi que Wallinho passara suas ações para a dupla com medo de que o governo fechasse também a emissora.) Eles repassariam, mais tarde, as ações para o grupo Frical, formado por Otávio Frias de Oliveira e Carlos Caldeira Filho, donos do grupo Folhas de São Paulo.

Ainda acreditando poder reconstruir a emissora, Wallinho recompraria as ações, formando um consórcio de funcionários que cuidaria da administração.

Mas os artistas e os profissionais da Excelsior sentiam a gravidade da crise. A Rede Globo, na figura do diretor José Otávio, que se apresentava com o talão de cheques na mão, contratava todo o famoso elenco que iria brilhar nas novelas globais. O ataque aos profissionais era aberto. Depois de levar quase todas as estrelas do departamento artístico, Otávio procurou o homem de vendas da Excelsior:

— Carlito, no departamento comercial eu só quero você.

Carlito Adese, um dos maiores apaixonados pela emissora, colocou o coração na resposta:

— Eu sou um náufrago e vou afundar junto com a Excelsior.

Mergulhado em uma crise financeira, Wallinho seria obrigado a vender o Canal 9 paulista. As dívidas aumentavam, e os salários continuavam atrasados. Em 28 de setembro de 1970 o governo militar, em vez de intervir ou passar o comando para outro grupo, simplesmente cassou a concessão da emissora. Dois dias depois a Excelsior Paulista interrompeu um programa ao vivo para encerrar as atividades para sempre. Era o fim da emissora que criou a grade vertical e horizontal, a telenovela diária, a programação novela-jornal-novela e o conceito de rede.

TV RECORD

O MINISTRO DA EDUCAÇÃO

Silvio, agora como diretor de produção da Record, reencontrou conhecidos do tempo em que era repórter. Levou consigo a idéia do relatório de ocorrência e do relatório de produção (uma lista mais organizada da programação exibida, na

Paulo Planet Buarque e Nelson Gonçalves ouvem o diretor.

qual se marcavam os horários de entrada e saída dos intervalos e dos programas e os problemas técnicos e artísticos). Era vital para a emissora controlar a exibição dos comerciais, porque muitas vezes os anunciantes alegavam que o comercial não fora exibido e simplesmente deixavam de pagar a inserção. A Record não fazia esse controle e, antes da adoção do relatório, baseava-se no *TV Fiscal*, uma publicação mensal que relatava tudo que havia ido ao ar. Além disso, naquela fase os patrocinadores da televisão eram quase donos dos programas. O trabalho das agências de propaganda era acompanhar a produção e a exibição dos programas para checar se os comerciais entravam no horário e na posição correta. Muitas vezes ocorriam divergências entre as agências e o *TV Fiscal*. O relatório de produção passava a ser decisivo nesses casos. Hoje esse tipo de relatório é freqüentemente utilizado em qualquer emissora de televisão.

Além do relatório, Silvio tinha por hábito guardar todos os comunicados e pedidos. Assim, se houvesse reclamação — e sempre havia —, era só mostrar o pedido e apurar de quem era a falha, com a devida reprimenda do novo diretor.

Silvio, como diretor de produção, manteve seu jeito seco e exigente. Fazia contundentes relatórios de ocorrência se houvesse falhas na exibição dos programas. Criticava diretamente e não poupava ninguém. Por isso acabaria ganhando mais um apelido: Ministro da Educação e Cultura.

UMA ÉPOCA DE OURO

A Record continuava se dedicando ao futebol, aproveitando a boa fase do Brasil nos Mundiais. Porém, em 1965 as emissoras de televisão sofreriam um duro golpe: os clubes e as federações proibiram as transmissões ao vivo dos jogos, sob a alegação — sempre discutida e jamais resolvida — de que a televisão afastava o público dos estádios. Era preciso então produzir novas atrações para os horários antes reservados ao futebol. Meio de improviso, meio na criatividade, surgiria uma nova era na televisão brasileira que jamais seria esquecida. Alguns programas saíram até por acaso, como *Jovem Guarda*, que veio preencher o buraco da programação nas tardes de domingo.

Além disso, a família Carvalho seguiu contratando vários profissionais da TV Rio e da Excelsior, porque estava disposta a recuperar o primeiro lugar.

A partir da metade da década de 60, a emissora passaria a viver uma época de ouro, com programas antológicos. Praticamente todos os grandes nomes da televisão brasileira estavam na Record: os cantores Roberto Carlos, Chico Buarque, Elis Regina, Jair Rodrigues, Erasmo Carlos, Ronnie Von, Wanderléa, Agnaldo Rayol, Márcia, Marília Medaglia, Adoniran Barbosa, Elisete Cardoso, Ivon Cury, Caçulinha, Agnaldo Timóteo, Eduardo Araújo, Altemar Dutra, Os Vips, Cauby Peixoto e Agostinho dos Santos. Os atores Zeloni, Renata Fronzi, Jô Soares, Cynira Arruda, Ronald Golias, Ricardo Corte Real e Cidinha Campos. Os apresenta-

Entrevistando o cantor Nat King Cole, na sua chegada ao Brasil.

dores Blota Jr., Sônia Ribeiro, Paulo Planet Buarque, Hebe Camargo, Neyde Alexandre, Randal Juliano e Murilo Antunes Alves. Os humoristas Manoel de Nóbrega, Renato Aragão, Chico Anysio, Carlos Alberto de Nóbrega, Pagano Sobrinho, Teobaldo, Walter Stuart, Chocolate, Ema D'Ávila, Marlene Morel, Maria Tereza, Simplício, Arrelia, Rony Rios, Viana Júnior, Borges de Barros, Arnaud Rodrigues, Renato Corte Real, Pimentinha, Santelmo, Canarinho, Zilda Cardoso, Walter D'Ávila. Os diretores de televisão Waldomiro Barone, Salvador Tredice, Humberto Wisnick e J. Gianotti. Nos teleteatros: Suzana Vieira, Tônia Carrero, Geórgia Gomide, Lolita Rodrigues, Elisabeth Gasper, Fúlvio Stefanini, Laura Cardoso e Márcia de Windsor. Na equipe esportiva: Raul Tabajara, Braga Júnior, Flávio Iazetti e Álvaro Paes Leme. Os diretores-produtores Tuta, Hélio Ansaldo, Carlos Manga, Flávio Porto, Raul Duarte, Manoel Carlos, Wilton Franco, Walter Avancini, Durval de Souza, Nilton Travesso e Solano Ribeiro.

AMOR À CAMISA

A televisão brasileira atravessava o auge de sua época mais romântica. Muitas vezes os profissionais assinavam um contrato que os condicionava a exercer as funções de produtor, ator, apresentador, roteirista, diretor e escritor; Silvio foi mais um desses homens de televisão que atuaram em quase todas as atividades. Mas, naquele momento da Record, talvez muitos trabalhassem mais por prazer do que por obrigação.

Para quem, como Silvio e seu estilo irrequieto, via na televisão uma relação de amor em vez de uma imposição profissional, a Record era um caminho aberto para novas experiências. Ele e vários outros profissionais poderiam dizer, sem exagero, que dedicavam a vida ao seu trabalho. Ou como diria Tom Zé, algum tempo depois: "Aquele prédio da Rádio e TV Record, na avenida Miruna, no Aeroporto, era um verdadeiro labirinto, e Silvio era sério candidato a minotauro-mor".

Vários fatos comprovavam que a amizade nos bastidores transformava a maioria dos funcionários da Record em uma família, sem ultrapassar a frágil fronteira entre admiração e demagogia:

Doutor Paulo nunca deixava de cumprimentar um empregado. Certa vez falou "bom dia" a um funcionário que passou por ele e não respondeu. O dono da emissora foi até sua sala, escreveu um comunicado e o divulgou a toda a empresa: "O mínimo de educação que uma pessoa pode demonstrar é responder 'bom dia' a quem o cumprimenta".

No dia de Natal Alfredo ia à emissora apenas para desejar felicidades a todos os que não puderam folgar e estavam trabalhando.

Nuno Madeira apresentava um programa para a colônia portuguesa na Rádio Record. Ele era um dos funcionários mais antigos da emissora. Com a velhice, Nuno foi ficando cego e tinha muita dificuldade para fazer o programa. A direção da rádio decidiu dar, como prêmio por sua dedicação, meia hora da programação aos sábados para ele, que continuou comandando a atração até morrer.

A maneira como alguns funcionários aproveitavam o dia de descanso também dizia muito sobre a união da Record: muitas vezes o empregado que estava de folga optava por ir até a emissora para ajudar os colegas.

A direção da Record deixava uma geladeira e um fogão à disposição dos faxineiros, mecânicos e operários da emissora. Eles costumavam rachar o dinheiro para a comida, que era preparada lá mesmo.

O DEDO GIGANTE

No embalo das várias funções, Silvio também quis ser diretor de televisão. Mesmo já tendo exercido esse cargo na Excelsior, ele teve de quebrar uma barreira, porque, naquele momento, essa função era considerada a mais importante na Record. Os diretores eram verdadeiras estrelas da emissora.

Tornar-se diretor de televisão era quebrar um tabu. Humberto Wisnick estava começando na direção de televisão e a exercia no intervalo comercial, realizado quase todo ao vivo, com as garotas-propaganda falando maravilhas sobre o produto que anunciavam, e ainda com uns poucos comerciais em videoteipe e telecine (um equipamento que rodava o filme). Era preciso um diretor de televisão só para o intervalo, porque o bloco comercial, apesar do decreto federal de 1961 que determinava no máximo quinze minutos de comerciais por hora, chegava a ter de quinze a quarenta minutos seguidos. O *break* comercial recebeu até o apelido de "trem-pagador". Quando não era feito ao vivo, o comercial era rodado por uma seqüência dos aparelhos de telecine. Uma verdadeira aula de televisão em um intervalo comercial.

Silvio aproveitava o horário em que não estava trabalhando para acompanhar Wisnick. Ele sentava ao seu lado e fazia cortes em uma mesa reserva, seguindo o diretor que comandava a programação no ar. Pouco depois, com a aprovação de Tuta, Silvio passaria a fazer a direção de televisão de vários programas.

"Seu" Tuta, Silvio, Nilton Travesso e o censor de um programa (a partir da esquerda).

Nas conversas bem-humoradas entre os colegas da Record ouvia-se contra Silvio a história de que ele não poderia ser diretor de televisão por causa do tamanho gigante do seu dedo. Por mais que tentasse, comentava-se, ele não conseguia apertar somente um botão, mas sempre dois. Outra história que correu foi que seu dedo, de tão grosso, ficara entalado entre dois botões da mesa de corte. Foi preciso soltá-lo usando uma chave especial.

A brincadeira com o tamanho dos dedos da mão de Silvio surgiu na Rádio Bandeirantes. O técnico de som Renato Galon dizia que a mão de Silvio era um maço de cenoura.

FESTIVAIS DA RECORD

Tentando reeditar o sucesso da Excelsior, a Record reservou meia hora diária para um programa que promoveria o Segundo Festival da Música Popular Brasileira. Com Alberto Helena Jr. na produção, Silvio foi o diretor de televisão do programa *MPB*, que era feito ao vivo, mas com muitos videoteipes e filmes do telecine. A idéia era que cada programa fosse um minidocumentário sobre a música brasileira.

Quase toda a equipe criadora do Primeiro Festival da MPB, realizado na Excelsior em 1965, foi contratada pela Record, inclusive o diretor geral do evento, Solano Ribeiro.

A Record praticamente se apropriou da idéia da Excelsior — e assumiu isso —, tanto que deu o nome de Segundo Festival da Música Popular Brasileira ao primeiro festival que realizava. A grande final ocorreu em outubro de 1966. *A Banda*, de Chico Buarque, interpretada por Nara Leão, e *Disparada,* de Geraldo Vandré e Téo de Barros, na voz de Jair Rodrigues, terminaram empatadas em primeiro lugar.

Em 1967, no Terceiro Festival, *Ponteio*, de Edu Lobo e Capinam, interpretada por Marília Medaglia, MPB-4 e pelo próprio Edu, venceu a competição. No momento da escolha da música campeã, registrou-se um recorde de audiência: 95% dos domicílios paulistanos com aparelhos estavam acompanhando o Festival da Record.

No ano seguinte, Tom Zé, cantando uma música sua, *São São Paulo, Meu Amor*, acompanhado pelo Canto 4, ficou em primeiro lugar no Quarto Festival.

Nesses três primeiros festivais da Record, Silvio só ia ao teatro para tirar fotografias, não teve — a não ser na função normal de diretor de produção — nenhuma outra participação.

Já em 1969, quando Paulinho da Viola, com *Sinal Fechado*, ganhou o Quinto Festival, no qual foram proibidas as guitarras, Silvio participou como jurado. Nesse festival o júri dava a opinião logo após a apresentação do intérprete. Silvio era um dos jurados e tinha a recomendação de causar polêmica. Seguindo uma ordem de Paulinho de Carvalho, ele criticou ferozmente a música *Jeitinho Dela*, cantada por Tom Zé. A sorte do cantor foi que, logo após o ataque de Silvio, Maysa elogiou muito a composição e cobriu de elogios o cantor. Tom Zé, que já havia sido avisado do perigo que aquele jurado representava, ficou sem entender a reação impetuosa de Silvio, mas sentiu uma vontade de "pegá-lo pelo pescoço e amarrá-lo na torre da televisão".

O CASAMENTO

Nos corredores da Record ninguém acreditava que Silvio pudesse se casar, ainda mais com uma estrela da música, uma cantora jovem e bonita, como Márcia. Muita gente achava que aquele casamento não iria durar muito.

A pergunta mais ouvida na Record era: "O que ela viu nele?". Mas a imagem que a romântica Márcia transmitia no vídeo não correspondia a seu gênio forte e determinado.

No dia 20 de maio de 1969, Silvio e Márcia se casaram. Boa parte do elenco estelar da Record compareceu à cerimônia, transformando o casamento em um grande acontecimento social. Elis Regina e Ronaldo Bôscoli, Baden Powell e Marcos Lázaro foram os padrinhos.

Márcia estava no auge com o sucesso de *Eu e a Brisa*. Quatro anos depois nasceria o primeiro filho do casal, Alexandre. Durante esse período ela foi deixando aos poucos a carreira musical. Silvio nunca chegou a pedir que ela fizesse isso, talvez porque soubesse que se pedisse Márcia poderia fazer justamente o contrário, só para mostrar quem mandava na casa.

Depois do nascimento de Alexandre ela optou por cuidar da família e largar temporariamente os palcos. Andrea, a Teca, em 1974, e André, em 1976, chegariam para completar a família.

MALA E ROUPÃO

Miele e Ronaldo Bôscoli eram fãs de Márcia e amigos de Silvio, que, na época, andava sempre com uma maleta tipo 007. Só que a maleta era um gravador de rolo usado para fazer entrevistas escondidas. Muitas vezes ele colocava a maleta em cima de uma cadeira e começava a conversar com a pessoa, que nem imaginava que suas palavras estavam sendo gravadas.

Silvio, Bôscoli e Miele planejaram uma brincadeira com a maleta-gravador: Bôscoli imitava muito bem o cantor Lúcio Alves, en-

Os noivos e os padrinhos da noiva, entre eles Baden Powell (no meio) e Marcos Lázaro (à direita).

Os padrinhos do noivo: dr. Mareti e esposa, Elis Regina, Ronaldo Bôscoli, dr. Ayres e esposa, Ernesto de Oliveira e a mãe, Elizabeth Darcy (da esquerda para a direita).

quanto Miele fazia com perfeição o peculiar jeito de falar de Luiz Sapir, assistente do poderoso empresário artístico Marcos Lázaro. Um falso diálogo escondido seria gravado. Bôscoli, fazendo a voz de Lúcio Alves, perguntava:

— Sapir, o que acontece que eu não canto no *Fino da Bossa* e no *Show em Si...monal*?

E Miele, com o sotaque do argentino Sapir, respondia:

— Lúcio, aqui é uma máfia tremenda. Você tem de se entender com Marcos e com o Paulinho. Só entrando no esquema deles e das gravadoras para cantar aqui.

Depois de feita a gravação, eles continuaram com o plano. Mas se Silvio entregasse pessoalmente a maleta com a falsa gravação a Paulinho, ele poderia desconfiar de que era uma armação.

Silvio então deu a maleta para Carlos Manga, já consagrado como diretor de cinema, uma das maiores estrelas da emissora, e explicou o plano. Manga trabalhava havia apenas dois meses na emissora, e ninguém desconfiaria daquele conhecido homem de cinema, ainda mais porque ele não costumava participar de nenhuma brincadeira. Havia uma certa dúvida entre eles se Manga iria participar, mas ele aceitou na hora. Com a maleta nas mãos, foi até a sala de Paulinho para fazer a "denúncia":

— Paulinho, eu estou há pouco tempo aqui, mas acho que você deveria saber disso. O Silvio Luiz esqueceu este gravador na minha sala, eu fui mexer e tem isso gravado.

Manga acionou o gravador, Paulinho ouviu as imitações e acreditou totalmente na história. Enfurecido, ele começou a gritar:

— Chama o Marcos Lázaro aqui!

Secretárias, assistentes e o próprio Manga saíram correndo para chamar o Marcos. O empresário entrou na sala, sentou e ouviu a gravação. Por pouco tempo... Assim que escutou as primeiras frases, ele já percebeu a trama:

— É o Miele e o Bôscoli.

Paulinho não pediu explicações a Manga, afinal ele era a mais nova estrela da casa. Depois, acabou levando na brincadeira.

A Record iria transmitir uma aguardada luta de boxe entre Luizão, o maior boxeador brasileiro do momento, e Archie Moore, no dia 18 de janeiro de 1968. Silvio Luiz (como fazia na *Forja dos Campeões*, no início de sua carreira de repórter), no ringue, era o mestre-de-cerimônias que apresentaria os lutadores. Acabou se empolgando demais:

— À minha esquerda, pesando 73 quilos, vestindo penhoar vermelho...

No dia seguinte, nos corredores da Record, Silvio teve de ouvir muita piada sobre o lutador que não usava roupão.

A EQUIPE B

A famosa equipe A da Record, formada por Tuta, Nilton Travesso, Raul Duarte e Manoel Carlos, fez história na televisão, graças a uma maneira inovadora de produzir programas. Os quatro eram responsáveis pela criação, roteiro, montagem, ensaio e direção dos principais shows da emissora: *Família Trapo, Show do Dia 7, Alianças para o Sucesso, Guerra é Guerra, Hebe, Dia D,* com Cidinha Campos, *Jovem Guarda*.

A equipe A tinha mais verbas e podia escolher os profissionais com os quais trabalharia. Para cuidar dos outros programas da Record foi criada, mais tarde, a bem menos conhecida equipe B, com os mesmos amigos da brincadeira da maleta-gravador: Ronaldo Bôscoli escrevendo, Miele ensaiando e Silvio fazendo a direção de televisão. Essa equipe dispunha de verbas menores e era responsável pelos programas não tão importantes ou até por atrações que pertenciam à equipe A mas que por qualquer motivo eram passadas para eles, como *O Fino da Bossa*, que ficou com a equipe B depois de um desentendimento entre Elis e a Equipe A. No primeiro *O Fino da Bossa* com a equipe B, Miele quis ficar ao lado de Silvio, que iria fazer a direção de televisão, para dar sugestões de corte. Não teve tempo nem de sentar e já ouviu:

— Bicho, aqui do meu lado não dá! Deixa comigo, se o programa não sair bom, depois a gente discute.

Silvio sempre insistia com Elis para que ela não se preocupasse com as câmeras e se soltasse mais no palco. Miele, Bôscoli e Silvio assumiram também o *Show em Si...monal* e *Show do Dia 7* (que seria feito em revezamento com a equipe A, um mês cada uma). *Corte-Rayol Show*, que a princípio era da equipe A, também passou para o trio.

Além desse trabalho, Silvio também continuava realizando pequenas participações nos programas, sempre que era chamado. Apareceu fazendo pontas em *Família Trapo*, *Os Insociáveis* (com Renato Aragão) e *Bronco Total*. Como convidado, em *Essa Noite se Improvisa,* e jurado em *É Proibido Colocar Cartazes.* Além disso fez a direção de televisão do *Chico Anysio Show*, em que o humorista fazia questão que o desfecho da piada fosse sempre em *close*.

Disque A para Acertar era outro programa dirigido por Ubirajara, que chamou Silvio para ser o apresentador. Os telespectadores participavam pelo telefone, tentando acertar qual a música que estava tocando na "vitrola mágica". O participante escolhia a faixa e o lado, entre 25 discos. Se acertasse o título da música, ganhava os prêmios.

Em 1964 Tuta havia assumido o controle total da Rádio Panamericana, a "emissora dos esportes", que também pertencia à família Carvalho. Dois anos de-

Silvio e o Rei, que naquele tempo fumava cachimbo.

pois transformou-a na Rádio Jovem Pan, acrescentando jornalismo e prestação de serviço à programação. Alfredo e Paulinho tinham passado as ações da Panamericana para Tuta; em troca ele deu as ações que possuía na Rádio Record e na TV Record para os irmãos. Contudo, somente em 1973 Tuta deixaria a televisão para se dedicar integralmente à Jovem Pan. Não houve nenhum desentendimento entre os irmãos.

Aproveitando o potencial da TV Record, Tuta criou vários programas que se apoiavam no elenco da emissora, como *Silvio Luiz e a Nossa Turma*, apresentado diretamente do Teatro Record, de segunda a sexta, das cinco da tarde às sete da noite. Nesse espaço de duas horas era realizado o ensaio para o show que seria apresentado à noite. Silvio entrevistava os artistas que iriam exibir-se, perguntando sobre as novidades, os namoros e futuros projetos artísticos.

Aproveitando a fama do casal recém-casado, Tuta convidou Silvio e Márcia para comandar um programa sobre música brasileira na Jovem Pan: *Eu e a Márcia*. O título vinha do grande sucesso de Márcia, *Eu e a Brisa*.

NA BOCA DO TIGRE

No auge dos shows e musicais, a Record não dava a mesma importância para o futebol — devido à proibição da transmissão ao vivo das partidas —, mas mantinha programas sobre o esporte. Silvio criou, e também dirigia, o programa *Na Boca do Tigre*, uma mesa-redonda de futebol que se transformou em um tribunal com juiz, promotor, advogado de defesa e três jurados, que debatiam um tema específico. Silvio, sempre independente — e, mais que isso, querendo demonstrar que era de fato independente —, arrumou uma série de problemas ao produzir esse programa.

Raul Tabajara, Paulo Planet Buarque, Flávio Iazetti eram os jornalistas veteranos que participavam do programa. A fim de sacudir a acomodada linguagem dos figurões do jornalismo esportivo, Silvio convidou jovens jornalistas, como Orlando Duarte e Vital Battaglia — em seu primeiro contato com televisão —, para participar.

Armando Marques também participava do programa. Ele era então a maior estrela do apito no Brasil, e fazia questão de lembrar isso a toda hora, principalmente por jamais ter tomado parte em esquemas de armação de resultados, em uma época em que havia várias suspeitas de corrupção nas arbitragens.

Em um certo programa houve uma forte discussão. Armando e Vital, que eram amigos, protagonizaram um grande bate-boca. O árbitro ameaçou Vital com um processo. O jovem jornalista revelou no ar algo que Armando lhe confidenciara em tom de amizade. Depois do programa Silvio procurou Vital — que estava apavorado com sua primeira discussão na televisão e esperava ser retirado da mesa-redonda —, tranqüilizou-o e garantiu sua presença nos próximos programas.

As denúncias contra as arbitragens levantadas no programa renderiam mais confusão para Silvio, que não se curvou, mesmo com a pressão que o então presidente da FPF, João Mendonça Falcão, fez sobre o doutor Paulo. Mais uma vez o emprego de Silvio correu risco.

Pouco tempo depois Vital ganharia o Prêmio Esso Nacional de Reportagem, pela série de reportagens que denunciou e desmontou o sistema de corrupção de arbitragem em São Paulo, publicada na Edição de Esportes do *Jornal da Tarde*.

Roberto Pétrin, enquanto estava desempregado, era convidado freqüentemente por Silvio para participar. Com os cachês que recebia, Pétrin conseguia ganhar mais do que no seu antigo trabalho. O jornalista Wilson Brasil estava na mesma situação e também foi chamado muitas vezes.

Foi com *Na Boca do Tigre* que nasceu um novo tipo de mesa-redonda, sem concessões e sem se fazer média. A intransigência e a independência de Silvio garantiram o sucesso do polêmico programa.

INCÊNDIOS E COINCIDÊNCIAS

Em 1966 Silvio e Hélio Ansaldo, que tinham construído uma sólida amizade nesse período de Record, passaram as férias juntos. Hélio, com a família, e Silvio embarcaram no navio *Princesa Leopoldina*, que iria passar por vários países da Europa e aportar na Inglaterra, onde eles acompanhariam a Copa. Porém, quando chegaram à Inglaterra, a Seleção Brasileira já estava desclassificada.

Na volta para o Brasil os cronistas que cobriram o Mundial estavam com excesso de bagagem e pediram para Silvio levar, no navio, as malas mais pesadas. Ele concordou, desde que cada um buscasse a sua mala no cais. Os jornalistas levaram dez malas para o camarote de Silvio. Só Milton Peruzzi tinha cinco malas. Quando o navio chegou a Santos, todos eles estavam com as chavinhas na mão esperando para abrir as malas. Silvio falou para os funcionários da alfândega que nada daquilo era dele, apontando para os jornalistas:

— Isso aqui é tudo desses caras ali.

Uma das malas de Peruzzi era tão pesada que dois estivadores tiveram de carregá-la. Silvio não resistiu à curiosidade:

— Pô, Peruzzi, o que tem dentro dessa mala?

— Livros.

Depois que as malas foram abertas, na vistoria da alfândega, os livros se transformariam em cortes de casimira inglesa.

Enquanto Silvio e Hélio estavam viajando, no dia 29 de julho de 1966, um incêndio destruiu os estúdios e a central técnica da Record, no bairro do Aeroporto. Mais de trezentos filmes se perderam nas chamas. De volta a São Paulo, Silvio reorganizou a produção dos programas. Um carro de externas foi colocado na porta do Teatro Consolação para que os shows pudessem ser gravados e para fazer os informativos ao vivo do programa *Mappin Movietone*. No andar térreo do teatro também foi construída uma sala de videoteipe, com dois aparelhos que gravavam e exibiam

Nicolau Chequer (primeiro à esquerda). Silvio entre Nelson Spinelli e Braga Júnior.

os programas. A direção era feita no próprio caminhão, que só poderia utilizar, no máximo, três câmeras. Esses problemas foram superados pela união dos funcionários da Record, que ficavam mais motivados para superar essas dificuldades.

Três anos depois a Record iria passar por uma terrível seqüência de incêndios. Em janeiro o Edifício Grande Avenida, na avenida Paulista, onde ficava a torre da Record, pegou fogo, mas a antena e os aparelhos de retransmissão não foram atingidos, e poucas horas depois tudo voltava ao normal.

No dia 28 de março o Teatro Record Consolação, onde eram gravados o *Show do Dia 7, Jovem Guarda, Hebe Camargo, Essa Noite se Improvisa, O Fino da Bossa, Corte-Rayol Show, Bossaudade, Astros do Disco* e *Família Trapo*, foi destruído pelo fogo. Todo o esquema de produção da Record teve de ser modificado imediatamente. Foram dias difíceis para Silvio, que reformulou a planilha de gravação e readaptou a ordem de realização dos programas.

E em 13 de julho de 1969 ocorreu o incêndio que iria simbolizar o fim de uma era. As chamas consumiram completamente o Novo Teatro Record Paramount. O fogo começou logo após a gravação do programa *Dia D*, com Cidinha Campos. As primeiras labaredas surgiram no pano de fundo do palco, em um local onde não havia instalações elétricas.

Nesse mesmo dia, assim que terminou a gravação do *Programa Silvio Santos*, teve início um grande incêndio no edifício da TV Globo, na rua das Palmeiras. Três dias depois foi a vez da Bandeirantes de sofrer um incêndio. Surpreendentemente os laudos atestaram que os três casos haviam sido acidentais. Nos bastidores havia a certeza de que eram incêndios provocados. Suspeitava-se de uma ação de militantes da esquerda contra o regime militar ou da própria direita radical, como a Operação Bandeirantes, que queria indispor os donos de televisão com a esquerda. Ambos os casos jamais seriam admitidos pelo governo militar. Por isso, três incêndios ocorridos em seqüência em emissoras de televisão, na mesma cidade, em menos de três dias, foram considerados acidentais.

Nenhum dos teatros da Record tinha seguro total. O recomeço seria muito difícil. Os shows teriam de ser gravados somente no Teatro Record Augusta. O abatimento tomou conta de muitos funcionários, mas assim que a Record começou a reconstrução dos teatros, os empregados pareciam ter ganho um incentivo a mais. A direção lançaria o *slogan*: "A cada incêndio, a Record volta mais forte". Mas isso não iria ocorrer. A partir desse momento a recuperação seria impossível. A Globo surgia como nova potência e perigosa concorrente. A fórmula dos musicais também estava começando a se desgastar. Os shows apresentados pela emissora já não eram novidade, e devido aos incêndios deixariam de apresentar uma qualidade técnica mais apurada. Depois dessa fase a Record conseguiria fazer apenas um programa que alcançou um sucesso gigantesco, um programa que também marcaria para sempre a vida e a carreira de Silvio Luiz.

QUEM TEM MEDO DE SILVIO LUIZ?

Como a audiência e o faturamento dos musicais da Record estavam em declínio no final da década de 60, Paulinho pediu a Carlos Manga que criasse um programa diferente e lhe deu liberdade total para produzir a nova atração. Manga reuniu-se então com os produtores Mário Wilson e Flávio Porto (irmão de Sérgio). Eles chegaram à conclusão de que, devido ao conturbado momento político — o auge da repressão do governo militar, logo após o Ato Institucional Número 5 —, o brasileiro estava com vontade de poder falar e brigar. Para os três, o ideal seria criar um programa que revelasse o ídolo por inteiro — suas fraquezas e defeitos seriam jogados ao público —, servindo como provocação e desabafo contra a raiva contida; a intenção era chegar a irritar o telespectador, provocar ódio e causar antipatia. Se conseguisse atingir esses estranhos objetivos, o programa seria um sucesso de audiência. Manga, Flávio e Mário conceberam assim o *Quem Tem Medo da Verdade?*, para eles, naquele momento, apenas mais um programa. Nem imaginavam o que acabavam de criar.

Quem Tem Medo da Verdade? imitava um tribunal. Semanalmente uma grande estrela da televisão brasileira sentava-se em um banco dos réus. A produção apresentava uma série de acusações contra essa personalidade. Em seguida o "réu" era questionado pelos jurados. No encerramento, um advogado de defesa discursava e cada um dos jurados dava seu veredicto, condenando ou inocentando o réu.

Manga começou a escolher o elenco e precisava de um vilão para que o show alcançasse a provocação esperada. Chamou Silvio, que, acostumado a participar de todos os programas, achou que esse seria apenas mais um na sua carreira.

Os jurados fixos eram Silvio Luiz, Clécio Ribeiro, Padre Aristides (que depois abandonou a Igreja), Alik Kostakis e Paulo Azevedo. Semanalmente, várias personalidades eram convidadas para integrar o júri, entre elas: Arley Pereira, Aracy de Almeida, Geraldo Blota, Adoniran Barbosa e Ademar Ferreira da Silva.

Os jurados seguiam as orientações de Manga, que pedia sinceridade, coragem e independência para irem até o fundo das questões, profissionais ou pessoais, que envolviam os artistas. Muitas vezes Manga costumava estimular os jurados com a frase: "Hoje eu quero que vocês arrebentem com o convidado".

Eles recebiam as biografias — o objetivo não era revelar detalhes inéditos do julgado — e um *release* preparado pela produção com detalhes sobre todas as boas e más ações que o "réu" havia praticado.

Para ser o mediador do programa, Manga convidou Blota Jr., que se recusou por considerar o tema muito forte. Paulinho então pediu que Manga fosse o mediador somente no programa-piloto. Como o resultado foi excelente, ele acabou se tornando, além de diretor, o mediador.

Os participantes jamais souberam quais seriam as perguntas. Nada era combinado antes, e o artista que aceitava se transformar em réu não sabia realmente o que seria perguntado. Silvio seguia à risca o "caráter" escolhido para o seu personagem e atacava a todos indistintamente, fazendo as perguntas mais ousadas e chocantes. Incorporou a imagem do vilão que não se justificava, ao agir daquela maneira. Passou a ser considerado um mau-caráter.

Um fator decisivo para o estrago na imagem pública de Silvio, além do comportamento canalha que ele adotara, foi a característica de um programa no qual os artistas-jurados interpretavam a si mesmos, usando o próprio nome, sem maquiagem, sem figurino. (Se os atores que fazem papéis de vilão em novelas chegam a ser agredidos nas ruas, imagine qual era a reação do público contra Silvio.) Não havia como o telespectador compreender — e, claro, nem era essa a intenção do programa — que aquela era uma orientação e que Silvio estava interpretando um papel. Silvio Luiz era agora um homem frio e cruel, já que não havia uma fronteira clara para o telespectador entre realidade e ficção. Até sua mãe chorava ao ver o programa: "Não é esse o filho que eu coloquei no mundo", dizia a cada apresentação. Márcia ouvia nas ruas perguntas que chegavam a magoá-la: "Como você pôde ter casado com aquele homem tão grosso? Você não apanha dele?". Ela ainda tentava explicar que aquilo era apenas um programa de televisão, que ele estava representando, mas ninguém acreditava. Márcia era totalmente contra a participação de Silvio no programa. A principal razão de ele ter aceitado foi o belo cachê que recebia. (As quatro participações mensais rendiam o mesmo que seu salário de diretor de produção.) Porém, não havia preço que pagasse o brutal choque que Silvio provocava no público. Durante o período em que participou do programa, Silvio não percebeu o quanto seu personagem estava prejudicando sua imagem. O telespectador ficava furioso com aquele jurado que, com perguntas e acusações, fazia seu ídolo chegar às lágrimas. Alguns julgados também esqueceram que estavam na televisão e chegaram mesmo a se desentender com Silvio Luiz.

Mas os telespectadores, na realidade, nem sequer tomavam conhecimento de que a maioria dos artistas, apesar de se arriscar em um banco dos réus na televisão, saía de lá faturando alto com a repercussão e a audiência de um programa que era visto por um público excepcional.

Com exceção de Elis Regina e Chacrinha, todos os grandes nomes do *cast* da Record aceitaram o convite do programa, e alguns até mesmo procuraram Manga oferecendo-se para participar.

Um dos programas que mais provocaram impacto foi o do Grande Otelo. Ele chegou a chorar com as perguntas de Silvio, mas no dia seguinte assinou um contrato de publicidade fora do Brasil.

Manga, Flávio e Mário estavam certos. O programa estourou e chegou a atingir picos de 92% de audiência diversas vezes. Silvio se destacava como o mais raivoso dos jurados. A imagem de canalha grudou nele, graças ao violento modo com que questionava os entrevistados. Manga reconhecia o talento e a importância de Silvio, mas entre eles, talvez pelo clima tenso da gravação, a relação profissional ficou abalada várias vezes.

Em abril de 1970, depois de Cidinha Campos participar do *Quem Tem Medo da Verdade?*, Silvio revoltou-se com a edição feita por Manga e telefonou-lhe para comunicar uma surpreendente decisão: "Não faço mais essa porcaria de programa. Você cortou todas as respostas comprometedoras. Isso é marmelada da grossa!".

Na visão de Silvio, Manga, ao editar o programa, tinha amenizado os momentos mais difíceis da entrevistada.

Uma semana depois Manga estava desesperado para que ele voltasse ao programa: "Onde vou achar outro mau-caráter pré-fabricado que nem o Silvio Luiz?", perguntava nas conversas nos corredores da emissora. Ele precisava de alguém com coragem suficiente para fazer as perguntas desconcertantes aos entrevistados.

Silvio ficou fora de alguns programas. A força do seu personagem foi comprovada durante esse período em que esteve ausente. Jorge Calil, um dos proprietários da Crai (Calil Reunidos Agro-Industrial), que produzia a aveia Izildinha, havia comprado uma cota de publicidade e manifestou sua intenção de retirar o patrocínio, ameaçando Antoine Gebran, responsável pela venda da cota: "Aquele baixinho tem de participar sempre, senão o programa não dá audiência e não fica bom".

Manga acabou se rendendo, procurou Silvio e o convenceu de que o programa com Cidinha Campos havia sido editado normalmente.

Outro momento muito grave desse relacionamento foi durante o programa em que Carlos Imperial foi julgado. Silvio mostrou o cartão de Natal que Imperial havia mandado para os militares — no qual Imperial aparecia sentado em uma privada — e perguntou se ele se lembrava daquela foto. Deu um branco no entrevistado, que não conseguiu responder.

Todos os jurados do programa sabiam que — devido à feroz

censura — qualquer referência ao governo militar seria cortada, mas Manga ainda teve paciência para procurar Silvio no final da gravação e voltar a explicar:

— Silvinho, você sabe que eu não posso deixar isso ir pro ar...

Manga estava muito conformado, e sua passividade acabava irritando Silvio ainda mais:

— Não concordo com essa decisão e não participo mais desse programa.

A história iria repetir-se: Silvio deixou de aparecer nos programas seguintes. Manga teve de ir atrás dele de novo.

O próprio Carlos Manga teve motivos para se arrepender do programa que criou. Ele começaria a pensar em parar quando, no auge do *Quem Tem Medo da Verdade?*, passou a ser questionado nas ruas por pessoas comuns que viam nele um profeta e pediam ajuda espiritual, conselhos sobre a vida afetiva e opiniões sobre brigas com o marido.

Mas nada se compara ao terrível mal que o programa fez a Silvio. Sua brilhante atuação era reconhecida apenas dentro da Record, entre os profissionais. A partir daquele momento ele começaria (assim como a Record) a viver uma péssima fase em sua carreira artística. *Quem Tem Medo da Verdade?* foi o último sucesso arrasa-quarteirão da fase de ouro da Record, o fenômeno que encerrou uma era. Um magnífico ponto final na história de uma das maiores televisões do Brasil. Nunca menos de 80% de participação de audiência, com picos de 92%, nos quase três anos em que esteve no ar.

Na década de 70, com dinheiro só para exibir seriados e filmes de bangue-bangue, a emissora entraria em decadência econômica e artística. Silvio seria um diretor de produção de uma televisão que quase não produzia mais. Para ele só sobraria a negação de ter aceitado aquele papel: "É muito melhor você ser mocinho do que ser bandido", diria Silvio, bem mais tarde. Ele só iria libertar-se da imagem de cafajeste quase dez anos depois, quando se consagraria como narrador esportivo e traria uma sobrevida fi-

O polêmico Celso Teixeira no **Quem tem Medo da Verdade?**

nanceira para a Record (com o sucesso do departamento esportivo que passaria a chefiar), e, ironicamente, ainda se tornaria ídolo, principalmente de crianças e mulheres.

BOLINHA, CHACRINHA E MAQUIAVEL

Em março de 1970 estreava na Record a *Hora do Bolinha*, comandado por Edson Cury. Silvio era produtor, diretor de televisão e jurado do programa, e dava notas para os calouros pelo canal de voz do *switcher*, de onde cortava. Edson Bolinha Cury dava um cachê do próprio bolso para Silvio. O apresentador tinha uma casa alugada só para colocar os produtos que ganhava em permutas. No Natal Bolinha fazia cestas e distribuía para seus funcionários, e também arrumava brinquedos para crianças carentes e cadeiras de rodas para deficientes. Silvio participava das reuniões de produção, discutia e dava sugestões sobre calouros, convidados, bailarinas e cenário.

Da mesma forma, Silvio trabalharia com outro grande animador da televisão brasileira e acabaria tendo uma passagem importante na vida de Chacrinha. No começo da década de 70, nos dois anos em que esteve na TV Record — a emissora já apresentava sinais de decadência e entrava em crise financeira —, o Velho Guerreiro enfrentou uma de suas piores fases artísticas. Ele estava voltando ao ar depois de ficar seis meses fora da televisão (o maior período, em trinta anos, em que Chacrinha ficou longe da telinha). Além disso, o programa vinha de uma audiência muito alta na TV Tupi, e os números na Record eram decepcionantes. Chacrinha saiu da Tupi porque não recebia salário havia nove meses.

Na Record, Chacrinha e seu filho Leleco Barbosa, diretor do programa, conheceram Silvio Luiz. Logo foi criada uma boa amizade entre eles. Como Chacrinha precisava de um jurado mau, Leleco acabou convidando Silvio para o programa. Mais uma vez, aproveitando sua fama de vilão — que vinha do programa *Quem Tem Medo da Verdade?* —, ele voltaria a se tornar o homem mau, agora no *Buzina do Chacrinha*. Sua entrada era coberta por vaias do público, afinal ele era o jurado menos simpático, aquele que escrachava e agredia os calouros com comentários irônicos. Mas o programa era muito mais leve e divertido, ele aproveitou a onda e tentou tirar proveito, dando vazão a seu lado cômico.

Silvio aceitava todas as sugestões de Chacrinha e seguia suas orientações. Além disso, o "papel" de Silvio, apesar de continuar sendo o de vilão, era muito mais debochado. Ele subia na mesa dos outros jurados, agitava, brigava com o público e criticava os calouros. Isso interessava ao animador, que se preocupava demais com o público porque, para seu programa render, era necessário um auditório bem participativo. O Velho Guerreiro gostou tanto das tiradas de Silvio que o convidou para as excursões do programa por todo o país. Silvio chegou a excursionar algumas vezes com o Velho Guerreiro pelo Norte e Nordeste do Brasil.

A amizade se consolidou, e todo sábado, após o programa, eles saíam para comer. Nesses encontros Chacrinha se divertia com as histórias que Silvio contava.

Para Silvio foi muito importante essa convivência com o Velho Guerreiro. A irreverência e a imprevisibilidade com que Chacrinha

Como jurado do programa **Buzina do Chacrinha.**

comandava o *Buzina* influenciariam o estilo das suas narrações.

Porém Silvio continuava se sentindo marcado: o mais importante, para ele, era ter esperanças de que talvez o público esquecesse o jurado do *Quem Tem Medo da Verdade?* para substituí-lo por aquele homem divertido que brincava ao lado do Velho Guerreiro...

Nessa mesma época surgiu a idéia do telejornal *Tempo de Notícias* (que mais tarde se tornaria o *Record em Notícias*, maldosamente apelidado de "Jornal da Tosse", que se tornou um poderoso palanque e acabou elegendo alguns deputados federais).

Silvio foi escolhido para fazer a direção de televisão dos primeiros jornais que foram ao ar. O amigo Antoine Gebran, um dos comentaristas, estava fazendo uma crítica e, em vez de dizer Maquiavel, deixou escapar um "Maquiável". Gebran percebeu o engano, mas ficou tão nervoso com o erro que não conseguiu se corrigir. Assim que o intervalo entrou no ar, ele, os outros comentaristas e toda a produção puderam ouvir o grito do diretor de televisão pelo canal de voz do estúdio:

— Ô, filho da puta, não é Maquiável, é Maquiavel.

Aí Gebran soltou a raiva contida:

— Vai à puta que o pariu.

O programa voltou ao ar com Gebran visivelmente alterado com a atitude de Silvio, que, do *switcher*, se divertia com o nervosismo do amigo.

Gebran, mais tarde, teria um programa na Record: *Bar Executivo*. É claro que ele chamou Silvio Luiz para ser o diretor de televisão.

CARTÃO VERMELHO

Mesmo trabalhando em vários programas, Silvio jamais esquecia o futebol. Inspirado no formato do polêmico *Quem Tem Medo da Verdade?*, Silvio quis transportar o mesmo clima para o programa esportivo de entrevista *Cartão Vermelho*, que estreou em setembro de 1976. O convidado sentava-se em uma cadeira e ficava de frente para cinco jornalistas. O cenário lembrava uma arena romana. Israel Gimpel, José Maria de Aquino, Vital Battaglia, Braga Júnior eram alguns dos entrevistadores.

Alguns programas foram marcantes. Os dois técnicos da Seleção: o demitido Osvaldo Brandão e seu substituto, Cláudio Coutinho; Mané Garrincha e um choro sincero, com uma emoção que tocou os jornalistas. Sócrates, inteligente e jogando na defesa, respondendo às perguntas somente com "sim", "não" e "pode ser", obrigando os entrevistadores a inventar, na hora, mais de cem perguntas para serem feitas, senão o programa acabaria na metade do tempo.

O goleiro Leão havia confirmado a presença no programa, mas, em um encontro casual no Aeroporto do Galeão com Silvio, ele falou que só compareceria se a produção desse uma televisão para o irmão dele que iria casar-se. Como o programa não dava presente a nenhum convidado, Silvio simplesmente disse que ele não precisava mais aparecer. Criou-se uma antipatia mútua que jamais seria resolvida.

O *Cartão Vermelho* alcançou uma boa repercussão, fez sucesso e gerou uma série de imitações, inclusive de programas sobre política.

UM NOVO PATRÃO

A partir de abril de 1972 Silvio Luiz passaria a ser o encarregado geral das operações técnicas da Record. Nesse mesmo ano Silvio Santos comprou do Grupo Gerdau 50% das ações da Record. Como Silvio Santos era contratado da TV Globo e estava impedido por contrato de ter uma emissora de televisão, o diretor administrativo do Grupo Silvio Santos, Demerval Gonçalves, procurou o amigo Joaquim Cintra Gordinho, de uma tradicional e milionária família paulista, para que ele atuasse como mediador da negociação. Gordinho aceitou e manteve segredo quanto ao verdadeiro dono de metade da Rede Record.

No ano seguinte, com a Record atravessando uma séria crise financeira, Paulinho ofereceu uma composição a Silvio Santos para conseguir dinheiro. Sua idéia inicial era de que ele e Gordinho vendessem parte de suas ações. Cada um passaria a ter 33% das ações, conforme imaginava Paulinho, que não sabia que as ações de Gordinho pertenciam na realidade a Silvio Santos.

Achando que essa atitude significaria uma traição ao doutor Paulo, Silvio Santos desistiu da compra, mas autorizou Demerval a oferecer o dinheiro como empréstimo. Só que Paulinho, além de assinar uma promissória com prazo de um ano para ser paga, quis fazer um contrato de compra e venda como garantia do empréstimo, passando 10% da emissora para Silvio. Assim, se Silvio Santos conseguisse a transferência no Dentel desses 10%, ele se tornaria o novo dono da Record, com 60% das ações.

A princípio Silvio Santos viu no negócio mais um investimento do que a compra de uma emissora, mas, quando o contrato que tinha com a Globo estava para vencer, Silvio fez valer suas ações e apresentou-se como dono de 50% da Record.

Quando Alfredo e Paulinho souberam que Silvio Santos era o dono de metade da Record, houve uma correria para regularizar as carteiras de trabalho de muitos funcionários que não estavam registrados. Depois de várias reuniões com os representantes de Silvio, Paulinho, que já havia pago a promissória e "recuperado" os 10%, convocou uma assembléia de acionistas.

Uma série de regras foram estabelecidas, e em 18 de setembro de 1976 chegou-se finalmente a um acordo entre o Grupo Silvio Santos e a família Carvalho. Foi criado um Conselho Coordenador, que desempatava as questões que envolviam as partes, já que os dois grupos detinham 50% das ações da Record, que passaria a transmitir o *Programa Silvio Santos* (também exibido pela Rede Tupi). Arnaldo Buciarelli e Demerval Gonçalves seriam os homens de confiança de Silvio Santos na Record. A parte técnica e artística continuaria com o grupo Carvalho, mas a parte comercial e administrativo-financeira da emissora passaria ao Grupo Silvio Santos.

A entrada de Silvio Santos deu uma enorme contribuição na organização e na parte comercial, contábil e administrativa da Record, primeiro com Eleazar Patrício, Mário Albino, José Abrão, Arnaldo Buciarelli e o próprio Demerval; e mais tarde com Guilherme Stoliar e Ivandir Kotait.

Com a injeção de dinheiro da entrada do Grupo Silvio Santos na Record, alguns projetos finalmente puderam sair do papel. A Record trocou o transmissor, aumentou a penetração no interior do Estado de São Paulo (com retransmissoras em Franca e São José do Rio Preto), reformou os estúdios, reformulou a grade de programação e criou um novo departamento de esportes.

COPA DE 1974

Além do programa do Chacrinha, a cobertura da Copa de 1974, na Alemanha, deu uma nova motivação à carreira de Silvio. Depois de ficar ausente por duas Copas, ele voltava a cobrir o maior evento do futebol mundial.

Silvio foi como repórter do Sibratel (Sistema Brasileiro de Televisão), um *pool* formado por Record (com Blota Jr. e o próprio Silvio), Bandeirantes (com Fernando Solera e Chico de Assis) e Gazeta (com Peirão de Castro e Roberto Pétrin).

Assim que desembarcaram eles se hospedaram em uma pensão em Frankfurt e, rapidamente, foram buscar as credenciais no Centro de Imprensa, porque estavam loucos para sair e conhecer a cidade. Depois que eles pegaram as credenciais individuais, os funcionários do comitê organizador perguntaram se eles queriam identificação para o carro. Não querendo perder mais tempo, o grupo rejeitou a oferta. No dia 13 de junho, quando Brasil e Iugoslávia iriam fazer a abertura da Copa no Wald Stadion, Peirão, Blota e Silvio estavam no automóvel da equipe indo em direção ao estádio. Uma barreira policial parou o carro, e o guarda perguntou sobre a identificação do veículo (aquela mesma que eles não quiseram pegar porque estavam com muita pressa). Diante da negativa, o policial mandou o carro retornar. Peirão tentou argumentar: *"Brazilian Football..."*, mas não teve jeito. Foram obrigados a voltar, estacionar bem longe do estádio e andar a pé até a cabine.

NO MEIO DA PLANTAÇÃO, SEM FALAR ALEMÃO

Silvio foi escalado para fazer uma reportagem no estádio da cidade de Gelsenkirchen, onde seriam realizadas algumas partidas do grupo do Brasil. Gelsenkirchen ficava a quase duzentos quilômetros de distância de Frankfurt. Ele próprio foi

Com Pedro Luiz, Osmar Santos e Henrique Guilherme em Berlim.

dirigindo o carro, seguindo as placas... dirigindo e seguindo as placas... até que teve de parar... a estrada tinha acabado e Silvio estava no meio de uma plantação de uva com um monte de alemães olhando para ele. Naquele momento, só pensava em como iria comunicar-se. Saiu do carro com o mapa na mão. Depois de uma explicação cheia de mímicas e gestos, fez o retorno para tentar achar o estádio. Mas se perdeu novamente. Parou então o carro no acostamento da rodovia, desceu e ficou esperando, até que apareceu um táxi. Mostrou o crachá ao taxista e, com mais gestos, explicou que precisava ir ao estádio. O taxista foi na frente, e Silvio o seguiu no próprio carro. Assim que viu o estádio, Silvio parou o automóvel e foi até o táxi para pagar a corrida.

A Copa de 1974 chegava ao fim. Silvio iria voltar justamente no dia do seu aniversário. Márcia estava grávida de Andrea, mesmo assim preparou uma superfeijoada com vários caldeirões de comida. Sua intenção era convidar todos os profissionais que participaram da cobertura pelo Sibratel para comemorar. No aeroporto ela convidou os parentes dos colegas que trabalharam com Silvio. Após o desembarque, Blota Jr., o outro jornalista da Record que fez parte do *pool*, foi até ela com uma notícia que estragou a festa:

— O Silvio mandou pedir desculpas, mas ele resolveu ficar mais alguns dias na Alemanha e vai voltar só na semana que vem.

Chico de Assis, Blota Jr., Adão Macieira, Roberto Pétrin, Silvio, Fernando Solera e Peirão de Castro (da esquerda para a direita).

— Mas que filho da mãe! Eu vou fazer o que com a feijoada?
Blota percebeu que Márcia ficou alterada e tentou acalmá-la, preocupado com a gravidez:
— Calma! Olha o nenê! Você não pode ficar nervosa.
Era tanta comida que o único jeito foi manter tudo como programado, só que sem o aniversariante. Todos foram convidados, comeram, beberam e ainda levaram feijoada para casa. O aniversariante só soube da festa uma semana depois.
Alguns anos depois seria a vez de Márcia aprontar uma gostosa vingança. Semanas antes do aniversário de Silvio, pediu que nenhum amigo ligasse para lhe dar os parabéns. E planejou uma festa-surpresa. Ele sempre deu muita importância às datas e passou o dia inteiro chateado por ter sido esquecido pelos amigos. À noite, ficou emocionado com a surpresa.

ADEUS ÀS REPORTAGENS

A Copa de 1974 foi, definitivamente, o último trabalho de Silvio como repórter esportivo. Voltaria a ser diretor de produção da Record e teria uma grande chance pela frente, logo após a criação do novo departamento de esportes da emissora. Mas desde os tempos da Rádio Bandeirantes, e ao mesmo tempo que trabalhou na Excelsior e na Record, Silvio também destacou-se exercendo a mais polêmica função de um profissional dentro de um campo de futebol...

Capítulo III

O ÁRBITRO

"VAMOS DESCOBRIR QUEM ESTÁ ROUBANDO"

Ainda trabalhando como repórter esportivo na Rádio Bandeirantes, no começo da década de 60, Silvio Luiz leu um anúncio de jornal no qual a Federação Paulista de Futebol divulgava que estavam abertas as inscrições para o curso de árbitros. Ele chamou Ethel Rodrigues, também repórter da equipe da Bandeirantes, e sugeriu:

— Pô, Ethel, vamos fazer o curso, aí a gente se forma, entra para o grupo e descobre quem são os juízes que estão roubando.

Os colegas do jornalismo e os próprios árbitros acharam que eles haviam decidido fazer o curso para aprimorar os conhecimentos de futebol. Ninguém imaginava que, na verdade, eles queriam um grande furo jornalístico. A intenção de Silvio era se enturmar com os árbitros para depois investigar e fazer reportagens que denunciassem os bastidores do esquema de resultados. Silvio e Ethel fizeram o curso mas não descobriram nada do que pretendiam. Na escola de árbitros da Federação Paulista de Futebol eles se formaram com média 9,8. Os dois foram os primeiros colocados do ano. Pouco tempo depois Silvio começaria a seguir o caminho normal que qualquer árbitro, na época, percorria: apitava na Penitenciária e na Terceira Divisão. Porém Silvio teve de interromper a trajetória paralela por causa da tuberculose que contraiu em 1963, quando já era diretor de produção na Excelsior. Depois de recuperado, voltou a apitar até chegar aos jogos da Primeira Divisão, ao mesmo tempo que trabalhava na Excelsior e na Record.

Com tantas atividades, não sobrava tempo para realizar atividades físicas. Silvio também detestava fazer ginástica e exercícios para manter a forma. O seu preparo acabava sendo prejudicado, e geralmente apitava acima do peso. Na parte técnica, Silvio conhecia bem as leis e era um teórico, decidiu seguir o mesmo estilo que usava na carreira de televisão: seguir simplesmente as regras com rigor e não fazer concessões, cumprindo o livrinho à risca. Resultado: quase todos os jogos que apitava terminavam em confusão. A tal ponto que se tornou comum, nas redações de jornais, os editores de esporte mandarem repórteres para cobrir a partida em que Silvio estava escalado. Eles sabiam que desse jogo poderia sair uma boa matéria. Além disso, Silvio era um repórter esportivo que passava à condição de árbitro, e se colocava agora como alvo de críticas. Por ironia, Ethel se tornaria um árbitro muito mais dedicado à função, mas acabaria envolvido em um escândalo.

Silvio apitou muito no interior paulista, porém não teve oportunidade de ser escalado em partidas de destaque, porque não conseguia manter uma seqüência de jogos devido ao número de compromissos que tinha, mas se mantinha informado sobre as regras, e foi um dos fundadores do sindicato.

Apitar, para ele, era uma terapia de fim de semana, uma maneira de ele relaxar do agitado ritmo profissional que levava. Silvio passou a ser escalado com mais freqüência em jogos importantes somente no começo da década de 70, ao mesmo tempo que era ju-

Silvio Acácio, Pedro Toledo, Silvio, Matarazzo e Walquir Pimentel (da esquerda para a direita).

rado do *Buzina do Chacrinha*. Isso acabava trazendo mais respeito por parte dos jogadores.

Ele também já era mais experiente. Nessa fase ele deixou de ser o árbitro extremamente meticuloso quanto ao cumprimento das leis. Acabou aprendendo, seguindo conselho de Armando Marques, a aplicar também a "regra 18": usar o bom senso (na verdade, as regras do futebol são apenas 17). Silvio passava a não ouvir os xingamentos dos jogadores, deixava de discutir com os atletas e de distribuir cartões a toda hora, como fazia no começo da carreira. Apesar de tornar-se mais maleável, Silvio se mostrava rigoroso quando havia qualquer intromissão em um jogo apitado por ele.

UM JUIZ DE GUARDA-CHUVA

A Record transmitia, nas manhãs de domingo, o Campeonato Seven-Up Colegial, um torneio de futebol entre colégios paulistanos promovido pela emissora. Hélio Ansaldo era o narrador, e Silvio, o repórter. Antes mesmo de pensar em fazer o curso, Silvio já apitava eventualmente quando o árbitro escalado não comparecia. Houve um domingo em que caiu uma tempestade tão forte que o árbitro não apareceu para apitar Rio Branco x Dante Alighieri. Silvio, sempre ele, teve de substituir o juiz, que achou que não haveria jogo por causa da chuva. O campo havia se transformado em um lamaçal. Antes da partida Silvio decidiu acrescentar ao seu uniforme algumas peças fundamentais naquele momento: uma capa, galochas e um guarda-chuva.

Com apenas alguns minutos de jogo no primeiro tempo, dois atletas adversários (mas que eram grandes amigos), por brincadeira, se empurraram e xingaram um ao outro. O juiz de galocha e guarda-chuva expulsou os dois na hora. Eles tentaram explicar:

— Silvio, a gente se conhece. Somos colegas. Foi brincadeira.

— Não tem conversa. Pra fora! Fora!

O atleta do colégio Rio Branco expulso de campo era Sílvio Lancellotti. Vinte anos depois o jogador expulso se tornaria comentarista dos jogos do Campeonato Italiano, que eram narrados pelo mesmo juiz que o mandou para fora de campo naquela manhã chuvosa de domingo.

Portuguesa Santista e Botafogo de Ribeirão Preto jogavam em Santos. Os jogadores do Botafogo, que ganhava a partida, estavam fazendo cera e chutavam a bola para fora do acanhado Estádio Ulrico Mursa. Para não perder tempo e beneficiar o time visitante, Silvio apitou com uma outra bola debaixo do braço. Quando a bola era mandada para longe, Silvio colocava a outra bola em jogo.

Em outro jogo do Botafogo de Ribeirão, dessa vez contra o América de São José do Rio Preto, o zagueiro do Botafogo fez um estranho pedido ao árbitro:

— Pô, seu Silvio, me dá um cartão porque a semana que vem eu tenho um casamento pra ir.

— Você não vai tomar cartão nenhum até o fim do jogo.

O jogador ganhara a permissão para fazer o que quisesse até o fim do jogo, mas não abusou, e até que se comportou bem.

UTI EM CAMPO

O árbitro Silvio Luiz criou uma marca dentro de campo que acabava com a cera de muitos atletas: quando o jogador recebia uma falta e saía rolando, fazendo a tradicional valorização, ele chegava perto, abaixava e dizia:

— Ô simpático, você quer a maca ou uma ambulância?

E começava a imitar o som de uma sirene. O jogador que realmente estava fingindo levantava na hora.

Quando Silvio conhecia o atleta, chegava a fazer algumas brincadeiras, como tapar o nariz assim que eles levantavam o braço. Se o jogador fosse íntimo de Silvio, ele chegava a, discretamente, passar a mão na bunda do atleta... com o jogo em andamento.

A Ponte Preta venceu o Nacional de São Paulo por 1 a 0, em pleno estádio do Nacional, na rua Comendador Souza. Era um jogo que valia classificação para a próxima fase da Segunda Divisão. Luciano do Valle, como repórter de rádio de Campinas, trabalhou nessa partida. O árbitro Silvio estava saindo de campo quando levou um tapão na orelha. Ele mandou a polícia prender o agressor. Os policiais conseguiram agarrar o autor do tabefe e o levaram para o vestiário. Era um diretor do Nacional e funcionário da Federação Paulista de Futebol — inconformado com o resultado da partida —, completamente apavorado por ter sido preso. A polícia perguntou o que deveriam fazer com ele. Silvio, percebendo que seu agressor estava em pânico, decidiu:

— Solta ele, coitado.

POR FAVOR, LEIAM O RELATÓRIO

São José e Bragantino se enfrentavam em São José dos Campos. Era um jogo importante pela Segunda Divisão do Campeonato Paulista. Silvio marcou uma falta para a equipe visitante cobrar, perto da linha lateral e na altura da grande área. Antes de autorizar a cobrança, Silvio ouviu Diede Lameiro, técnico do time da casa, gritar para a defesa da sua equipe:

— Pára que ele dá!

A falta foi cobrada, a defesa do São José saiu fazendo linha de impedimento, o centroavante recebeu livre, matou a bola no peito e olhou para Silvio, que fez um gesto para ele seguir em frente e ainda deu a dica:

— Pode tocar.

Gol do Bragantino.

Na saída para o vestiário um dirigente do São José deu um tapão — mais um — na orelha de Silvio.

Ele fez o relatório e o estádio foi interditado por um mês.

Campeonato Brasileiro de 1975. No dia 24 de outubro, Grêmio e Coritiba jogaram no Olímpico. O jogo estava empatado. O ponta do Grêmio Tarciso, três minutos depois de ter recebido cartão amarelo por reclamação, saiu de campo para — contundido — receber os cuidados do massagista Banha. Depois do atendimento, o gremista decidiu voltar ao gramado pela linha de fundo. Silvio foi adverti-lo e Tarciso o ignorou. O jogador foi expulso na hora. O Coritiba ganhou de 3 a 1.

O bandeirinha Silvio Luiz (à direita) ao lado do árbitro Armando Marques.

O relatório do árbitro reproduziu o diálogo na linha de fundo:

— O senhor não pode entrar pelo fundo, volte e entre pela lateral do gramado.

— Ora, vai à merda. Eu vou voltar por aqui mesmo.

— Então você não vai voltar de nenhum jeito.

Aos repórteres que sempre o procuravam para saber detalhes da sua atuação, Silvio — seguindo a determinação da Confederação — fazia o mesmo pedido:

— Por favor, leiam o relatório.

Quando algum fato estranho ao jogo, descrito por Silvio no relatório, ia a julgamento, ele comparecia ao Tribunal para acompanhar a sessão. Silvio escrevia uma súmula bem detalhada, relatando todos os fatos marcantes do jogo. Ele achava que o Tribunal deveria acompanhar e prestigiar o árbitro na decisão tomada. Nunca o Tribunal deixou de punir atletas que estavam no relatório de Silvio. Os que tiveram sorte receberam, no mínimo, uma multa.

CADEIRADA NO JUIZ

O Noroeste, de Bauru, jogava em casa e tomou um gol do Ferroviário de Araçatuba aos dezessete minutos do primeiro tempo. A derrota tiraria o time de Bauru do quadrangular final do Campeonato Paulista da Segunda Divisão de 1968. Para piorar a situação do juiz, uma semana antes, no dia 11 de agosto, Silvio havia apitado, em Araçatuba, um amistoso entre Ferroviário e Corinthians, que estreava o técnico Aymoré Moreira. Essa nova escalação de Silvio para atuar em mais um jogo do Ferroviário gerou vários protestos da diretoria do Noroeste.

Com o Ferroviário sustentando o resultado até o segundo tempo, os jogadores do Noroeste passaram a se atirar na área pedindo pênalti, simulando faltas e pressionando o árbitro.

De nada adiantou a catimba, a partida terminou com o placar de 1 a 0. O time e os torcedores locais não gostaram muito da arbitragem.

Quando Silvio apitou o fim do jogo, ele estava longe do vestiário. O goleiro do Noroeste saiu correndo em sua direção. Silvio deu um drible nele e começou a correr. Cláudio Amantini, presidente do Noroeste, também foi tirar satisfação com o juiz, que já estava quase no vestiário. Ele desceu a escada correndo, mas escorregou no último degrau e caiu de costas. Foi a sua sorte. Amantini lhe havia jogado uma cadeira de ferro que passou raspando sua cabeça e arrebentou uma porta de vidro. Silvio aproveitou e entrou rapidamente no vestiário, pegou seu revólver que estava na mala e ficou trancado por um bom tempo esperando os bandeiras.

Algumas horas depois a situação parecia ter se acalmado. Os bandeiras, com alguns ferimentos no corpo, já haviam chegado. Mas enquanto Silvio tomava banho, os torcedores jogaram uma bomba dentro do vestiário. Foi só um tremendo susto, ninguém foi atingido. O trio só conseguiu sair do estádio dentro de um camburão, e foi para a delegacia local, esperar o carro da Federação.

Muitos anos depois, Silvio se tornou o famoso narrador da Record, e Bauru era um dos lugares onde a equipe da emissora sempre recebia uma ótima acolhida. Amantini, ainda como presidente do Noroeste, fazia questão de manter a cabine confortável e de mandar os tradicionais salgadinhos para o narrador.

ENSAIO DE GREVE

Os juízes da Federação Paulista de Futebol planejaram realizar uma greve, mas antes decidiram fazer uma assembléia. Pediram que Silvio participasse, mas ele estava no Teatro Record Paramount, ensaiando Agnaldo Rayol para o programa que seria apresentado naquela noite, o *Corte-Rayol Show*. Os árbitros telefonaram a Silvio e insistiram, já que ele, devido às constantes aparições na televisão, era um dos juízes mais conhecidos do público. Silvio, sem ter noção do que estava propondo, sugeriu:

— Eu não posso sair daqui. Se vocês quiserem, venham até aqui, no Teatro Record Paramount.

E eles foram. A reunião foi feita em um canto da parte superior do teatro, durante o intervalo do ensaio. No dia seguinte os jornais davam a notícia da assembléia. Estava armada uma enorme confusão: as reportagens sobre a reunião de árbitros no Teatro da TV Record levavam a entender que a emissora estava a favor da greve. Silvio, como funcionário da Record e juiz de futebol, passou a ser considerado o líder do grupo e idealizador do movimento.

Nasceu uma pequena crise interna na Record porque o diretor de árbitros da Federação Paulista, Rogério Rodrigues, também era diretor administrativo da emissora. O doutor Paulo, assim que ficou sabendo que a assembléia fora realizada no Teatro Record, quis demitir Silvio por ceder um local da emissora sem autorização e ainda mais para uma reunião de árbitros de futebol. A greve foi realizada, mas durou apenas um dia, para sorte de Silvio, que não foi punido pela Record.

O JUIZ E OS JORNALISTAS

Oliveira Andrade era repórter de uma rádio de Campinas. Silvio Luiz iria apitar Guarani e Bangu, no Estádio Brinco de Ouro da Princesa. Antes de a partida começar o repórter tentou realizar uma entrevista com o árbitro:

— E aí, Silvio, como vai ser o jogo?

— O jogo vai ser onze para cada lado, um juiz, dois bandeiras e a bola!

Noroeste e Francana jogavam à noite no vazio Estádio Alfredo de Castilho, em Bauru. O estádio estava tão deserto que os atletas e Silvio, que apitava, podiam escutar o que o locutor local dizia. Ele falava muito alto, com convicção, e o juiz decidiu seguir a narração dele. Se ele dizia que havia sido falta, Silvio marcava. Quando ele achava que havia sido um lance normal, Silvio deixava o jogo seguir. E continuou apitando conforme a interpretação do locutor até o fim da partida, quando o impressionado narrador comentou ao microfone:

— Eu nunca tinha visto, em minha carreira, um árbitro tão perfeito.

A LUSA É CAMPEÃ. E SILVIO É O JUIZ.

Apenas 3778 torcedores foram ao Parque Antártica naquela quinta-feira, dia 19 de fevereiro de 1976, acompanhar a partida Portuguesa x Guarani, que decidiria o título do Torneio Governador do Estado, disputado por Corinthians, Santos, Portuguesa, São Paulo, Guarani e Palmeiras. Todos os times se enfrentariam em turno único; quem fizesse mais pontos seria o campeão. (Uma vitória da Portuguesa por um ou dois gols daria o título ao São Paulo. Se a Portuguesa vencesse por três gols de diferença haveria um sorteio na Federação; caso conseguisse quatro ou mais gols de diferença, a Lusa seria a campeã do torneio.)

Um dia antes desse último jogo ocorreu o velório da esposa de Américo Egídio Pereira, diretor da Federação Paulista. Durante o velório, José Ferreira Pinto, presidente do Juventus, recém-eleito vice-presidente da Federação e verdadeira eminência parda do futebol paulista, chamou Silvio para uma conversa:

— Eu pedi para não tirar você da escala, mas veja bem o que você vai fazer amanhã. Eu prometi o título ao baixinho ali! E apontou para Henri Aidar, ex-chefe da Casa Civil do governo do Estado Laudo Natel e presidente do São Paulo. Silvio permaneceu impassível:

— Seja o que Deus quiser. Eu vou apitar a partida e vai vencer quem marcar mais gols. Gols válidos, bem entendido.

José de Assis Aragão, também árbitro da Federação, presenciou a conversa. Prevendo que poderia haver confusão, Silvio pediu a Aragão que o acompanhasse:

— Você vai comigo ao jogo porque acho que vou ter problemas.

Aragão foi com Silvio até o estádio, entrou no vestiário e assistiu à partida das arquibancadas. Silvio procurou fazer uma arbitragem correta. Aos vinte minutos de jogo, Eudes abriu o placar: 1 a 0 para a Lusa. Dois minutos depois Antônio Carlos aumentou. Mais dois minutos e surgiu um lance polêmico: Silvio anulou um gol de Eudes, apontando impedimento passivo de Enéas.

Mas o terceiro gol da Portuguesa surgiu logo em seguida, depois uma jogada confusa envolvendo o goleiro Sidnei, do Guarani (o representante deu o gol para Eudes). A defesa do time campineiro reclamou de impedimento do ataque lusitano. O auxiliar Antônio Carlos Santos Luppo chegou a levantar a bandeira, mas depois confirmou o gol.

Com apenas trinta minutos de jogo no primeiro tempo, a Portuguesa já conquistava uma diferença de gols suficiente para o torneio ser decidido por meio de um sorteio. No segundo tempo o time do Canindé cansou e diminuiu o ritmo. Contudo, quando faltavam dois minutos para o término do jogo, Mendes recebeu atrás da defesa do Guarani e tocou de cabeça para Antônio Carlos fazer o gol do título. Os torcedores da Portuguesa pareciam não acreditar. Fim de jogo, a Lusa alcançou a diferença de gols de que precisava e era a campeã. Nas entrevistas de campo os jogadores do Guarani não pouparam críticas à atuação do juiz.

Depois do jogo Silvio contou a todos o que havia acontecido durante o velório e entregou uma carta à Federação. A reação foi imediata: logo em seguida Silvio foi escalado para apitar uma partida da Terceira Divisão. Na época, os juízes que trabalhavam na Primeira Divisão não apitavam jogos das divisões de acesso. Silvio se recusou e não compareceu àquela partida. A FPF poderia mandar o caso para o TJD (Tribunal de Justiça Desportiva), mas não tomou nenhuma atitude.

Silvio nunca mais seria escalado para apitar pela Federação Paulista. A entidade se justificaria alegando que Silvio faltava a muitos jogos devido a seus compromissos na Record. Ele seria, então, suspenso por "indisciplina", e a Federação excluiria o seu nome de uma lista com 24 juízes paulistas indicados para participar do Campeonato Brasileiro. Mesmo suspenso pela FPF, a CBD resolveu escalá-lo para apitar o Brasileirão. A decisão provocou uma pequena crise entre os dirigentes da CBD, que envolveu Áulio Nazareno, presidente da Cobraf, e Alfredo Metidieri, presidente da FPF, que fora eleito um mês antes com as bênçãos de José Ferreira.

Silvio descreveria em detalhes as orientações de fabricação de resultados que recebeu do vice-presidente da FPF em um documento, com firma reconhecida em cartório, que enviou para Alfredo Metidieri, presidente da Federação. No ofício-denúncia Silvio afirmava que Ferreira Pinto teria apontado na direção do presidente do São Paulo, Henri Aidar, e dito: "Eu prometi o título ao baixinho ali, veja bem o que você vai fazer!". Seguindo o regimento da Federação, Silvio entregou o ofício no protocolo da Federação. Nenhuma investigação foi feita. José de Assis Aragão foi arrolado por Silvio como testemunha no ofício-denúncia.

No segundo semestre Silvio realmente trabalhou no Campeonato Brasileiro. Depois dessa passagem de enorme repercussão, Márcia, cansada de ficar apavorada a cada partida de que o marido participava, deu um ultimato a Silvio. Sua mãe, dona Elizabeth, também não gostava de vê-lo apitando. Decepcionado e cansado de enfrentar uma batalha por semana, ele iria pendurar o apito. A "terapia" estava perdendo a graça...

Para Silvio, apitar nada mais era que um passatempo de fim de semana. E, apesar do que diziam, não era em todo jogo que ele apanhava.

Capítulo IV

O NARRADOR

A CHANCE

Na primeira metade da década de 70, ainda como diretor de produção, Silvio estava desmotivado e preocupado com a situação financeira da Record, que vivia de bangue-bangues e filmes B. A emissora não era nem sombra da poderosa televisão da década passada. Não havia o que produzir, pouquíssimos programas eram feitos, e essa situação irritava Silvio. Para piorar, os salários às vezes atrasavam.

Com a morte, em agosto de 1976, de Geraldo José de Almeida, a Record perdeu seu principal narrador. Um ano depois, graças à injeção de dinheiro pela entrada de Silvio Santos no controle de metade da emissora, a Record decidiu voltar a investir em esportes, preparando-se principalmente para transmitir a Copa de 1978. Paulinho chamou Silvio e Hélio para comunicar a decisão:

— A Record vai retornar ao esporte, e o Nilton Travesso acha que vocês podem tocar o departamento.

Silvio foi direto:

— Eu não quero ser repórter.

Paulinho então perguntou:

— Quem é que vai narrar e quem vai comentar?

Como Hélio e Silvio permaneceram quietos, ele decidiu:

— Então um jogo o Silvio narra e o Hélio comenta, e vice-versa.

Paulinho chamou seu secretário e fizeram um sorteio. Hélio, que também era o diretor artístico, seria o narrador do primeiro jogo. Na partida seguinte, Silvio narraria. Os dois primeiros jogos seguiram essa determinação, mas na terceira partida, quando era a vez de Hélio voltar a narrar, ele procurou Paulinho e disse que não estava se sentindo bem como narrador:

— O Silvio deve continuar narrando, e eu fico nos comentários, você concorda?

Paulinho aceitou a sugestão. Hélio era um grande amigo de Silvio. Tiveram uma fraterna convivência durante a época de ouro e tornaram-se confidentes. Hélio ensinou muito, profissionalmente, a Silvio. Eram parecidos no gênio explosivo: saíam aos berros mas, pouco tempo depois, tudo estava esquecido. Silvio continuou cuidando da produção e também assumiu o novo departamento de esportes, muito mais por sua característica de curinga competente do que por escolha da empresa.

Depois de ser repórter de campo, ator, produtor, diretor de televisão, árbitro de futebol e diretor de produção, Silvio Luiz enfrentava um novo desafio (ele já narrava eventualmente desde que trabalhava na Excelsior, mas era a primeira vez que teria a chance de ser o narrador principal de uma emissora). Naquele momento, sua preocupação com a Record era tão grande que essa proposta significou para ele apenas mais uma mudança na sua movimentada vida profissional.

Nilton Travesso também apostava em Silvio como narrador. Márcia incentivava muito o marido, chegando a dar broncas para motivá-lo. Ela sentia que essa chance poderia representar uma virada na carreira dele, mas Silvio, escaldado pelo tombo que a Record levara — e pessimista por natureza —, não se empolgou muito com sua nova função.

UMA ASSINATURA NA NEVE

Uma excursão pela Europa em que acompanhou a Seleção Brasileira que se preparava para a Copa do Mundo de 1978 foi o primeiro grande momento internacional de Silvio como narrador. Hélio Ansaldo também participou, como comentarista.

Aproveitando um intervalo de tempo no qual a Seleção realizaria uma partida na Arábia Saudita que não seria transmitida para o Brasil, Silvio e Hélio, acompanhados por Luciano do Valle e Sérgio Noronha (que estavam cobrindo os jogos pela Globo), alugaram um Mercedes-Benz vermelho — um carro raríssimo no Brasil na década de 70 — para passear pela Europa. Eles visitaram Alemanha, Suíça e Itália. Silvio se divertia com o carro alugado e fazia piadas sobre o fato de estar viajando de Mercedes. Foi a primeira vez em que viu neve e fez questão de registrar o momento fazendo xixi em um pequeno monte de flocos de neve.

Também passaram por Dachau, cidade alemã onde está localizado o primeiro campo de concentração construído pelos nazistas. O lugar foi, em parte, preservado como nos tempos da Segunda Guerra. Conheceram o campo de concentração e assistiram ao filme sobre todas as barbaridades que foram cometidas naquele local. Viram os alojamentos, a câmara de gás, os fornos. Saíram de lá chocados. Entraram no carro e ficaram mais de uma hora sem dizer nada, até Sérgio Noronha quebrar o silêncio:

— Se bobear de novo, eles fazem tudo outra vez.

Silvio jamais esqueceu essa frase.

Eles prosseguiram o passeio pela Alemanha, atravessando a Áustria e indo até St. Moritz, a famosa estação de esqui no vale de Egandine, na Suíça, onde comeram *fondue* enquanto apreciavam a neve cair. De lá seguiram para Milão. Quando saíram da Suíça e entraram na Itália, sentiram a diferença de um país para outro. Noronha disse outra frase, dessa vez em tom mais brincalhão, que também marcaria Silvio:

Hélio, Noronha, Silvio e Luciano (ao fundo).

— Começou a esculhambação de novo.

Em Milão foi realizado um jogo de futebol entre os jornalistas italianos e os brasileiros. Para Silvio, sobrou o apito. Ele foi rigoroso no cumprimento das leis e falou em italiano com os repórteres locais, mesmo sem saber falar italiano. Luciano se divertiu muito com o árbitro, assim como riu muito com Silvio em Cáli, na Colômbia, quando os jornalistas foram jogar boliche e seu famoso dedo — o mesmo que, devido ao tamanho gigante, "quase o impediu" de se tornar diretor de televisão — ficou entalado na bola.

A ESTRÉIA DA DUPLA NO
JOGO DO GOL MAIS EMOCIONANTE

Apesar de Silvio ser também o novo diretor de esportes da emissora, Paulinho, que só lhe delegava poderes administrativos, decidiu, sem consultá-lo, contratar Milton Peruzzi para reforçar o grupo da Record que iria cobrir a Copa da Argentina. Peruzzi levou dois jovens que trabalhavam na TV Gazeta com ele: o repórter Flávio Prado e o então comentarista Galvão Bueno (que ficou apenas dois meses na Record e em seguida foi para a Bandeirantes). Esses profissionais foram contratados para a Copa, mas provisoriamente fariam um jornal esportivo na hora do almoço chamado *Telesporte*.

Naquela época as emissoras de televisão não precisavam comprar os direitos de um campeonato para poder transmitir um jogo; cada partida era vendida separadamente. A Record transmitia futebol eventualmente, se houvesse um buraco na grade de programação ou se o jogo fosse importante ou decisivo. E, em breve, a equipe principal — Silvio Luiz e Hélio Ansaldo — precisaria de um repórter para trabalhar no fato mais marcante para o futebol brasileiro no ano de 1977.

Em outubro de 1977 um jogo obrigou a Record e outras emissoras a abrirem espaço para o futebol: a final do Campeonato Paulista, que poderia acabar com o tabu corintiano de 23 anos sem ganhar um título paulista. Foram três jogos entre Corinthians e Ponte Preta. A Record não transmitira o primeiro jogo, vencido pelo Corinthians. Na segunda partida, a vitória da Ponte Preta provocara a realização de um terceiro e decisivo confronto. Como o campeão sairia de qualquer jeito nesse jogo, a Record sentiu a necessidade de colocar um repórter de campo para cobrir melhor o evento e entrevistar os campeões.

Dia 13 de outubro de 1977 o Corinthians quebrou o tabu, vencendo por um a zero, gol de Basílio... o gol mais emocionante que Silvio narrou. E nesse jogo, que entrou para a história, a dupla Silvio Luiz/Flávio Prado trabalhou junto pela primeira vez. A partir daí iria nascer um perfeito entrosamento entre repórter e narrador.

UM ESTILO

As ocasionais transmissões de futebol na Record, com Silvio narrando, começaram a dar certo. A emissora entusiasmou-se com o retorno obtido. Silvio, Hélio e Flávio: a equipe arranjada de improviso foi caindo no gosto popular. Cada vez mais jogos seriam transmitidos. Silvio mostrava-se seguro ao microfone; tinha o domínio da transmissão; opinava sobre posicionamento das câmeras, qualidade do áudio e problemas técnicos. Apesar de ele mesmo não acreditar, começava a agradar.

Silvio ousou e levou o humor, a descontração, o *nonsense* e uma ácida ironia para o campo de futebol. Ele sabia que seria necessário encontrar um caminho novo na Record, que teve grandes narradores, como Raul Tabajara e Geraldo José de Almeida. Jamais poderia seguir o mesmo caminho trilhado por eles.

Começava a nascer um estilo único de locução esportiva. Silvio vai, aos poucos, rompendo com o padrão clássico de narração em televisão e passa a fazer brincadeiras, criar bordões e até a avisar no ar que havia problemas técnicos na transmissão. Ao usar humor em uma transmissão esportiva para televisão, Silvio não só inaugurava uma nova forma de fazer rir como também renovava o próprio humorismo.

Surgia um modo de transmissão de jogo de futebol jamais usado antes: pela primeira vez um narrador de televisão rompia com a escola do rádio para comunicar-se de maneira inovadora. A bola deixava de ser "vigiada" por todo o tempo. Silvio Luiz abandonava o, até então, único modo de se transmitir futebol, e finalmente libertava a imagem na televisão, percebendo o que era evidente: o telespectador estava vendo o que ocorria. Não era preciso dizer o que ele já sabia.

Mas não era apenas com ironias e brincadeiras que Silvio Luiz revolucionava. Em vez de narrar o óbvio, ele ia além, ampliava os limites da tela, cantando o lance seguinte, pedindo marcação e deslocamentos, apontando os jogadores em melhores condições para a seqüência da jogada, exatamente como um torcedor na geral. A forma como ele fazia isso também era um choque: era um narrador de televisão gritando frases de arquibancada: "dá, dá pra ele", "encosta pra receber", "tá livre na ponta", "cada um pega um", "vai chorar na cama que é lugar quente", "se mexe no ataque".

Além de usar humor, de se transformar em um torcedor com microfone, Silvio inventou bordões e pegou frases do cotidiano para ilustrar ainda mais sua narração. Essas criações, além de passarem a fazer parte da linguagem dos torcedores, também começaram a ser ouvidas nas ruas: *pelo amor dos meus filhinhos; olho no lance; pelas barbas do profeta; acerte o seu aí que eu arredondo o meu aqui* (para o início da partida); *está valendo; no pé da cajarana* (que era o título de um programa da Rádio Bandeirantes); *confira comigo no replay; o que só você viu?* (para o repórter destacar um lance que as câmeras não haviam mostrado durante o gol); *balançou o esqueleto; o que que eu vou dizer lá em casa?; todo mundo como papai noel; esse até a minha sogra fazia; papai gostou* (usado quando o goleiro Edinho, filho de Pelé e ex-goleiro do Santos, fazia uma boa defesa); *foi, foi, foi, foi ele... o craque da camisa número... ; no gogó da ema; manda o canudo; ficou todo arrepiado; de carrapeta; na orelhinha da girafa; pega a raspa do tacho; onde a coruja faz o ninho; olhando pelo buraco da fechadura* (para o goleiro que arruma a barreira); *nhaaaaaaaaca* (uma expressão usada por Paulinho e que Silvio adotou para espantar o perigo da área da Seleção Brasileira). Utilizava também os gritos dos torcedores: *mete o bico nela; no pau; sai, louca*. E no encerramento da transmissão: *muito obrigado pelo carinho da sua atenção, da sua sintonia, da sua simpatia, mas principalmente da sua grande amizade, porque, como dizia o poeta Eduardo Gudin, o importante é que a nossa emoção sobreviva*. E uma forma bem particular de avisar que os jogadores estavam brigando em campo: *tem bacubufo no caterefofo*.

Apesar do humor e das ousadias nas narrações, Silvio mantinha a disciplina e a seriedade profissional que marcavam sua carreira. Chegava bem antes de o jogo começar, fazia uma preparação tanto psicológica quanto técnica e checava os equipamentos. Paulinho percebia pela audiência e pelo faturamento que Silvio estava conquistando uma ótima aceitação do público. Mas ele próprio não percebia o que estava fazendo ao transformar a narração em um espetáculo à parte do jogo. E chegava a hora de o Brasil inteiro poder ouvi-lo no seu primeiro Mundial como narrador.

COPA DE 1978

Além de continuar com sua linguagem, Silvio acertou mais uma vez ao tornar-se torcedor da Seleção. Ele abandonou a neutralidade e a frieza, que eram comuns naquele momento, para vibrar com a Seleção, mas sem jamais ser ufanista. A maneira como torcia não era didática, e nem pretendia se justificar ao torcedor, ele se colocava no mesmo nível do telespectador, que, nervoso, acompanhava o tortuoso desempenho da Seleção de Cláudio Coutinho.

Quando o Brasil tomava um gol, Silvio ficava alguns segundos em silêncio e dizia simplesmente: "Xi, deu zebra!" (frase sugerida por Nilton Travesso). Nos laterais favoráveis à Seleção: "É nossa!". Se o time adversário atacava, ele avisava: "Cuidado com os 'home'" ou "olha o ladrão", "funga no cangote dele", "tira daí".

E na hora do gol da Seleção canarinho, mais uma novidade: em vez de gritar gol, ele esgoelava "é mais um gol brasileiro, meu povo". (Assim como ele também não dizia gol nos jogos entre times, e sim: "Ééééééééééééé do...")

GANHANDO NO GRITO

Apesar de ser o narrador, Silvio — devido à pequena equipe que a Record enviou para a Copa — ajudava o sobrecarregado repórter Flávio Prado e acompanhava alguns treinos da Seleção. O técnico Cláudio Coutinho tinha mania de dar entrevista coletiva. Na sala de imprensa havia uma mesa na qual os jornalistas colocavam gravadores e microfones. Coletiva marcada, Silvio chegou bem cedo, colocou o microfone em um bom lugar na mesa e ficou esperando pelo técnico. Coutinho apareceu bem depois da hora determinada, acompanhado por um repórter da Rádio Globo e já dando uma entrevista exclusiva para ele. Em vez de o repórter o levar até a mesa, eles foram para o canto da sala, provocando uma correria geral. Os outros jornalistas que também aguardavam o técnico saíram atrás dele. Silvio permaneceu sentado. Depois que o bolo de cotovelos e fios ao redor do técnico foi formado, ele pegou o seu microfone e partiu em direção à aglomeração, aos berros:

— Puta que o pariu, assim não dá!

Houve um silêncio, e todos olharam para trás. Silvio aproveitou esse momento em que todos estavam surpresos, entrou no meio deles e colocou o microfone na boca de Coutinho, dizendo:

— Agora vocês podem continuar a entrevista, porque eu estava no primeiro lugar.

O técnico da Seleção ainda tentou retrucar:

— Tem jornalista que é mal-educado mesmo...

— Mal-educado porque você marcou ali e não foi para o lugar combinado. Eu fui o primeiro a chegar, mas você, pra atender a um repórter carioca, veio pra cá. Agora você pode falar porque eu tô pertinho de você.

A coletiva seguiu normalmente, na medida do possível.

Na hora em que Silvio gritou, as emissoras de rádio estavam no ar e transmitiram o palavrão ao vivo para todo o Brasil.

Não era só a comissão técnica do Brasil que tirava os jornalistas do sério na Copa da Argentina. O clima no país vizinho, comandado por uma ditadura militar, era tenso. Silvio, que voltava à Argentina depois de ter passado um ano de sua infância lá, encontrou um país bem diferente.

Levou um susto ao tentar cortar caminho para chegar, a pé, a um restaurante onde esperava por ele Ivan Magalhães, coordenador da transmissão pela TV Bandeirantes. Quando finalmente Silvio entrou no restaurante, Ivan olhou para ele e já percebeu que havia algo estranho:

— O que aconteceu?

— Eu estava vindo pra cá e entrei numa viela, andei um pouco e dei de cara com a polícia do Videla (Jorge Videla, presidente da Argentina), com o fuzil apontado para mim. Aquela rua era proibida para pedestres e eu não sabia.

O PAI NICOLA

O jogador Rivellino estava muito irritado porque só havia atuado na primeira partida da Seleção na Copa. Uma contusão deixara-o fora dos outros jogos. Aquela seria sua última Copa do Mundo, e ele queria entrar em campo de qualquer jeito, mas Coutinho não o escalava. Inconformado, Rivellino não atendia a nenhum repórter. Silvio foi mais um dos que tentaram fazer uma entrevista com ele, mas também recebeu um não como resposta. Porém o craque da Seleção não esperava pelo surpreendente e imediato contra-ataque de Silvio:

— Não? Eu vou falar com o seu pai.

Silvio morava perto do posto de gasolina de propriedade do senhor Nicola, pai de Rivellino, e o conhecia havia muito tempo. Da Argentina ele telefonou para o "pai Nicola", contando o que estava havendo com seu filho.

No dia seguinte Silvio foi de novo atrás da entrevista. Rivellino o viu e já foi perguntando:

— Você tinha que cagüetar pro meu pai que eu não tava falando com ninguém?

Silvio e Rivellino na Copa de 1990.

Assim Silvio conseguiu uma entrevista exclusiva com o mais famoso jogador brasileiro daquele Mundial.

Anos depois, trabalhando na TV Bandeirantes, o comentarista Rivellino receberia muitas dicas de Silvio quanto à linguagem de televisão. Acabaria sendo vítima também das brincadeiras do narrador, que sempre tinha uma piada para contestar os comentários que fazia. Ao contrário do que se via enquanto era jogador de futebol, Rivellino levava na brincadeira, ria muito das ironias de Silvio e se divertia com ele, principalmente no dia em que Silvio, não suportando o calor na cabine, tirou as calças e narrou um jogo de cueca.

UM DIRETOR QUE É O ÚLTIMO A SABER

Durante a Copa da Argentina, enquanto Silvio conquistava uma excelente audiência para os padrões da Record na época, Paulinho de Carvalho executou uma polêmica idéia e chamou Vital Battaglia para estruturar o departamento de esportes da emissora. Vital se surpreendeu com o convite, já que tivera alguns problemas com a direção da Record durante sua participação no programa *Na Boca do Tigre* e até com os pequenos comentários que fazia para o telejornal da emissora, na censurada década de 60.

Por esses contratempos que havia passado anteriormente com a direção da Record, Vital tinha certeza de que a idéia do convite para reorganizar o departamento de esportes partira de Silvio. A intenção de Vital era retribuir a oportunidade que ele lhe havia dado no programa *Na Boca do Tigre*.

Porém Silvio não sabia — nem foi comunicado por Paulinho — que mais uma mudança seria feita no departamento de esportes sem seu conhecimento.

Silvio já começava a alcançar uma ótima projeção com seu novo estilo, e Vital idealizou uma equipe nova, mexeu com medalhões que já estavam na Record havia muito tempo e preparou um esquema especial para aproveitar todo o potencial do narrador.

Quando Silvio voltou da Argentina e ficou sabendo da criação de um novo departamento de esportes, Vital sentiu que ele não havia gostado da idéia. Como Vital já havia despertado a antipatia dos medalhões e da técnica da Record, ele não conseguiria sustentar-se durante muito mais tempo no cargo. Somente Álvaro Paes Leme apoiou Vital até o fim. Essas constantes mudanças de pensamento da direção da Record iriam prejudicar seriamente a emissora.

O PRIMEIRO LUGAR

As inovações de Silvio Luiz alcançaram um excelente resultado. Contra o esquema tradicional de narração da Globo, surgia um novo jeito de narrar que atingia em cheio o torcedor. Silvio falava a língua de quem gosta de futebol, com a emoção da jogada e sem formalismo. A Globo, geralmente, continuava vencendo a disputa de audiência — de acordo com o Ibope —, mas com números bem abaixo da sua média, enquanto a Record alcançava os seus melhores índices durante os jogos. Quando a Globo não transmitia, a Record, na maioria das vezes, chegava ao primeiro lugar.

A grande virada ocorreu durante o Mundialito do Uruguai, realizado em janeiro de 1981. No quarto dividido por Silvio e Flávio, no Hotel Lancaster em Montevidéu, foi instalado um canal de voz direto com a emissora. O dia 7 de janeiro de 1981 marcou a consolidação da sua carreira de narrador. Ele havia trabalhado na goleada da Seleção Brasileira (4 a 1) contra a Alemanha. Um dia depois da transmissão, Silvio e Flávio têm uma surpresa ao ouvir, no equipamento do quarto, a voz do doutor Paulo, que, entusiasmado, cumprimentava ambos:

— Vocês não acreditam! Nós ganhamos da Globo!

Pouco tempo depois chegava às mãos de Silvio um telegrama de Paulinho, festejando a vitória:

"A toda nossa equipe esportiva:

É grande a satisfação da nossa diretoria em constatar a enorme repercussão que teve a nossa transmissão referente ao jogo Brasil x Alemanha. Independente dos números dos institutos de pesquisa, que, conforme ocorreu nos jogos anteriores, trarão os mais importantes resultados para a nossa transmissão, vale acima de tudo a grande aceitação popular, agora inclusive atingindo as classes mais elevadas, das transmissões feitas pelo sr. Silvio Luiz. A nossa alegria é sempre maior por tratar-se de uma verdadeira prata da casa, criada acima de tudo dentro do nosso espírito de luta e da nossa inquebrantável vontade de vencer. Parabéns mais uma vez".

Paulinho comemorava o fato de, apesar da gigantesca diferença técnica entre Globo e Record, Silvio fazer a diferença com um desempenho equivalente ao da líder. Até aquele momento, fazer transmissões esportivas era, para a equipe da Record, um trabalho divertido. O objetivo deles era fazer um serviço correto, nunca tiveram a pretensão de ganhar da Globo. E, naquela época, não havia a medição minuto a minuto do Ibope nem a louca guerra dos números de audiência tinha chegado às primeiras páginas dos jornais.

Propaganda para a Volkswagen.

As brincadeiras de Silvio se transformaram em algo muito sério. O sistema de medição Audi-TV apontou 28% para a Record e 26% para a Globo durante o jogo Brasil e Alemanha. (Segundo o Ibope, em todo o Mundialito a Globo obteve 40% de audiência, e a Record conseguiu 30%.) Números fantásticos para a Record e preocupantes para a Globo. Para os diretores da Record, alcançar 30% era um feito espetacular.

Era a primeira vez que a audiência da Globo, durante um evento esportivo, era abalada por uma concorrente. Record, imprensa, profissionais de televisão e o mercado publicitário começavam a perceber que o público preferia uma piada e uma gozação a análises técnicas e táticas do jogo (apesar dos narradores de paletó e gravata que abundariam na telinha anos depois).

Os anunciantes perceberam o fenômeno que estava ocorrendo e passaram a disputar as cotas de patrocínio da Record. O diretor de marketing da emissora, Ruy Brisolla, elaborou inovadoras maneiras para vender o espaço comercial da jornada esportiva da Record, chegando a comercializar ações de *merchandising* da equipe esportiva.

FELIZ ANO NOVO

Durante o Mundialito Silvio viveu uma experiência inédita na sua vida. O torneio começou logo nos primeiros dias do ano. Como ele e a equipe da Record estavam acompanhando os treinos da Seleção de Telê Santana desde dezembro no Uruguai, teriam de passar o *réveillon* em Montevidéu. A delegação da Seleção convidou todos os repórteres brasileiros para comemorar a chegada do novo ano com os jogadores na concentração. Silvio nunca havia passado o *réveillon* longe da família. A maioria dos repórteres e dos jogadores também e quase todos caíram em uma grande choradeira. Mas unir jornalistas, diretores e jogadores para um momento tão emocionante foi um belo gesto da direção da CBF.

A ALDEIA PEGA FOGO

Depois do Mundialito a Record passaria a dividir a liderança, no Estado de São Paulo, da audiência nas transmissões de futebol. A Globo pensaria em usar algumas estratégias que não chegaram a ser realizadas, como o aproveitamento de Osmar Santos — nas finais do Campeonato Brasileiro de 1981, entre Grêmio e São Paulo —, que iria narrar a decisão só para o Estado paulista, e de Luciano do Valle, que transmitiria para o resto do país. Osmar estava em Porto Alegre pronto para narrar, mas Ciro José, diretor de esportes da Globo, pegou um jatinho do Rio de Janeiro para Porto Alegre e vetou essa modificação. A idéia de usar Osmar partiu de Nilton Travesso (que agora estava na Globo). Silvio, no Estádio Olímpico, em Porto Alegre, percebendo o que ocorria na poderosa concorrente, abriu sua transmissão pela Record avisando:

— Está pegando fogo na aldeia.

Pouco tempo depois Nilton Travesso convidou Silvio para almoçar no restaurante Rodeio, em São Paulo. No encontro Nilton fez uma proposta para ele ir para a Globo. Ao contratar Silvio a direção da Globo também queria pressionar Luciano do Valle, porque sua intenção de criar a Promoação (empresa de promoção de esportes olímpicos, que ele estava montando em sociedade com Francisco Coelho Leal, o Quico) havia vazado.

Silvio respondeu que a Globo não precisava dele, já percebendo que a estratégia era na verdade tirá-lo da concorrência:

— Se eu for pra lá, como é que fica o Luciano? Quem é que vai narrar a final da Copa da Espanha, por exemplo?

— Bem, quem vai narrar é o Boni que vai escalar. E ele está viajando agora.

— Então, quando ele retornar, a gente volta a conversar.

O grande problema para qualquer profissional era que a direção da Globo exigia uma narração sóbria e distante, que amarrava o locutor, exatamente o oposto de Silvio, que conquistava audiência com sua linguagem debochada e imprevisível. Essa postura radical da direção da Globo impedia qualquer improviso e brincadeira. Após a saída de Luciano da Globo, Osmar Santos, de fato, seria o narrador titular da Globo na Copa de 1986.

ENFIM, LIVRE

Segundo os institutos de pesquisa da época, a irreverência de Silvio fazia grande sucesso entre mulheres e crianças. Finalmente Silvio exorcizava o fantasma do *Quem Tem Medo da Verdade?*, que ainda insistia em rondar sua imagem. Márcia agora ouvia elogios sobre o marido. Silvio teria de conviver com uma imagem muito mais leve e amada pelos telespectadores. Ele passava a ser visto como um cara engraçado que narrava futebol. O verdadeiro Silvio Luiz, tímido, sério, pessimista e organizado, jamais apareceria para o público. A disciplina veio do tempo em que foi aluno do Colégio de São Bento, onde foi educado dentro dos rígidos padrões beneditinos. Para tirar boa nota era necessário que o uniforme, a carteira, o material estivessem em ordem. A pontualidade também contava muito. O garoto parece que aprendeu essas lições.

Silvio encarava normalmente a reação positiva do público. Já estivera do outro lado e entendia como funcionavam aqueles sentimentos, que reagem conforme a imagem que vêem e aceitam. Ele agora tornava-se íntimo do telespectador. Estava longe de ser o vilão, tanto quanto de ser o comediante, mas naquele momento era isso que estava chegando na telinha. O sucesso parecia que lhe incomodava, por fugir ao seu controle, mas era o que menos importava: ele finalmente estava feliz por ter conseguido libertar sua imagem.

Logo após o Mundialito o reconhecimento chegou para Silvio. Foram várias reportagens em todo o Brasil sobre seu novo estilo de narração. Para explicar o grande sucesso que estava fazendo, repetia sempre a mesma frase:

— Vamos ver até quando dura isso. Enquanto o povo gostar eu darei o que eles querem: o papo no futebol.

Uma das mais abrangentes críticas que Silvio recebeu foi do jornalista português Fernando Pires, publicada no *Diário de Notícias* de Lisboa em 20 de novembro de 1982. Chega a ser engraçado o espanto do cronista ao comentar a narração de Silvio, mas Pires conseguiu captar tudo que ele representava para a televisão naquele momento: *"A princípio é um grande choque. Espanto e dúvida amalgamam-se. Quando o jogador sai em maca e ele imita a sirene da ambulância, digo: é louco. Depois começo a perceber que aquele homem reúne uma série de atributos: é um comentador em lugar de um narrador do jogo, não diz o que estamos a ver; analisa, interpreta, conclui, conhece a tática e as leis, tem um espírito admirável e é de uma honestidade a toda prova. Então, fico a ouvi-lo com atenção e respeito (...). Falo de Silvio Luiz, da TV Record, a quem rendo homenagem (...)".*

ESTA É A SUA VIDA

Como era o mais destacado narrador do país, Silvio recebeu convites para ser estrela de comerciais e aparecer em programas de outras emissoras. A participação que mais o emocionou foi no *Show sem Limite*, apresentado por J. Silvestre no SBT e produzido pelo amigo Waldemar de Moraes. Silvio acreditava que iria ser apenas um dos convidados de uma mesa-redonda sobre futebol. Só ficou sabendo da homenagem quando estava ao lado do apresentador:

— Silvio, hoje não vamos ter mesa-redonda no programa, porque esta é a sua vida.

O programa contava a vida do convidado e levava ao palco os amigos que acompanharam seus principais momentos. Antigas histórias foram revividas. Velhos companheiros foram abraçá-lo.

E Silvio chorou do começo ao fim do quadro "Esta é a sua vida".

O LORDE

Além de ser o diretor artístico, Hélio Ansaldo ainda era responsável pela programação e pelas contratações da Record. Como a emissora passava a transmitir cada vez mais jogos, Hélio não tinha mais tempo para acompanhar a equipe esportiva. Foi forçado a abandonar os comentários. Para substituí-lo Silvio sugeriu a contratação de um antigo companheiro da Rádio Bandeirantes e uma lenda do rádio esportivo, mas que estava esquecido pela mídia: Pedro Luiz. A briga entre Pedro e a família Carvalho não estava totalmente esquecida, mas Silvio destacou o companheirismo, a experiência e o conhecimento do amigo, levando seu nome para a direção da Record. A opinião de Silvio — finalmente — passou a pesar muito nos assuntos relativos ao esporte. Sua sugestão foi levada em conta, e Pedro Luiz tornou-se o novo comentarista da Record.

Pedro Luiz — um dos mais perfeitos locutores de rádio, rápido e direto, dono do estilo metralhadora — era um homem refinado. Seu *status* de estrela da transmissão es-

Na Alemanha, com o elegante Pedro Luiz.

portiva sempre lhe garantiu bons salários, mas não se acomodava e também lutava pelo salário dos companheiros.

Uma passagem que reflete seu estilo de vida ocorreu durante a Copa de 1966, na Inglaterra. Os repórteres iam de trem para o local do treino da Seleção. Pedro, então, alugou uma limusine para se deslocar por Londres. Seus colegas de imprensa o apelidaram então de "Lorde MacBosta". O apelido pegou durante a cobertura do Mundial, mas desapareceu com o tempo.

No jogo de estréia do comentarista, Silvio Luiz relembrou a metade boa do apelido que, agora, sim, iria segui-lo para sempre: "o Lorde".

Quartas-de-final do Brasileirão de 1981. Ponte Preta e Vasco jogam em Campinas. O bandeirinha aponta impedimento inexistente no ataque da Ponte, e Silvio vai à loucura, gritando: "Eu vi... eu vi!", ao mesmo tempo que bate com a mão na testa de Pedro Luiz. O Lorde não se abala, nem quando, ao finalizar um comentário dizendo que o gol poderia sair a qualquer momento, ouve a pergunta: "Sim, e daí... me diga, o dólar vai subir ou abaixar?". Às vezes Pedro não tinha tanta sorte e era questionado com dúvidas mais desconcertantes ainda: "Como é, Lorde, você deu ou não um tapa na aranha?". Ou então: "Me diga, meu caro Lorde, o seu passarinho ainda canta?".

Uma tempestade repentina desabou no Morumbi, numa noite fria de julho. A chuva começou a entrar na cabine, molhando a mesa de som e o monitor. A janela da cabine do Morumbi era basculante e estava emperrada. Pedro, Silvio e seu filho, Alexandre, tentavam puxar a janela. O vento forte levava a chuva para dentro da cabine, e os equipamentos estavam ficando molhados. De repente a janela fechou rapidamente e atingiu em cheio o rosto de Pedro, pouco abaixo do nariz. Na mesma hora o sangue tomou conta de sua face. Alexandre então levou Pedro até o banheiro para lavar o rosto, enquanto Silvio, preocupado, continuava narrando. Depois de limpar a boca, Pedro viu que não era necessário dar ponto no ferimento. Eles retornaram à cabine. E então Silvio contou a história no ar, justificando a ausência de Pedro nos comentários. Apenas um grande susto.

A EQUIPE

A relação que Silvio mantinha com os patrocinadores também era inovadora, mas jamais ultrapassava o claro limite entre o artístico e o comercial. Ele respeitava todos os patrocínios, era ético com os anunciantes, mas acima de tudo preservava a liberdade de sua opinião. Nessa época tornou-se amigo do diretor comercial (do lado do Grupo Silvio Santos) da Record, Ivandir Kotait. Criou-se uma sincera amizade entre eles. Uma perfeita identificação que se estenderia a suas famílias. Também com Guilherme Stoliar (outro diretor representante do Grupo Silvio Santos), Silvio construiu mais uma sólida relação.

Com o prestígio em alta na Record, Silvio cercou-se dos melhores profissionais da emissora. Para a coordenação de eventos, chamou Antonio Codeseira. Na parte técnica, contava com Humberto Wisnick, José Luiz Iorio, o operador de som Djalma Barros (o Bimbim), o produtor Fábio Caetano e o sonoplasta Nelson de Souza Faria (o Carioca). Como seu diretor de imagem das transmissões dos jogos, Silvio voltava a trabalhar com Salvador Tredice, o Dodô. O sobrinho de Silvio, Luís Ricardo Bernardoni, começava a trabalhar em televisão naquele momento como auxiliar-técnico e também faria parte da equipe técnica. Sobrinho do "Iogurte", Luís logo receberia o apelido de "Danoninho"; para sua sorte esse primeiro apelido seria substituído por "Jacaré". E Luís passaria a ser conhecido como "Jacaré" em toda a emissora.

Para trabalhar com Silvio Luiz não bastava apenas ser um bom profissional, era preciso entendê-lo. O companheirismo daqueles profissionais muitas vezes vencia qualquer problema.

Algumas vezes Silvio chegava à cabine dos estádios, principalmente em transmissões internacionais, e recebia a notícia de que não haveria retorno. Em mais um esforço, os técnicos da Record criavam saídas improvisadas que davam certo, como, por exemplo, mandar o retorno (o áudio da emissora como vai ao ar) via telefone. Ou seja, Silvio passava noventa minutos narrando com o telefone no ouvido. No fim do jogo, depois de muitas reclamações e xingamentos, todos "comemoravam" a transmissão, cujas falhas, na maioria das vezes, não eram percebidas pelos telespectadores.

Durante uma partida transmitida da Colômbia para o Brasil, um problema da Embratel (na época, uma poderosa empresa estatal exibida pelo governo militar como exemplo de vanguarda tecnológica) misturava o áudio do retorno com a narração, causando um eco marcante para todas as emissoras. O jeito, dessa vez, foi mandar o retorno pela linha da coordenação. Enquanto os técnicos tentavam consertar a falha, Silvio, no ar, reclamava do problema pensando que a falha fosse da Record. Quando Silvio voltou a São Paulo, ele continuou se queixando, apesar de a Record ter sido a única emissora que conseguiu um som limpo no ar. A equipe consertou um problema que não era dela, e mesmo assim ele não perdoava.

A Embratel também era responsável pela geração de imagens da maioria dos jogos realizados na América do Sul. Mesmo com essa imagem de poder, Silvio não se dobrava, e se a Embratel estivesse enviando um sinal com problemas, ele reclamava da empresa no ar! A equipe técnica se arrepiava quando isso ocorria. Às vezes a queixa dava resultado, mas, em outras vezes, a linha caía de vez, e ele era obrigado a se transformar em um locutor de rádio. Mas Silvio sabia com quem estava mexendo: ele costumava falar antes com a Embratel — ou com a Telesp, se a transmissão fosse no Estado de São Paulo — para saber quem eram os técnicos que estariam trabalhando na transmissão. Durante a partida ele agradecia no ar e citava o nome deles, elogiando se a linha estivesse boa, mas não poupando críticas quando ocorriam falhas.

Ao mesmo tempo a Record enfrentava também o excesso de precaução da Bandeirantes, que, muitas vezes, comprava todas as canalizações de transmissão da Telesp e da Embratel. Sem sinal via satélite, para a Record só restava transmitir através de microondas. Mais heróis se juntavam para realizar uma simples transmissão de futebol. Em uma geração de um jogo em Limeira, por exemplo, o sinal sairia do caminhão gerador e "rebateria" quatro vezes nos microondas instalados pelos técnicos em pontos altos no percurso até São Paulo. Obviamente a qualidade da transmissão era muito melhor na Bandeirantes, mas os números do Ibope apontavam uma vitória esmagadora da Record.

O NOIVINHO DO BRASIL

Flávio Prado não tinha medo de seguir nenhuma sugestão de Silvio. Era um jornalista competente que conseguia muitos furos. Trabalhava usando uma jaqueta preta com um enorme número sete nas costas. A idéia foi de Silvio, que o orientou: cada vez que a Globo entrevistasse um jogador, Flávio, sempre que possível, deveria aparecer ao fundo, mas de costas para a câmera.

Ele estava noivo havia muitos anos. Silvio conhecia a noiva dele e, durante as transmissões, começou a dar uma força para o casamento sair:

— Noivinho do Brasil, quando é que vai casar?

Flávio ficou conhecido como "noivinho do Brasil", mas esse não foi o único apelido. Sócrates, craque do Corinthians e da Seleção, querendo provocá-lo, passou a chamá-lo de "frango".

O Lorde, o Noivinho do Brasil e Silvio.

Tudo estava acertado entre Silvio e Carioca, seu sonoplasta. Se o jogo estivesse ruim, Silvio daria uma deixa e, aos quinze minutos do segundo tempo, o Carioca colocaria no ar um "telefonema" para Flávio. Carioca pediu a uma locutora que fizesse uma voz bem sensual e falasse, no ar, com Silvio:

— Oi, eu queria falar com o Flavinho.

Nesse momento Bimbim, o operador de som, cortava o microfone de campo de Flávio. Silvio fingia surpresa:

— Mas ele está trabalhando agora e não pode atender. Eu posso ajudar?

— Não, eu queria conversar com ele. É um assunto particular.

E a conversa continuava...

Flávio, do campo, fazia gestos nada amigáveis para a cabine.

Só depois que a voz feminina se despedia Bimbim voltava a ligar o microfone de Flávio, que acabava levando na brincadeira.

Todos se divertiam, porém o futuro sogro do "noivinho do Brasil" parecia não acreditar, e exigia explicações do candidato a genro.

HISTÓRIAS DA RECORD

Silvio percebia que tinha nas mãos uma equipe criativa e talentosa e disposta a trabalhar. O jovem repórter Ronny Hein e o experiente Ely Coimbra chegaram para completar o time. Ele dava total liberdade para a equipe e estimulava seus funcionários a inovar. Chegava a criar vinhetas sonoras. Uma delas se tornaria marcante: "Redondos, jogados...". A princípio era apenas mais uma vinheta para anunciar o tempo de jogo, como todas as emissoras tinham. A sacada vem com o toque de Silvio, que escolhia justamente um horário quebrado para chamar a vinheta. Assim, podíamos ouvir algo como: "Redondos, jogados no Maracanã, vinte e três minutos e quarenta e oito segundos". A explicação de Silvio era de que o tempo de jogo na Record era tão preciso, tão preciso, que se tornava um horário redondo. Mais tarde a vinheta do "redondos, jogados" seria substituída por um galo cantando.

Carioca e Fábio Caetano selecionavam também músicas que poderiam ser usadas conforme o andamento do jogo. Em lances da partida soltavam a música no ar, muitas vezes sem o conhecimento de Silvio. Às vezes eles já haviam combinado: depois de uma jogada violenta, Silvio perguntava: "O que será que a Gal Costa achou desse lance?". E o Carioca soltava a música em que a intérprete baiana cantava: "Dessa vez doeu demais...".

O entrosamento era tão grande que conseguiam perceber até mesmo pelo tom de voz quando Silvio não gostava de determinadas invenções.

Outra novidade era o telefonema feito durante o jogo para Silvio. Caetano entrava em contato com alguma personalidade, acertava os detalhes e, na hora do jogo, ligava para o convidado. Depois de checada e aprovada a qualidade do som, o sonoplasta soltava a vinheta do toque de telefone no ar e Silvio, na hora, dizia: "Aloooou". Em seguida Carioca lançava a música *Quem é Você?*, interpretada por Agnaldo Timóteo.

Em uma transmissão os dois entrevistados que falariam com Silvio durante o jogo não atenderam às ligações de Fábio. Ele, então, tentou falar com outros jogadores e dirigentes, mas não encontrou ninguém. Ou melhor, conseguiu achar um jogador e o colocou no ar: o atacante do Corinthians Ataliba, lembrado até hoje pelos torcedores por sua famosa gagueira.

No domingo em que o Roma foi campeão italiano, Fábio conseguiu falar com Falcão e acertou sua participação pelo telefone em uma transmissão que a Record faria naquele mesmo dia. Falcão estava no auge na Itália e era o comandante da equipe. Na hora combinada, Fábio jogou a ligação com o "rei de Roma" no ar. Na Itália já era madrugada, e Silvio começou a perguntar sobre o pijama do Falcão e se ele estava acompanhado ou não. Fábio, desesperado, entrava no retorno, pedindo: "Pergunta do título! O cara foi campeão hoje!". E Silvio continuava falando sobre todos os assuntos, menos futebol.

Era normal que, após Silvio e o convidado se despedirem, Fábio, fora do ar, falasse com o convidado para agradecer. Nesse dia Fábio ouviu de Falcão:

— Mas, bah! Ele não perguntou nada do título?!

Silvio não sabia se estava certo ou errado, mas informações e opinião sobre o título Falcão já tinha dado aos montes. Mas sobre detalhes acerca do pijama que estava usando, era a primeira vez que o craque brasileiro falava...

O sucesso do telefonema da Record era tão grande que torcedores nos estádios paravam os profissionais da Record para saber como eles poderiam falar com o Silvio Luiz. Durante as transmissões, telespectadores congestionavam as linhas telefônicas da emissora.

Em outro jogo, sem avisar nada, Carioca resolveu aprontar. Silvio deu a deixa "redondos, jogados...", mas o sonoplasta não soltou a vinheta. Tentou de novo: "redondos, jogados..." e nada. No momento em que Silvio disse qual era o tempo de jogo, Carioca soltou a vinheta em cima da voz dele, que na hora já inventou uma desculpa para a confusão:

— Pronto, o Carioca está bêbado.

Era tudo que Flávio queria:

— É triste, Silvio. Ontem mesmo eu o vi largado no chão num botequim perto da Record.

Silvio foi deixando a situação cada vez pior para o sonoplasta:

— Isso é causa de demissão. O cara vem trabalhar bêbado?!

No controle geral da Record, Humberto Wisnick aconselhou:

— Ih, Carioca, agora você vai ter de errar durante o jogo todo.

E assim foi feito. Silvio deitou e rolou durante a transmissão.

Quando o Carioca voltou para casa e entrou no prédio, o porteiro perguntou se ele estava bem. Sua mulher revelou que o telefone não parara de tocar.

Hélio Ansaldo, dias depois, recebeu uma carta de um telespectador da cidade de São Carlos. Ele pedia que não mandasse o "rapaz" embora porque gostava muito das brincadeiras da equipe, e que o "rapaz" havia bebido uma só vez.

Jogo na Vila Belmiro. Silvio criticou muito o time do Santos durante a transmissão. Na saída, com a equipe já na perua da Record, um torcedor se aproximou do carro, disse algo e fez um gesto qualquer. Silvio não entendeu e abaixou o vidro para ouvir melhor. O torcedor aproveitou e lhe deu uma forte bofetada. Silvio sacou o revólver que costumava usar e descarregou a arma. As balas passaram raspando a orelha de Dodô, que estava sentado na frente da viatura e berrava para Silvio parar. O agressor escapou sem nenhum arranhão. A orelha de Dodô também.

Premiar o melhor em campo é uma velha tradição da imprensa. A equipe da Record seguiu o costume. O original ficou por conta da escolha do prêmio: várias vezes o repórter Flávio Prado presenteou o melhor jogador da partida com uma pizza!

Antes da reforma do estádio da Vila Belmiro havia umas casas com terraços com vista para o gramado. Em uma noite de muita chuva, antes de o jogo começar, Silvio pede para Dodô, na direção de imagens, mostrar duas vizinhas conversando, cada uma segurando o próprio guarda-chuva:

— Olha lá, tem duas comadres colocando a conversa em dia.

O jogo começa. Trinta minutos depois Dodô mostra que o bate-papo continuava:

— Mas não é possível, meia hora de conversa!

No intervalo de jogo elas permaneciam firmes.

— Deve ser sogra com nora.

No meio do segundo tempo:

— Já, já o marido vai dar uma bronca em alguém. Faz uma hora e meia que elas estão falando!

Exatamente nesse momento um homem aparece na janela, gesticula espalhafatosamente e manda sua mulher entrar. As duas se despedem rapidamente. Parecia que o marido havia combinado com Silvio, que se divertiu com a cena.

Durante muito tempo vários telespectadores que encontravam, por acaso, com Silvio ainda se lembravam dessa passagem e perguntavam se a bronca do marido havia sido combinada com a produção.

Depois desse jogo, os moradores daquelas casas se tornaram coadjuvantes da transmissão da Record. Sempre que a diretoria do Santos autorizava a transmissão para a cidade, o câmera focalizava as pessoas nos terraços das casas. Atendendo ao chamado de Silvio, as pessoas saíam para acenar espontaneamente, outras acendiam e apagavam as lâmpadas das casas. E Silvio incentivando... Isso se tornaria uma marca nos jogos na Vila, até a reforma do estádio.

O centroavante Careca estourava no São Paulo. Ele se tornaria um grande amigo de Silvio. Ao mesmo tempo que falava do jogo, fazendo comentários sobre o atacante, Silvio tirava o próprio órgão sexual para fora da calça. A narração então passava a servir para as duas situações: "O Careca cai pra direita"... "O Careca tá desanimado". O comentarista ao lado tinha de sofrer apreciando a dupla narração.

O árbitro José de Assis Aragão e Silvio eram colegas desde os tempos da escola de árbitros. Mas sempre que narrava um jogo apitado por Aragão, Silvio, conhecendo um dos passatempos preferidos do juiz, cutucava:

— Vamos, Aragão, corre mais. Eu sei que ontem à noite você foi dançar.

E depois do famoso "gol do Aragão" no jogo Santos e Palmeiras em 1984, a provocação mudou:

— Passa pro Aragão que ele resolve!

Silvio também colocava apelido nos jogadores. Além de engraçados, alguns pegaram e fizeram sucesso: Serginho Chulapa, Gegê da Cara Grande (para Getúlio, do São Paulo), Torresmo (para Paulo Isidoro, da Seleção de 82), Anjo Negro (Edílson), Berinjela (Rincón), Paulo Espiga (Paulo Nunes).

Alberto Helena Jr. iria entrevistar Silvio no programa *Show da Noite* da Record e procurou a equipe de esportes para pedir que cada um escrevesse uma pergunta. Fernando Pelegio, *office-boy* do departamento, não sabia qual a razão do apelido "Iogurte", e foi justamente essa pergunta que fez. Alberto, durante o programa, não deixou passar a oportunidade:

— Silvio, tem uma pergunta de um tal de Fernando, que quer saber por que seu apelido é Iogurte?

— Quem é esse Fernando? Se for do departamento de esportes, ele vai pra rua amanhã mesmo.

Muito a contragosto, Silvio teve de explicar qual a razão do apelido. Fernando passou a pior noite da sua vida. No dia seguinte ocorreu o encontro:

— Foi você que perguntou aquilo?

— Eu não! E nem sei quem foi!

— Ah, bom, se fosse, você tava ferrado!

Silvio sabia que tinha sido ele, mas queria apenas provocá-lo. Mais tarde Fernando Pelegio se tornou produtor e foi para o SBT. Eles voltariam a trabalhar juntos na Copa de 1986 e, dez anos depois, na cobertura das Olimpíadas de Atlanta pelo SBT.

Era um jogo sem importância, ambos os times já estavam classificados para a outra fase do Campeonato Paulista, mas tinham de se enfrentar no Pacaembu para cumprir tabela.

Para o telespectador, o jogo quase não oferecia atrativos, então era preciso criar algo novo. E quem acompanhava a transmissão da Record teve uma surpresa já na abertura: Flávio Prado estava na cabine, pronto para narrar, e Silvio, no gramado, seria o repórter.

CHEIRO DE PEIXE

O espírito da Record também permitia que se arriscasse, havia liberdade para experiências. A equipe era pequena e bem unida, formada por profissionais sérios durante as transmissões, mas tremendamente brincalhões nos corredores da emissora. O alto-astral dos bastidores refletia no trabalho, com um bom ambiente que contribuía para novas criações. Além de colegas, tornaram-se amigos que saíam para jantar e se reunir, com as famílias, em aniversários.

Ficou famosa, nos bastidores, a "briga" entre Ely Coimbra e Flávio Prado. Na verdade a discussão entre eles surgiu depois de uma "vingança" de Cid Sandoval, câmera do departamento, que tinha sido vítima de uma brincadeira de Flávio. Cid, usando uma seringa descartável, injetou uma essência dentro do carro novo de Flávio, que gastou muito dinheiro para tentar tirar o cheiro, mas não conseguiu. O odor do carro ficou tão forte que gatos arranhavam o carro, atraídos pelo cheiro. Assim que Cid colocou a essência no carro de Flávio, ele contou para Beto, filho de Orlando Duarte, que saiu espalhando que fora Ely o autor da brincadeira.

É claro que Flávio não iria esquecer. Cid e Beto — que também "devia" um troco para Flávio — estavam vingados. Flávio só pensava em como acertar as contas com Ely, que, dessa vez, não tinha aprontado nada.

Com o saudoso Ely Coimbra.

Pouco tempo depois Ely

comprou um carro zero. Não demorou muito para Flávio colocar alguns peixes dentro do ar-condicionado do carro. O cheiro ficou insuportável. Ely, que sempre foi uma pessoa doce, ficou totalmente fora de controle, pegou um taco de beisebol para bater em Flávio. Foi preciso cinco pessoas para segurá-lo. Depois de muito tempo, bem mais calmo, ele ainda gritava:

— Deixa eu só quebrar os dois joelhos dele.

Apesar da empatia entre Silvio e Flávio — uma dupla que, na diferença de idéias, acabava se completando —, o repórter que mais parecia com Silvio era Ely, que também tinha o mesmo estilo "entrão" do repórter Silvio Luiz. Flávio tornou-se um estudioso do futebol, aproveitou as chances e foi crescendo cada vez mais.

FUTEBOL DE BOTÃO

Durante essa fase de grande sucesso do departamento de esportes da Record, um acontecimento fazia a emissora parar: o campeonato de futebol de botão. Seis da tarde era hora de participar do campeonato ou apenas de acompanhá-lo: produtores do departamento de esportes, diretores e funcionários de outros setores se enfrentavam em disputadíssimas partidas. A organização do campeonato cabia ao diretor comercial, Ivandir Kotait. Silvio montava a tabela. Até outros diretores, como Guilherme Stoliar e Alfredo Carvalho, participavam. Os jogos eram levados a sério, e o campeonato era extremamente organizado, com árbitros da Federação Paulista de Futebol de Mesa (que foram contratados para tentar diminuir o número de discussões que surgiam depois dos jogos).

Ivandir também se destacava na mesa e ganhou alguns campeonatos. Alexandre, filho de Silvio, também venceu outros. Flávio foi campeão algumas vezes, mas era acusado de manter atitudes antidesportivas (como desaparecer com um ou mais jogadores do adversário durante o jogo!). Silvio sempre chegava à fase final, mas perdia e passava a reclamar sem parar.

O ASTRO

O sucesso das transmissões esportivas transformou o futebol no principal produto da Record. Silvio era o maior artista da emissora. O que ele pedia tinha de ser feito. Tanto que o melhor carro da emissora, uma Caravan prateada — que não era tão nova assim —, era reservada para ele nas viagens pelo interior paulista. O motorista era sempre o Paçoca, que ouvia muitas reclamações cada vez que ultrapassava os 100 km/h. O equipamento também era o melhor da emissora. E era bom que funcionasse direito. A diretoria da Record fazia questão de que tudo desse certo, já que o faturamento comercial era alto. Os técnicos dedicavam atenção total às transmissões de futebol. Eles sabiam que, se ocorresse algum problema, também teriam de agüentar as queixas de Silvio.

Não era só com fãs de futebol que Silvio alcançava a consagração. As crianças também começaram a narrar jogos de rua imitando seus bordões. E nas concentrações os jogadores prefeririam acompanhar os jogos ouvindo sua narração, principalmente porque a linguagem de Silvio atingia diretamente a emoção dos atletas. Ele entendia de futebol, de arbitragem e ainda colocava bastante humor, fazendo críticas que se transformavam em piadas. O sonho de alguns era fazer um gol e ouvir a narração de Silvio.

O programa *Clube dos Esportistas* também era unanimidade entre os jogadores, que geralmente estavam concentrados nas terças, dia em que a atração ia ao ar. Muitos atletas se ofereciam para participar do *Clube*.

— What time is it? Please.

Enquanto vivia uma excelente fase profissional, Silvio enfrentava um terrível drama em sua vida pessoal: a morte de sua irmã, a atriz Verinha Darcy, uma precoce estrela de televisão que conquistou um enorme sucesso na novela *Poliana*, da TV Tupi. Silvio ficou abalado demais e pediu uma licença para Hélio, que, sentindo seu abatimento, não permitiu que ele se afastasse. Foi muito melhor para Silvio, que pôde se ocupar com o trabalho, enquanto tentava se recuperar dessa perda.

Na Arábia Saudita.

COPA DE 1982

A transmissão de futebol da Record freqüentemente conquistava o primeiro lugar de audiência no Estado de São Paulo. Silvio passava a ser o narrador mais popular entre os paulistas. Mas justamente em uma de suas melhores fases, uma ameaça poderia tirá-lo do maior evento do futebol mundial: como a única emissora a pagar as cotas de transmissão para a OTI (detentora dos direitos da Copa da Espanha) fosse a Rede Globo, essa emissora iria transmitir o Mundial de 1982 com exclusividade.

A OTI não vendia cotas para as emissoras, e sim para o país, não importando quantas redes de cada país iriam transmitir o evento. No caso do Brasil, eram quatro as emissoras associadas, e se uma delas deixasse de pagar, o restante tinha de assumir o valor total. A Globo foi a única que pagou suas cotas e ainda se responsabilizou pela parte das outras emissoras. Além disso, pelo estatuto da OTI, só poderia comprar os direitos de exibição da Copa quem tivesse adquirido os direitos de transmissão das Olimpíadas. Novamente apenas a Globo havia pago, e transmitido, os Jogos Olímpicos de 1980, em Moscou. (Um evento considerado sem interesse devido ao boicote dos países ocidentais.)

Rui Viotti, assistente de Paulinho e representante da Record na Abert e na OTI, advertia para o "perigo" de a Globo conseguir essa exclusividade, mas, ingenuamente, a direção da Record acreditou que a Globo fosse revender suas cotas e que não teria coragem de ficar com a exclusividade. Na época, a Globo não dedicava ao futebol muito espaço na sua programação. Depois de ter pago todas as cotas em dia — e assumir a dívida das outras redes —, a Globo não tinha obrigação nenhuma de revender suas cotas. E realmente decidiu transmitir a Copa com exclusividade.

OUÇA COM O CORAÇÃO

Rui Viotti ficou totalmente inconformado com o fato de Silvio ficar fora da Copa. Para a Record essa ausência também significava uma grande perda financeira. Viotti não se deu por vencido, teve uma grande idéia e a apresentou a Paulinho:

Na Espanha, com as pombas da paz.

— O Silvio não pode ficar fora da Copa. Vamos fazer com que ele transmita pela Rádio Record em AM e FM como se estivesse narrando pela televisão, mantendo seu estilo.

Paulinho se empolgou e aceitou a idéia na hora. No dia seguinte Viotti viajou para o Rio de Janeiro e comprou os direitos de transmissão pelo rádio, que ainda estavam à venda. A direção da Record chamou sua agência de publicidade para dar início a uma campanha de promoção muito forte. Paulinho e Viotti explicaram a idéia para Silvio, que, a princípio, pensou que teria de narrar como locutor de rádio. Viotti mostrou a Silvio que ele não deveria mudar em nada sua maneira de narrar: a idéia era fazer o telespectador abaixar o som do televisor e ouvir a transmissão de Silvio pelo rádio. Além de narrar os jogos, Silvio, Pedro, Flávio, Ely e Ronny fariam matérias para ser exibidas pela TV Record, aumentando ainda mais um faturamento que havia sido considerado perdido por Paulinho.

Na Espanha, trocando uma idéia.

A campanha publicitária "Veja a Copa na TV, mas ouça com o coração... na Record" atingiu em cheio o gosto do torcedor. Chamadas promocionais passaram a ser veiculadas na televisão, *outdoors* foram espalhados pelas cidades, formando uma crescente expectativa. O bom desempenho da Seleção de Telê Santana na eliminatórias e nos amistosos aumentou ainda mais a repercussão da ousada investida da Record, que foi encarada, por profissionais de rádio, como um duelo contra a televisão.

Apesar da campanha, a dúvida permanecia para o público: Silvio iria realmente narrar como se estivesse na televisão ou tentaria impor o estilo de rádio? A resposta veio logo no jogo de abertura do Mundial, Argentina e Bélgica, no dia 13 de junho. Depois de saudar os ouvintes (ou telespectadores?), Silvio identificou os times e finalizou sua informação dizendo: "Como vocês podem observar no seu televisor". Silvio iria usar o seu monitor na Espanha como se fosse o da Record.

Mas havia um problema: a câmera exclusiva da Globo, à qual Silvio não tinha acesso. Ele teve de narrar todos os jogos do Brasil com fones ligados diretamente com a sede da emissora, de onde Fábio Caetano passava as imagens que a câmera exclusiva da Globo estava mostrando.

O sucesso foi instantâneo. A revista *Veja* de 23 de junho de 1982 informava que *"nem bem haviam terminado as pesquisas parciais de audiência entre as emissoras de rádio que transmitiram os jogos da Copa em São Paulo, na semana passada, e a Rádio Record AM e FM já despontava como a grande vencedora: conseguira, nos dois primeiros jogos, um público no mínimo três vezes maior do que qualquer de suas concorrentes. Entre os 2,5 milhões de domicílios com rádio na Grande São Paulo, cerca de 200.000 haviam baixado o som da TV Globo para ouvir as bem-humoradas transmissões do inimitável Silvio Luiz, o inflamado locutor da TV Record Paulista.*

O segredo do sucesso: não podendo brigar pela imagem, a Record brigou pelo som. Investiu (...) e enviou à Espanha uma equipe de oito pessoas e instalou um canal de transmissão no Intelsat aberto 24 horas por dia. O esquema deu certo: Silvio Luiz (...) transmitiu os jogos do campo tendo um monitor da TV espanhola à frente.

Nos ouvidos, os fones ligados diretamente com o Brasil informavam se a locução se casava também com as imagens que a Globo enviava exclusivamente de seus estúdios em Sevilha para o Brasil. Quando a

Globo, por exemplo, decidiu dar um close *do rei Juan Carlos, da Espanha, Silvio Luiz foi imediatamente avisado e, embora a TV espanhola mostrasse outra imagem, ele disse: 'Aí, com vocês, o rei'. No jogo de estréia do Brasil, por exemplo, quando o selecionado de Telê vergava sob 1 a 0, ele choramingava, usando uma expressão bem brasileira: 'Meu Deus, o que é que eu vou dizer lá em casa?'. Em seguida, chamava a polícia para prender o juiz ou insinuava, malicioso, que o bandeirinha, como um cego, só levantava a bandeira na hora errada".*

O retorno financeiro da Record foi excelente. As pesquisas de audiência apontavam um imbatível primeiro lugar da emissora. O mais surpreendente é que as pessoas que estavam impossibilitadas de acompanhar o jogo pela televisão também passaram a ouvir a Record, apesar de Silvio continuar usando uma linguagem de televisão.

Além disso, o projeto foi tão bem-sucedido que as mudanças dos jogos a ser transmitidos pela Globo começaram a gerar desconfiança entre os profissionais da Record. Como Silvio, Flávio e Pedro precisavam transmitir o mesmo jogo que a Globo, eles tinham de saber com antecedência qual jogo seria televisionado pela concorrente.

A equipe da Record estava instalada em Sevilha, onde fazia um forte calor. O próximo jogo anunciado pela Globo seria em Málaga, entre União Soviética e Escócia. Eles se deslocaram então para Málaga. Assim que se hospedaram no hotel da cidade, com Pedro Luiz entusiasmado com o lugar, eles receberam um telefonema avisando que a Globo mudara o jogo e transmitiria Bélgica x Hungria, em Alicante. Para piorar, o sinal do jogo escolhido pela Globo não chegava a Málaga. Como Alicante ficava a 544 quilômetros de Málaga, a única saída era a equipe retornar a Madri para transmitir *off tube*. Por sorte Silvio e Flávio conseguiram um vôo e chegaram a tempo no estúdio em Madri. Pedro, encantado com as belezas do litoral espanhol, quis continuar em Málaga, onde assistiu à partida fazendo entradas ao vivo, enquanto Silvio transmitia o jogo da Globo.

A ESPANHA É UMA FESTA

De volta ao Hotel Colón, em Sevilha, Silvio respirava a tensão do resultado da arriscada aposta da Record, já que os institutos de pesquisa demoravam para divulgar os resultados da audiência. Foi uma festa quando Paulinho entrou em contato para contar que realmente os ouvidos estavam ligados na Rádio Record. Paulinho chamou bem na hora em que Silvio havia saído do banho. E da forma como veio ao mundo ele conversou com seu patrão. Aliviou-se com as boas notícias: os resultados das primeiras medições do Ibope apontavam para uma vitória inquestionável da Record.

Já em ritmo de comemoração, a equipe começou a festejar os números. Ronny Hein estava no quarto ao lado e tomava banho durante o telefonema. O caçula da equipe esportiva da Record, aflito para saber qual o resultado da audiência, invadiu o quarto onde eles estavam somente com uma toalha enrolada no corpo.

Toda a equipe da Record estava hospedada no quinto andar. E foi no corredor desse andar que Ronny foi jogado para fora do quarto, totalmente sem roupa, ainda molhado do banho que

Ronny Hein, o pelado do corredor.

acabara de tomar. Ronny berrava no corredor para que lhe abrissem a porta. Foram intermináveis segundos. Para decepção dos que armaram o plano, ninguém passou por lá durante esse tempo.

Os escoceses eram a preocupação da polícia espanhola em Sevilha. Bebiam, arrumavam confusão e terminavam a noite se refrescando nas fontes das praças. Uma madrugada, eles estavam fazendo uma baderna próximo ao hotel em que a equipe da Record

Teti, Medrado Dias e Paulo Matiussi.

se hospedava. Cid Sandoval, câmera da equipe, e Flávio estavam no mesmo quarto e resolveram acabar com o problema. Jogaram um rojão para baixo e fecharam a janela. Os escoceses perceberam que a bomba partira de uma janela do hotel e tentaram invadir o prédio. A direção do hotel chamou a polícia. Nesse momento Pedro Luiz chegou e tentou passar pelos escoceses, mas acabou apanhando muito, antes de ser salvo pela polícia e pelos funcionários do hotel... Enquanto Flávio e Cid dormiam tranqüilamente.

A partir do segundo jogo da Seleção houve seguidos problemas técnicos na transmissão da Record. A emissora passou a pedir dois pontos no estádio. No terceiro jogo da Seleção contra a Nova Zelândia, Silvio abriu a transmissão no local reservado para a Record e, por precaução, mudou-se para um outro local que a Record havia reservado. Até o fim da Copa a Record continuou adotando o mesmo esquema.

A direção da Record chegou a pensar em sabotagem, mas Silvio não acreditava nessa hipótese. Ele conhecia bem o coordenador mundial da OTI — e também da Globo —, o brasileiro Teti Alfonso, e confiava no seu trabalho. Teti checava pessoalmente os pontos de transmissão, testando todas as linhas. Ele sabia qual a posição de todos os narradores de rádio e televisão no estádio, inclusive a cabine reserva da Record. Na verdade a transmissão da Espanha para o Brasil nunca poderia apresentar uma qualidade perfeita via FM, como a Record fazia.

Mesmo com esse pequeno problema técnico, a Record conseguia uma grande audiência e faturamento. Silvio participava da Copa, e a idéia de Viotti alcançava um retorno de mídia muito grande. A Rede Globo, única a transmitir, obteve uma audiência recorde entre as televisões. Foi a primeira Copa a atingir todas as regiões do Brasil. A emissora investiu 14 milhões de dólares na cobertura do Mundial, enviando 150 profissionais para a Espanha (a maior equipe estrangeira no evento). Mesmo assim não conseguiu apagar a imagem antipática que ficou por ter se negado a repassar as cotas. Por deter a exclusividade, a Globo, apesar de não ter uma forte tradição esportiva na época, foi mais cobrada ainda.

ENROLANDO A BANDEIRA

O excelente desempenho da Seleção de Telê provocou, em parte da imprensa, o clima de "já ganhou". Foi um grande choque a eliminação pela Itália. Um choque que provocou cenas que Silvio não esqueceu: a cabine da Record ficava lado a lado com a da Globo, mas eram separadas por uma escada de acesso, no acanhado estádio do bairro de Sarriá. Logo após o jogo, sentados no degrau da escada, arrasados, Ciro José, Boni e Armando Nogueira olhavam para o infinito. A emissora estava preparando uma grande festa para o Brasil, na final em Madri. Dois aviões, lotados de mulatas, iriam para a Espanha. E das numeradas do Estádio Santiago Bernabeu, palco da final, seria aberta uma imensa bandeira — com o logotipo da TV Globo — que cobriria toda a torcida. Ao mesmo tempo que via essa cena, Silvio tinha de consolar Flávio Prado, que soluçava de tanto chorar, lamentando a derrota.

Da Espanha Silvio continuou recebendo informações sobre a audiência, porém só foi ter noção do real sucesso da transmissão pelo rádio quando voltou ao Brasil.

O SEQÜESTRO DE FLÁVIO PRADO

Logo após o desastre de 5 de julho de 1982 no hoje inexistente estádio do Real Espanhol, no bairro de Sarriá, Edson Leite — então diretor da TV Bandeirantes — convidou a equipe titular da Record para uma conversa reservada no Novotel do Morumbi. A audiência conquistada pela equipe esportiva da Record incomodava demais os concorrentes. Desde a Copa de 1978 a Record tornara-se quase imbatível nas transmissões esportivas. Como combater a Record era o tema constante das reuniões na Bandeirantes, Edson Leite, que havia voltado à Bandeirantes para coordenar os eventos — inclusive os esportivos —, queria levar, de qualquer maneira, Silvio Luiz para sua emissora.

Edson começou uma investigação detalhada e informou-se sobre salário, benefícios e exigências de Silvio na Record. Ele tinha mais uma idéia ousada na cabeça: pretendia levar para a televisão o *Show de Rádio*, sucesso de Estevan Sangirardi na Rádio Jovem Pan (um programa de humor em que personagens típicos de cada time acompanhavam a jornada esportiva da rádio). Para dar vida às criações de Sangirardi e equipe, Edson já havia contratado Gepp e Maia, que fariam bonecos para os personagens. Assim, a irreverência do trio da Record seria somada ao humor do *Show de Rádio* e aos bonecos criados por Gepp e Maia. Mas o ponto central de seu plano era a contratação do trio da Record.

Quando Flávio chegou, no começo da tarde, ao Novotel, percebeu que só ele fora chamado para a reunião. Foi levado às pressas para uma sala à meia-luz. Edson o aguardava com o contrato na mão:

— Quanto você quer ganhar?

E, oferecendo um salário muitas vezes maior do que Flávio ganhava, aumentou a pressão:

— O Silvio já assinou e está nos estúdios da Bandeirantes. Preciso de sua resposta agora, porque ele vai entrar no ar daqui a pouco para comunicar a mudança!

Flávio, assustado, não tinha tempo para respirar. Ele tentava argumentar sobre a rescisão do contrato e a multa da Record. Edson afirmava que cobriria qualquer oferta, mas sempre insistindo:

— Você tem de responder agora!

Após alguns minutos, Flávio, sem acreditar que Silvio já havia acertado com a Bandeirantes, decidiu:

— Eu vou assinar. Mas vou colocar uma condição por escrito no contrato: só vou se o Silvio for.

Ele escreveu à mão uma nova cláusula: aquele contrato perderia o efeito se Silvio Luiz não fosse contratado pela TV Bandeirantes.

Com Pedro Luiz foi feita a mesma pressão, e ele aceitou trocar a Record pela Bandeirantes. O projeto seguiu em frente apenas com Pedro. Com Silvio, a história foi diferente...

No mesmo dia em que tentou levar Flávio — 29 de julho de 1982 —, Edson Leite investiu sobre o narrador. Quando chegou a sua casa naquela noite, Silvio era aguardado por Edson, Otávio Rivolta (diretor da Bandeirantes) e pelo narrador Fernando Solera. Depois de muita conversa — e de três garrafas de uísque —, Edson fez uma proposta milionária para Silvio, que ficou na dúvida.

Percebendo que ele estava hesitando, Edson escreveu um contrato à mão — em laudas do departamento de jornalismo da Bandeirantes —, oferecendo, por um período de sessenta meses, um salário mensal de três milhões de cruzeiros (equivalente a 70 mil reais em 1.º de dezembro de 2001), mais 1% sobre o faturamento líquido do patrocínio comercial das transmissões esportivas da Bandeirantes e ainda quatro milhões de cruzeiros (93 mil reais em 1.º de dezembro de 2001) pela transferência para a nova emissora. Mostrando o "contrato", passou a apertar o narrador:

— Assina, Silvio. O Flávio e o Pedro já concordaram. Eu só vou dar andamento a esse contrato depois que você for liberado na Record.

Silvio colocava só uma condição:

— Eu quero conversar com o Paulinho. Eu não vou cuspir no prato em que eu comi.

Edson passou a usar qualquer expediente para tentar levar Silvio para a Bandeirantes. Aproveitando um momento em que ele saiu da sala, Edson ofereceu um programa na Bandeirantes para Márcia, se ela conseguisse convencer o marido. Márcia não gostou da proposta.

O coração pesou na hora de decidir. Silvio era a principal estrela da Record e devia muito da sua formação profissional à emissora, além disso tinha sua palavra empenhada. Edson insistia. Silvio repetia:

— Preciso falar com o Paulinho.

Ainda cheio de dúvidas, Silvio não assinou o improvisado contrato; apenas escreveu um "S" no papel, para que finalmente Edson encerrasse o ataque.

No dia seguinte, conforme havia dito, ele foi conversar com a direção da Record. Em um encontro com Paulinho, abriu o jogo:

— Edson, Solera e Otávio estiveram na minha casa ontem e me fizeram uma proposta milionária. Eu acho que vou para a Bandeirantes.

Paulinho, que já havia sido informado dos boatos por Rui Viotti, mandou Silvio sentar e perguntou qual era a proposta. Nos corredores da Record não havia outro assunto, os boatos ferviam. Naquela fase da emissora, a permanência de Silvio era vital para a sobrevivência da empresa: "Não podíamos perder o Silvio. A Record teria de ir até as últimas conseqüências para manter seus quadros", disse Paulinho, na época da milionária proposta. Os contratos de Silvio e Flávio foram renovados por mais dois anos. Paulinho cobriu a oferta salarial da Bandeirantes, mas sem o acréscimo de 1% sobre o faturamento líquido. Silvio abriu mão de um bom dinheiro, mas aceitou continuar na Record. Nos corredores da emissora, a dupla ganhou o apelido de "Milionário e José Rico".

Paulinho aproveitou o momento em que Silvio e Flávio estavam satisfeitos com o aumento para compensar o investimento:

— Agora que vocês estão ganhando mais, vão ter de trabalhar mais também. Eu quero que vocês façam um programa diário de esportes e um semanal à noite.

Silvio e Flávio toparam. Assim nasceram o *Record nos Esportes* e o inesquecível *Clube dos Esportistas*.

O MAESTRO

Com a saída de Pedro Luiz, era preciso contratar um novo comentarista. Silvio sugeriu o nome de Osvaldo Brandão, que — como Pedro Luiz, quando foi procurado pela Record — estava esquecido. Silvio sabia que Brandão, apesar de ser conhecido apenas como técnico de futebol, possuía o registro de radialista, e isso foi decisivo para sua escolha.

A sua relação com Brandão era de pai para filho. Tinham uma forte amizade desde o tempo em que Silvio era repórter de campo. Brandão, como fazia com quase todos os jogadores que dirigia, também deu muitas orientações e conselhos para Silvio. Era um técnico muito querido pela maioria da imprensa, que carinhosamente o chamava de "maestro". Mesmo sendo exigente e disciplinador, Brandão era considerado um paizão pelos jogadores. O técnico verificava pessoalmente o colchão, as roupas de cama e a comida de cada jogador. No Mundial de Juniores no México, no fim de 1982, já como comentarista da Record, fez questão de visitar a concentração da Seleção para dar apoio aos garotos brasileiros. A religião espírita era mais um ponto em comum que fortalecia a amizade.

27 de fevereiro de 1977. Silvio estava no mesmo avião que trouxe a Seleção depois de um empate em Bogotá, contra a Colômbia, pelas eliminatórias da Copa de 1978. Brandão era o técnico do Brasil, mas sua queda era carta marcada.

Com Osvaldo Brandão em Acapulco.

Quando o avião desceu no Rio de Janeiro, o diretor da CBF, André Richer (ex-presidente do Flamengo), entrou no avião e sentou-se ao lado de Brandão para avisá-lo de que ele não era mais o técnico da Seleção.

O avião seguiu para São Paulo. No desembarque Brandão procurou Silvio, Vital Battaglia e Juarez Soares:

— Eu acho que estou deixando a Seleção, mas não quero que vocês dêem a notícia. Eu ainda vou tentar falar com o Almirante (Heleno Nunes, presidente da CBF) e ver o que acontece.

Brandão estava atordoado com a notícia. Ao deixar o aeroporto, não tinha como pagar o táxi que iria pegar. Juarez emprestou o dinheiro a ele.

Ninguém deu a notícia. Brandão explicou a todos os jornalistas que daria uma coletiva à seis e meia daquele mesmo dia. No horário marcado, ele falou com os repórteres e comunicou que, definitivamente, não era o técnico da Seleção, afirmando que decidira sair. Só mais tarde Brandão admitiria — como Silvio, Juarez e Vital presenciaram — que fora demitido. Pouco tempo depois da entrevista de Brandão, era anunciado na CBD o nome de Cláudio Coutinho, técnico do Flamengo e da Seleção Olímpica — quarta colocada nas Olimpíadas de Montreal —, como novo comandante da Seleção. A pressão da imprensa carioca derrubou o treinador. Brandão, que tinha classificado a Seleção de 1958 para o Mundial, mais uma vez iria ficar fora de uma Copa.

Brandão saiu-se bem como comentarista. Sua visão de jogo era inquestionável, mas não se adaptava à linguagem da televisão, muito menos ao jeito extrovertido do seu narrador. Durante o encerramento de uma transmissão, Silvio, querendo brincar, pulou nas costas de Brandão e anunciou a próxima atração da emissora com uma voz cavernosa: "Se esconde, maestro, daqui a pouco tem a *Sessão Terror*", e foi empurrando o comentarista para baixo. Brandão, que não gostava dessas brincadeiras, falou com Silvio assim que saíram do ar:

— Eu considero você como se fosse meu filho. Não quero brigar com você. Eu quero sair. Além do mais, comentar não é muito minha área.

Poucos anos depois Silvio recebeu a notícia da morte de Brandão enquanto narrava um jogo em Brasília, emocionou-se muito e quase não conseguiu continuar narrando.

SEU BOLACHA

O narrador da Globo, Luciano do Valle, pretendia deixar a emissora logo após o Mundial da Espanha. Ele queria dedicar-se ao projeto da empresa Promoação (montada em parceria com Francisco Coelho Leal, o Quico, filho do apresentador Blota Jr.). A idéia de Luciano e Quico era se associar a uma rede de televisão para transmitir mais esportes olímpicos, deixando o futebol um pouco de lado. Logo após um amistoso da Seleção em Brasília, Luciano procurou Silvio com um pedido surpreendente:

— Silvio, eu não quero mais narrar futebol. Você não me quer na Record?

Silvio ficou espantado. Luciano ia fazer uma Copa sozinho e era o narrador titular da principal emissora do país. Ele ouviu a proposta de Luciano e procurou Paulinho para explicar-lhe a idéia. O diretor da Record ficou interessado e pediu que Silvio marcasse um almoço (na verdade, Paulinho foi o único diretor de um canal de televisão que aceitou ouvir a dupla). O encontro ocorreu no restaurante O Profeta. Paulinho, Luciano e Quico chegaram a um acordo verbal e ficou acertado que, após a Copa da Espanha, a Promoação passaria a atuar em parceria com a Record, para promover eventos esportivos, com Luciano narrando os jogos. Após esse encontro, na primeira reunião de diretoria da Record — com a presença de Ivandir Kotait, Hélio Ansaldo, Raul Duarte, Alfredo Carvalho e o próprio Silvio —, Paulinho estranhamente não confirmou a ida de Luciano para a emissora, comunicou apenas que estava em "entendimentos" com ele.

Imediatamente após a Copa, em outra reunião de diretoria, Paulinho chegou a perguntar para os mesmos diretores da reunião anterior:

— O que vamos fazer com o Luciano do Valle?

Silvio se surpreendeu:

— Nós vamos trazê-lo para cá, conforme você combinou com ele antes da Copa, no almoço que tivemos.

Paulinho retrucou:

— Então eu quero que conste da ata da reunião que a vinda de Luciano do Valle para a Record é de inteira responsabilidade do senhor Silvio Luiz.

— Perfeitamente. A vinda de Luciano vai reforçar demais o departamento de esportes da emissora, além disso o projeto dos esportes amadores pode dar um bom resultado.

Silvio foi um dos incentivadores da idéia dentro da Record. Além de ser muito amigo de Luciano, também conhecia Quico desde que ele era menino e acompanhava o pai no trabalho. (Quico, quando adolescente, jogava futebol muito bem e foi indicado por Silvio para o time da Record. O problema é que as partidas eram realizadas aos sábados pela manhã, e o atleta não conseguia se recuperar a tempo da noitada anterior. Silvio acompanhava os jogos e, a cada falha do jovem, gritava: "Quico, as mulheres vão acabar com você". Depois de alguns anos a frase de Silvio mudou para: "Quico, as mulheres acabaram com você".)

Realmente havia um vácuo na televisão naquele momento. Luciano e Quico perceberam o pouco espaço dedicado aos esportes (então) amadores, e pretendiam montar o *Show do Esporte*, um programa que divulgasse vôlei, basquete, atletismo. As equipes da Record e da Promoação conviveriam em total independência. Até em salas separadas. Luciano não seria funcionário da Record. Desde o nascimento da idéia da contratação do narrador, ficara claro que ele não mexeria com o futebol, seu objetivo era abrir mão do futebol para dedicar-se somente a outros esportes. Com ele também iriam para a Record seus antigos colegas Juarez Soares e Paulo Mattiussi.

Houve muitos boatos na época, mas o que os colunistas não sabiam é que Silvio aprontava a própria confusão envolvendo seu nome. A imprensa, ávida por sangue, caía nas suas armações. A informação divulgada na época era que a contratação de Luciano fora uma imposição de Paulinho, e que Silvio não estaria de acordo. Para se vingar dos boateiros, Silvio passou a usar os colunistas como meio de impulsionar a nova atração da Record: quando a notícia da ida de Luciano deixou as páginas dos jornais, Silvio comentou com a equipe técnica, antes de começar a narrar uma partida: "Eu vou falar um negócio que vai estar em todos os jornais amanhã". Logo depois, no ar, lançou a bomba: "Vem um cara pra cá que pode narrar o que ele quiser: vôlei, bolinha de gude, pingue-pongue... mas futebol é comigo".

É claro que essa frase foi reproduzida em muitos jornais para retratar o aparente mal-estar provocado pela contratação de Luciano. Silvio sofreu muitas críticas pela frase e pela recepção que estava dando ao novo companheiro. Assim, conseguiu usar a mídia para promover mais uma vez a nova empreitada da emissora. A própria equipe de Luciano começou a criar antipatia por Silvio por causa desses comentários.

A Record passaria a ter duas equipes de esportes, com dois responsáveis por elas. Com essa divisão entre futebol e outros esportes, era natural que surgissem discordâncias, principalmente quanto à escala dos profissionais. Porém, boa parte dos desentendimentos foram provocados por Paulinho, que, para manter o controle, instigava um contra o outro. Os dois caíram, e a relação de amizade realmente acabou ficando um pouco abalada. Até que os dois se encontraram em uma entrega de prêmio na Boate Gallery. Silvio e Luciano, sentados no bar da boate, tiveram oportunidade de conversar. Foi então que abriram o jogo e descobriram que estavam sendo usados, vítimas do boicote do próprio homem que os contratou. Depois do esclarecimento, Silvio propôs:

— Vamos fingir que a gente não sabe de nada e tocar o barco pra ver até onde vai.

Luciano acertou ao apostar no esporte amador. O vôlei virou mania nacional. Dois Mundialitos e um jogo histórico no Maracanã entre as seleções masculinas do Brasil e da União Soviética provocariam uma explosão do esporte no país. Com o sucesso meteórico do projeto, veio também o assédio de outras emissoras.

O contrato entre a Record e a Promoação era de apenas um ano. Apesar da enorme repercussão conquistada, Luciano foi percebendo, no decorrer desse ano, que precisava de uma rede maior para difundir o projeto, com uma melhor estrutura e mais emissoras, pois sua intenção era transmitir mais de dez horas de esporte aos domingos. A Record estava longe de possuir uma infra-estrutura que atendesse a essa exigência. Apenas sete meses depois da assinatura do contrato surgiu uma proposta irrecusável da Bandeirantes, que oferecia espaço na programação (dez horas no domingo e seis no sábado, além de duas horas de segunda a sexta) para a realização do programa *Show do Esporte*, e também o comando total do departamento de esportes da emissora.

Luciano e Quico aceitaram a proposta, e a Promoação foi para a Bandeirantes. Juarez e os produtores, que eram funcionários da empresa, seguiram imediatamente para a nova emissora. Luciano, preso a uma cláusula do contrato da Promoação com a Record, teve de ficar mais cinco meses, até completar um ano. Paulinho não o liberou dessa obrigação. Ele ficou chefiando a equipe esportiva da Bandeirantes, mas sem poder narrar jogos. Luciano deixou a Record somente depois dos Jogos Pan-Americanos de Caracas. Na Bandeirantes, o *Show do Esporte* fez um enorme sucesso e transformou a emissora no "Canal do Esporte".

MUITO CACIQUE

A Record tomava vários rumos e parecia não se achar. Quase ao mesmo tempo que acertava o contrato com a Promoação, Paulinho firmava uma parceria com a Traffic (originalmente, uma empresa de publicidade em ponto de ônibus, que seria comprada, em 1980, por J. Hawilla e Ciro José. Dois anos depois eles passariam a trabalhar com marketing esportivo).

A Record estava tentando vender suas cotas de patrocínio das Olimpíadas de 1984. A Traffic fez a proposta de comprar essas cotas e assumir o departamento de esportes da Record. O acordo foi feito, e a Traffic comercializou os patrocínios. Como a Record precisava de mais um narrador, Fernando Solera, que havia saído da Bandeirantes, foi contratado para reforçar a equipe em março de 1983.

Silvio preocupava-se demais com a falta de um rumo definido da Record. Se a Bandeirantes não tivesse feito a proposta a Luciano, a Record chegaria às Olimpíadas com um departamento de esportes à beira do caos: dividido entre a Promoação (responsável pelos esportes amadores), a Traffic (que cuidaria da parte administrativa) e os próprios funcionários da Record, com Silvio à frente, já que, pelo menos no crachá, sua função era de diretor do departamento de esporte.

Aproveitando a saída de Osvaldo Brandão — que não queria mais ser comentarista —, Silvio tentou aproximar os profissionais da Record e da Traffic e sugeriu a Paulinho: "Já que você está contratando a empresa deles, por que você não contrata o Ciro e o Hawilla para ser comentaristas?". Paulinho concordou, e a Record, além de trabalhar com a firma de Ciro e Hawilla, passou a contar com esses dois profissionais como comentaristas.

O sisudo Ciro José, ex-comentarista e ex-diretor da Globo, logo após ter aceitado o convite para ser o novo parceiro de Silvio, procurou o narrador e, preocupado com as ousadas brincadeiras que Silvio fazia durante as transmissões, deu-lhe um recado:

— Nós vamos trabalhar juntos. Mas você tem o seu estilo e eu tenho o meu estilo.

Silvio fez cara de sério e concordou.

Ciro, já mostrando serviço, antecipou-se e adquiriu o Mundial de Juniores no México com exclusividade. A Globo, quem diria, teve de comprar os direitos da final do torneio da Record. A Traffic também cuidou de todo o esquema de cobertura dos Jogos Olímpicos de Los Angeles.

OLIMPÍADAS DE 1984

Um balé se apresentava durante a festa de abertura dos Jogos de Los Angeles. Não havia o que narrar. Silvio, no estádio, passava informações aos telespectadores sobre as transmissões que seriam feitas pela Record quando a emissora responsável pela geração de imagens mostrou, em *close*, um bailarino negro e forte dançando delicadamente. Silvio não perdeu a chance:

— Huuuummmm... agasalhas, meu?

Hélio Ansaldo, que estava em São Paulo e acompanhava a transmissão da sua sala, ficou furioso. Foi rapidamente para o controle geral (de onde poderia se comunicar com Los Angeles), pegou a linha direta com Silvio e gritou:

— Puta merda, Silvio! Se for para falar besteira, cala a boca!

Seguiu-se um grande período de silêncio na transmissão da Record.

Hawilla estava com Silvio em Los Angeles. Aproveitando uma folga, eles combinaram sair para fazer compras no mais luxuoso shopping da cidade. Ao se encontrarem no saguão do hotel, Hawilla foi à loucura ao ver que Silvio pretendia ir de sandálias Havaianas:

Isabel, do vôlei, e Ely Coimbra.

— Silvio, espera aí! Não dá pra entrar lá de sandálias Havaianas!
— Não enche o saco, americano se veste muito mal e eu tô pouco ligando.

E Silvio realmente foi de chinelo, pouco se importando com o que os outros achariam. Hawilla ainda arriscou outro conselho:

— Da próxima vez, pelo menos faz o pé e corta a unha!

A TORCIDA VESTE AMARELO

Uma audaciosa campanha publicitária confirmou a força do departamento esportivo da Record. José Francisco Queiroz trabalhava na Norton Publicidade, que tinha como cliente as pilhas Rayovac. Foi desenvolvida uma promoção para fazer a pilha virar ingresso em partidas de futebol. A Rayovac bancaria os ingressos. Os jogos escolhidos foram os que a TV Record transmitiria ao vivo do interior para a capital. O torcedor tinha de ir vestido com uma camisa amarela — já que as pilhas Rayovac eram conhecidas como "as amarelinhas" — e levar uma pilha. Era Silvio quem divulgava a ação, explicando aos torcedores que o estádio estava lotado de torcedores com camisas amarelas porque eles haviam levado uma pilha Rayovac e entrado de graça. (Uma boa idéia, que fazia com que os estádios ficassem inteiramente ocupados.)

Ivandir Kotait era o diretor comercial da Record e foi um dos coordenadores dessa campanha. Queiroz, pelo lado da Norton, achou que deveria também acertar um cachê para Silvio, porque ele estaria fazendo uma ação de *merchandising* como apresentador da promoção. Seria normal que ele ganhasse para isso. O publicitário então procurou Silvio:

— Nós precisamos acertar o seu cachê.

— Mas você não acertou a parte comercial com o Ivandir?

— Acertei.

— Então não é preciso acertar nada comigo. Eu sou funcionário da TV Record.

Queiroz ficou admirado com a atitude de Silvio. Eles se tornariam grandes amigos depois disso. Foi a primeira vez que se fez uma promoção como essa no Brasil. A intenção não era vender mais pilhas, e sim reforçar a lembrança da marca com o consumidor. Na esteira do sucesso dessa promoção viriam a torcida do Banco do Brasil com o vôlei e a torcida da Brahma na Copa de 94.

O sucesso da campanha das pilhas Rayovac foi tão grande que impedia, indiretamente, que outras emissoras transmitissem o mesmo jogo que a Record, porque não teriam como explicar a presença daquela multidão de torcedores com camisas amarelas.

O *merchandising* nas transmissões esportivas ainda engatinhava, mas a Record, com campanhas como essa e as idéias de Ruy Brisolla, saía na frente de modo agressivo.

DEMOROU, MAS APRENDERAM

Quando um jogo era transmitido por várias emissoras, as direções entravam em acordo e, para diminuir custos, o sinal era gerado apenas por uma delas. Haveria um jogo na Vila Belmiro que seria transmitido pela Record e pela Globo. Glaicon Ferreira, chefe de esportes da Globo, enquanto acertava os detalhes da transmissão que seria feita pela Record, fez um pedido especial a Humberto Wisnick: "Vocês vão gerar, mas por favor não mostrem o cachorro, nem policial nem aquele terraço" (que Silvio tinha tornado famoso).

A intenção da Globo era óbvia: quem acompanhasse pela Globo e visse o *close* de um cachorro, teria a certeza de que, na Record, Silvio estaria latindo para o animal. E quando as pessoas que moravam na casa vizinha à Vila Belmiro (antes da reforma do estádio) começassem a acenar, seria para atender a um pedido de Silvio.

Durante o jogo a direção da Globo reclamava das imagens com Wisnick, que não podia fazer nada porque estava no controle geral em São Paulo. Ele até que tentava, avisando Silvio e Salvador Tredice, que fazia a direção de imagens, que a Globo estava se queixando.

Lógico que o pedido não era atendido. A Record iria mostrar o terraço, o cachorro, as lâmpadas das casas vizinhas sendo acesas, o torcedor fantasiado... ou seja, exatamente o que a Globo começaria a fazer no fim da década de 90, quinze anos depois de Dodô e Silvio Luiz.

Além de inovar ao destacar personagens curiosos do jogo, a direção de imagens da Record também trabalhava com muitos planos fechados. Para a narração de Silvio render era fundamental que o diretor de televisão fosse da sua emissora e mostrasse imagens fora do comum, que fariam a alegria do narrador.

O GALO DO CIRO JOSÉ

Logo após Ciro ir para a Record, ele e Silvio transmitiram uma partida no Rio de Janeiro, mas quando chegaram ao Galeão haviam perdido o último vôo da ponte aérea. Tiveram de dormir no hotel do aeroporto. Ciro sentiu-se mal durante a noite e acordou Silvio, que revirou o aeroporto até achar um médico, já que não havia ninguém no posto médico. Foi um susto muito grande. Mas Ciro teve apenas um mal-estar passageiro. Mesmo depois de o médico garantir que não havia nada, Silvio passou a noite em claro, sentado ao lado de Ciro.

As diretorias dos times pequenos tratavam bem a equipe esportiva da Record. Os "salgadinhos" que Silvio recebia na cabine ficaram famosos. Criou-se uma competição informal entre as diretorias dos times do interior paulista: "Aqui, o serviço de bordo é da melhor qualidade", dizia Silvio no microfone da emissora para elogiar o tratamento que estava recebendo.

Silvio geralmente acabava com os salgadinhos, mas adotou a tática de falar que o comentarista havia comido tudo. Ciro José foi sua primeira vítima.

Após oferecer um prêmio para o torcedor que levasse um papagaio que conseguisse dizer "olho no lance" (nenhum papagaio falou), e depois de lançar o concurso "quem é que vai trazer o maior peixe no jogo do Santos?", a equipe da Record teve a idéia de promover o concurso do galo mais enfeitado, já que haveria uma transmissão de um jogo do XV de Jaú e o time do interior paulista era conhecido como "Galo da Comarca".

Silvio lançou o concurso uma semana antes, durante a transmissão esportiva: quem levasse o galo mais enfeitado ganharia um prêmio. Bem antes do intervalo do jogo, uma enorme fila de torcedores já esperava, na porta da cabine da Record, a vez de mostrar cada um o seu

"Dois estilos": Ciro José e Silvio.

galo: uns com uniforme de times, outros fantasiados. Durante o intervalo, Silvio coordenou a escolha.

Quando todos os galos estavam perfilados, ele escolheu de surpresa o jurado do exótico concurso:

— Atenção: o Ciro José vai eleger o galo mais bonito.

Ciro olhou furioso para Silvio, gesticulou, levantou da cadeira e saiu da cabine, enquanto Silvio, no ar, tentava convencê-lo:

— Ô, Ciro, aonde você vai? Vem escolher o galo aqui.

Como Ciro havia dito ao ser contratado... Ele tinha seu próprio estilo... e Silvio tinha o dele.

CAINDO NO SAMBA

Depois de um jogo que a Record transmitiu em Jaú, a equipe estava jantando no restaurante do Alemão, ex-jogador do XV. Após algumas brincadeiras, eles começaram a cantar. Fernando Solera, vendo a animação da mesa, sugeriu:

— Silvio, se a gente fizesse uma marcha de carnaval, você gravaria?

Ele ficou meio sem jeito e devolveu a pergunta:

— Mas, como assim? Você faz?

— Vamos começar a fazer já!

Solera então reuniu todos os bordões usados nas narrações, Flávio também deu uns palpites. Silvio começou a achar graça da composição. Pouco tempo depois estava pronta a marcha

OLHO NO LANCE

Se ela calça quarenta
E usa bigode
Como é que pode?
Olho no lance!

Comida com pimenta
É pra quem pode
Se não explode
Olho no lance!

Tira da reta
Antes que a gente dance
Pelas barbas do profeta
Fique de olho no lance!

    Ruy Brisolla, diretor da Record, ainda conseguiu arrumar uma gravadora, e a música que nasceu de uma brincadeira realmente foi gravada por Silvio e lançada num compacto simples. Do outro lado Silvio gravou o samba *Time Feio*, também composto por Solera, em "homenagem" à Seleção de Carlos Alberto Parreira de 1983, na primeira vez em que o técnico dirigiu a Seleção:

TIME FEIO

Estou profundamente
Encucado
O time tá todo errado
Eu estou...
Vai procurar um zagueiro
Tenta achar um ponteiro
Falta um craque no meio
Cruz, esse time tá feio
(eu estou...)
O diretor é um artista
Só sabe dar entrevista!
Se tem moda ele ganha
Quando é no duro ele apanha.

"Sucesso"
Carnavalesco em 84

O compacto até que foi bem executado durante o Carnaval daquele ano, mas foi um fracasso de venda.

A RECEITA DE BOLO QUE ENGASGOU O REPÓRTER

O repórter Fábio Sormani foi contratado pela Record, que se preparava para cobrir a Copa do México. Ele teve poucas chances de cobrir um jogo ao lado de Silvio, já que Flávio era o repórter titular da emissora. A primeira vez que eles trabalharam juntos foi na Libertadores da América de 1986. Coritiba e Bangu eram os representantes do Brasil.

Mas o jogo em que Sormani seria batizado por Silvio ocorreria no Parque Antártica: a partida estava péssima; Silvio brincou, cantou e tentou de tudo para manter o interesse do telespectador. Até que anunciou, ao mesmo tempo que narrava:

— Receita de bolo. Ingredientes: duas xícaras de farinha... o goleiro vai cobrar o tiro de meta... quatro ovos... corta o zagueiro para a lateral... uma colher de sopa de fermento...

O jovem repórter não conseguiu se segurar e teve um ataque de riso. Morrendo de vergonha, não conseguiu fazer mais nenhuma entrada durante o jogo. Toda vez que tentava falar, terminava rindo.

UNIDOS, VENCEREMOS

Pagando em dia as cotas, cujas cifras diminuíram bem graças à entrada do SBT e da Rede Manchete na divisão dos valores, e com o auxílio da Traffic, a Record conquistou o direito de transmitir a Copa de 1986, mas continuava em dificuldades financeiras, pois só o sucesso do departamento esportivo não era suficiente para acabar com as dívidas da emissora.

Guilherme Stoliar, que havia sido diretor da Record e estava no SBT, sugeriu a Silvio Santos (que era dono do SBT e possuía metade da Record) que fizesse um *pool* com as duas redes, seguindo o exemplo do que já havia ocorrido em 1974, entre Record, Bandeirantes e Gazeta. Silvio Santos não só aceitou a idéia como criou o *slogan* "Unidos, venceremos". Record e SBT transmitiriam os jogos em cadeia, usando a mesma equipe. O *pool* nasceu do perfeito interesse entre as duas emissoras: a Record com a tradição esportiva, e o SBT com o departamento de vendas e, principalmente, dinheiro.

Cada emissora havia pago sua cota, mas, com o *pool*, os custos foram divididos. O mesmo sinal e o mesmo áudio seriam exibidos ao mesmo tempo pelas duas emissoras. O resultado foi excelente para ambas: custo baixo, cotas de patrocínio vendidas e bons índices de audiência.

Para a cobertura do Mundial Silvio exigiu que a Record contratasse Rui Viotti como coordenador da parte administrativa. Ciro, com a Traffic, seria responsável pela cobertura jornalística. O *pool* Record-SBT reuniu uma excelente equipe: Ciro José, Juca Kfouri, J. Hawilla, Rui Viotti, Osmar de Oliveira, Fernando Solera, Carlos Valadares, Jorge Kajuru, Ely Coimbra, Fábio Sormani, Flávio Prado, além de Silvio, que garantiu o mesmo espaço para os profissionais das duas emissoras: os jogos da Seleção contavam com a participação da equipe titular da Record — Silvio, Ciro e Flávio — e mais o comentarista Juca Kfouri e o repórter Jorge Kajuru, pelo SBT.

Foi a primeira vez que a Record levou uma equipe completa, com editores, câmeras, equipamentos e aluguel de satélite exclusivo. Uma imagem do *pool* Record-SBT foi usada no mundo inteiro. Só a equipe do *pool* ficou sabendo que Enzo Bearzot, técnico da Itália, iria levar o time para a missa das sete da manhã na Igreja Nossa Senhora de Guadalupe. Foi um dia muito movimentado no espaço dedicado ao *pool* Record-SBT no centro de imprensa. Emissoras de todos os países solicitavam as imagens do time da Itália na missa e de Bearzot comungando. Uma reportagem de Carlos Valadares que foi vista em todo o mundo.

Em pé (da esquerda para a direita): Valadares, Kajuru, Ciro, Hawilla, Viotti e Kfouri. Agachados: Solera, Sormani, Osmar, Silvio, Ely e Flávio.

Marcelo Tass, fazendo seu personagem Ernesto Varela, também participou da cobertura.

Durante o Mundial Silvio aumentou o contato e intensificou a amizade com o chefe de esportes do SBT, Osmar de Oliveira, que dividia o mesmo quarto com Juca Kfouri. Osmar levou para a Copa uma pasta para cada Seleção, com informações coletadas em jornais e revistas desde a Copa de 1982. Silvio passou a ir ao quarto de Osmar para fazer anotações, lá conversavam, trocavam idéias e fumavam sem parar.

BAIXOU O SANTO, E KAJURU TREMEU

Antes da Copa, para divulgar a formação do *pool*, Record e SBT transmitiram dois amistosos da Seleção em uma excursão pela Europa. Jorge Kajuru foi o repórter escolhido pelo SBT para fazer parte da equipe que viajou para a Alemanha e a Hungria.

Com apenas 21 anos de idade, Kajuru era o caçula da equipe, e dividiu com Silvio o mesmo quarto no Hotel Atrium em Budapeste. Na primeira noite, pouco tempo depois de eles se deitarem

Com Telê e Kajuru em Budapeste.

para dormir, Silvio sentou no chão e começou a fingir que recebia o santo.

Ele pegou um cachimbo — que tinha escondido ao planejar a brincadeira —, levantou-se, começou a dançar e dizer frases sem sentido. Kajuru tremia e berrava. Ciro — sabendo de toda a armação — entrou no quarto, acalmou Kajuru e contou que eram normais essas reações de Silvio, que continuava pulando, rolando no chão e gritando.

Com muito medo, o apavorado Kajuru passou a noite toda sem dormir, temendo que Silvio tivesse um novo ataque. Só se acalmou no dia seguinte, quando Ciro convidou Silvio e Kajuru para um jantar na cobertura do hotel. Então percebeu que seria o alvo preferido das armações daquela turma, mas ficou sem saber se, na noite anterior, Silvio havia recebido o santo ou se tudo tinha sido uma encenação. Nunca teve coragem de perguntar.

JUCA KFOURI, O PROFETA

O comentarista Juca Kfouri também se tornaria amigo de Silvio depois do Mundial. Ele só havia trabalhado em televisão no *Almanaque da Copa*, programa exibido em 1982 pela Record e feito pela produtora independente Manduri. Juca pagou pela inexperiência duas vezes no mesmo programa:

a Record também tinha sua mesa-redonda para debater os jogos do dia, e era Silvio quem comandava o programa. No dia 14 de junho — um forte calor no México — Juca chegou para a gravação do programa de sandália, achando que os participantes ficariam "protegidos" por uma bancada. Ao entrar no pequeno estúdio, Juca percebeu que não havia bancada, somente cadeiras. Meio sem jeito, apelou para a compreensão do apresentador:
— Puxa, Silvio, eu pensei que a gente ficaria atrás de uma mesa. Será que dá pra me mostrar somente em plano médio?
— Claro, Juca, fica tranqüilo.
Acreditando na resposta, Juca, inocentemente, ainda arriscou outro pedido:
— Preciso sair cedo porque minha mãe faz aniversário hoje e tenho de telefonar pra ela. Será que dá pra gente gravar logo o programa?
De novo Silvio aceitou gentilmente o pedido de Juca.
A gravação começou em seguida. O programa seguiu normalmente até pouco antes do encerramento, quando Juca olhou para o monitor e viu, em plano fechado, seus pés sendo mostrados para todo o país. Ele acabava de descobrir que também contribuíra com a pauta do programa:
— Silvio, você não presta mesmo.
— Mas qual o problema? Está fazendo muito calor aqui. Aliás, eu queria aproveitar a presença do Juca e convidar os participantes a cantar *Parabéns* para a dona Luíza, mãe do nosso comentarista e que está fazendo aniversário hoje.
Enquanto Silvio puxava o coro, um produtor entrou no estúdio com um bolo de aniversário.

Silvio sofria narrando Brasil e França. A partida era eliminatória: quem vencesse passaria para a semifinal da Copa. O perdedor voltaria para casa. A equipe do *pool* foi contagiada pela tensão da partida, que terminou empatada em 1 a 1, depois de muitas emoções.

Entregando a Bola de Ouro a Dario Pereira. Ao fundo, Juca Kfouri.

As cobranças de pênalti decidiriam qual seleção iria para a próxima fase. Sócrates se preparava para bater o primeiro pênalti. Juca observou o jogador dirigir-se para a área e garantiu:

— Pode escrever que é 1 a 0. Jamais perdeu um pênalti importante e não vai perder esse. Eu aposto!

Silvio, nervoso com as chances perdidas pelo Brasil, foi mais precavido:

— Olha, nego, hoje não dá pra apostar nada.

Sócrates chutou e o goleiro francês Bats defendeu.

Silvio olhou para Juca... ficou alguns segundos em silêncio e disse:

—Você apostou, né?

— Apostei... E me demito.

E Juca, realmente, não falou mais durante as outras cobranças, voltou a falar apenas nos comentários finais. Com a Seleção desclassificada, a coordenação do *pool* permitiu que alguns profissionais voltassem ao Brasil. Juca preferiu, por motivos particulares, retornar. Assim, ele não comentou as semifinais, nem a decisão do terceiro lugar nem a final. Mesmo tendo participado da mesaredonda naquele dia, teve muita gente que acreditou que ele havia se demitido mesmo.

TATÁ PITEIRA

Após a Copa de 1986 a família Carvalho começou a dar demonstrações de que não queria continuar à frente da emissora. A concorrência do SBT pulverizara a audiência da emissora em São Paulo. Mesmo assim, Silvio continuou lutando para manter a liderança da Record no esporte. De volta ao Brasil, Silvio contratou Michel Laurence para chefiar o novo departamento esportivo. No seu primeiro dia na Record, Michel sentiu como seria trabalhar com aquela equipe:

— Silvio, o que você quer que eu faça?

— Faz o que você quiser.

A idéia era reformular o *Record nos Esportes*, que passaria a ter uma hora e meia de duração. Michel contribuiu com muitas idéias. As aberturas do telejornal passaram a ser cada vez mais surpreendentes: sempre havia um editorial, ou uma brincadeira, ou uma imitação no início do programa. Certo dia Michel sugeriu que Silvio abrisse o programa falando do presidente da CBF, Otávio Pinto Guimarães. Silvio ainda não tinha a idéia na cabeça:

— Michel, mas como eu vou fazer?

— Crie um diálogo feito só por você. Você pergunta e você mesmo responde.

Silvio desapareceu depois de ouvir a idéia de Michel. Um longo sumiço que fez com que Michel montasse o programa sozinho. (Silvio costumava chegar cedo à redação e acompanhar a realização do programa, mas nesse dia ele simplesmente sumiu.) Michel só foi rever Silvio pouco antes de o programa entrar no ar:

— Silvio, onde você estava?

— Fui ver uns negócios por aí... E o programa? Está fechado?

— Tudo certo.

Michel foi para o *switcher* dirigir o programa. Silvio fez a abertura, cumprimentou o telespectador e anunciou, com ironia, a presença do convidado especial: o Tatá Piteira. Ao mesmo tempo acionou um mecanismo e um boneco, com uma grande cartola, apareceu ao lado dele. Era o Tatá Piteira (uma referência a Otávio, que só fumava usando piteira). O desaparecimento de Silvio estava explicado: ele fora procurar esse boneco — O Zé Fofinho, que fora usado em muitos programas da emissora mas que estava abandonado pelos cantos — e precisara vesti-lo a caráter como dirigente esportivo e ainda checar se o dispositivo que fazia com que o boneco ficasse de pé estava funcionando. Acionado por um mecanismo semelhante a um acelerador de carro, toda vez que Silvio pisava no botão o boneco surgia. O que seria uma abertura transformou-se no programa inteiro. Toda vez que Silvio perguntava algo, o Tatá Piteira aparecia rapidamente para responder. Para Michel Laurence, o "diálogo" entre Silvio e Tatá Piteira foi um dos momentos antológicos da televisão. O programa planejado deixou de existir. Michel já não dirigia o programa, apenas vibrava com o humor de Silvio.

DIA DA MENTIRA

Schumacher, o goleiro da Alemanha, é contratado pelo Palmeiras. Pelé volta à Seleção Brasileira. Zico vai para o Santos. Essas foram as manchetes do *Record nos Esportes* no dia 1.º de abril de 1987.

Flávio Prado encontrou um sósia do goleiro alemão no aeroporto. A produção do programa fez uma entrevista com essa pessoa, que topou fingir ser o jogador alemão.

Um dia antes Silvio e Flávio foram ao Hotel Maksoud e convenceram o rei do futebol a dar a declaração de que estava voltando para a Seleção.

Com Zico foi feito o mesmo. Ele aceitou participar da brincadeira, e a diretoria do Santos "confirmou" a contratação.

Foi um programa bem divertido. Menos para a torcida do Santos, que não esperou o final do telejornal (quando seriam feitos os esclarecimentos) e foi esperar a chegada do Galinho na Vila Belmiro. Quando os torcedores souberam que era uma brincadeira de primeiro de abril, quiseram agredir os dirigentes santistas.

TRAIÇÃO

Em 1984 Silvio Santos determinou que Demerval Gonçalves voltasse para a Record a fim de substituir Guilherme Stoliar, que iria para o SBT. Demerval retornou à emissora com a incumbência de vender a parte de Silvio Santos, porque os investimentos do empresário para montar sua rede e a crise econômica da década de 80 provocaram um endividamento no SBT equivalente a três meses de seu faturamento.

Paulinho Machado aceitava finalmente pôr à venda sua metade das ações. A morte de seu irmão, Alfredo, fez com que ele desanimasse de vez. Mesmo com o faturamento da Copa, a Record não conseguiria sanear suas finanças. Os prejuízos acumulavam-se.

Por uma cruel ironia, já não interessava à Record, após o Mundial de 1986, manter o contrato com Silvio Luiz porque a emissora não conseguiria mais comprar os direitos dos eventos e campeonatos. O próprio Paulinho avisou os integrantes do departamento esportivo que iria vender a emissora: "Vocês têm de cuidar cada um de si". (Ao mesmo tempo a TV Globo passou a investir muito mais em esporte, comprou os direitos do Campeonato Paulista e iria montar, com o Clube dos Treze, a Copa União.)

O narrador que antes era o herói da emissora passava a ser um dos maiores problemas para sua venda. Mantê-lo como funcionário não compensava mais para a Record, que tentou modificar seu contrato mas não conseguiu. Não tendo como pagar seu salário, a direção da emissora decidiu simplesmente enviar uma carta para Silvio Luiz comunicando que o contrato estava rescindido. A Silvio só restou entrar na Justiça. Os diretores da Record sabiam que ele estava com a razão, mas precisavam de tempo para tentar vender a emissora.

Mesmo assim, no dia do pagamento, Silvio foi receber seu salário. No guichê da Record, simplesmente ouviu que não havia nada em nome dele.

O modo como Silvio foi dispensado serviu de aviso aos outros funcionários do departamento de esportes. Na metade do ano de 1987 o editor-chefe Michel Laurence, o editor Pedro Tadeu e os repórteres Ely Coimbra e Flávio Prado foram convidados a entrar na equipe de Luciano do Valle na Bandeirantes.

Depois de uma longa briga judicial de mais de dez anos, Silvio Luiz, que havia movido uma ação cível contra a Record por prestação de serviços, ganhou o processo. Apesar de ser paga pelos novos acionistas da emissora, a indenização de Silvio fazia parte do passivo da Record. O acerto na Justiça, coincidentemente, foi feito pelo próprio Demerval, que continuou na Record a pedido dos novos donos da emissora.

Mesmo depois de ter conseguido que seu contrato fosse honrado, o amargo sentimento da decepção permaneceu. Os momentos em que ficou plantado no guichê da emissora não sairiam de sua lembrança. Paulinho nem procurou Silvio para explicar a situação. Ele foi avisado por Demerval que seu salário deixaria de ser pago. Silvio havia sido fiel à Record e à família Carvalho e foi traído. Achava que merecia mais respeito. O dia em que não aceitou o convite de Edson Leite para ir para a Bandeirantes, três anos antes, voltou à sua memória. Sua maior mágoa foi Paulinho não lhe ter dito nenhuma palavra. Depois de sair da Record, Silvio nunca mais iria ver Paulinho.

OS MESMOS AMIGOS, A MESMA SITUAÇÃO

A Koch Tavares comprou os direitos de transmissão dos Jogos Pan-Americanos de Indianápolis de 1987 e montou uma equipe para transmitir os jogos, *off tube*, pela TV Gazeta. Silvio, que estava parado, foi convidado para fazer parte desse projeto. Na metade do Pan-Americano a Bandeirantes decidiu comprar os direitos e transmitir também. E foi por acaso, na garagem do prédio da Fundação Cásper Líbero, dona da TV Gazeta, que Luciano do Valle e Silvio Luiz se reencontraram. Dessa vez era Silvio quem precisava de uma chance, e foi Luciano quem ofereceu.

Com a saída de Silvio da Record, encerrava-se uma fase da televisão brasileira. A última estrela deixava a emissora que marcou uma época.

Capítulo V
CLUBE DOS ESPORTISTAS

POR OBRIGAÇÃO

Logo após Silvio e Flávio terem o salário aumentado graças à proposta de Edson Leite — que pretendia levá-los para a TV Bandeirantes —, Paulinho ordenou, em julho de 1982, que eles fizessem dois novos programas: o *Record nos Esportes*, que iria ao ar diariamente depois do *Record em Notícias*, e outro, semanal e noturno: o *Clube dos Esportistas*. Paulinho, além de tentar compensar o aumento salarial de Silvio e Flávio, ainda aproveitava os mesmos funcionários da equipe de esportes. A Record continuaria investindo em futebol, e o erro do não-pagamento das cotas de transmissão das Olimpíadas e do Mundial não iria repetir-se. Silvio contra-argumentou — justificando que apenas ele e Flávio receberam aumento, e que todos teriam de trabalhar mais —, para pedir que o salário dos outros empregados do departamento fosse corrigido. Paulinho concordou e deu um pequeno aumento a todos.

Nascia assim o *Clube dos Esportistas*. Para montar a estrutura da nova atração, Silvio baseou-se no programa *Sétimo Andar — Encontro Marcado*, no qual Hélio Ansaldo recebia políticos e personalidades que debatiam temas sérios, em um cenário que imitava a sala de uma casa. Silvio então decidiu aproveitar essa idéia e imaginou uma sala em que pudesse reunir esportistas para conversar, tocar violão, jogar botão, fliperama e brincar. Os repórteres trariam convidados, e Silvio passearia pelo cenário conversando com eles e, principalmente, provocando uma original mistura de futebolistas, pilotos, tenistas, cantoras, dirigentes, ex-jogadores, dançarinas e atletas em início de carreira. Sem seguir roteiro, apenas confiando na própria criatividade, Silvio tornou-se o apresentador da nova atração da Record.

Falcão, convidado ilustre no **Clube**.

A televisão da época seguia uma linha de programas formais, até os humorísticos usavam as tradicionais fórmulas. O *Clube dos Esportistas* foi o primeiro programa a levar uma irreverência franca e uma descontração real ao ar. No *Clube dos Esportistas* não havia texto, e o diretor de televisão, os produtores, repórteres e até o próprio Silvio nunca tinham certeza do que iria acontecer. Silvio apenas queria saber quais seriam os convidados.

Em vez de utilizar uma sala, Silvio ampliou sua idéia e fez o programa "acontecer" dentro de uma casa: com campainha, cozinha, empregada, cachorro. Mas não havia a menor preocupação em seguir regras de cenografia. De uma semana para outra, sofás, abajures e outras peças decorativas apareciam e desapareciam do cenário sem nenhum problema. Almofadas que faziam barulho e canetas que explodiam também faziam parte da decoração. Criou-se uma inacreditável disputa dentro da Record: o *Clube dos Esportistas* e o *Perdidos na Noite*, apresentado por Fausto Silva, passaram a lutar pelo título de pior programa da televisão.

Uma parte da equipe esportiva achou que era melhor avacalhar de vez para acabar logo com o programa, protestando contra a determinação de Paulinho. Silvio não concordou com isso e levou o programa a sério (do seu jeito). A rebeldia deu certo. O protesto se transformaria em um programa *cult*, que ficaria mais de quatro anos no ar. Pouco tempo depois, todos os profissionais envolvidos com a produção do *Clube* acabaram por se apaixonar pelo programa.

No dia da gravação, ao contrário das equipes de produção de outros programas, havia um clima de festa entre os funcionários. A tensão dava lugar ao entusiasmo. Em um clima bem relaxado, Silvio conversava com os participantes sobre assuntos que não tinham ligação e que geralmente não eram especialidade deles: o tenista respondia sobre culinária, o dirigente de futebol comentava o jogo de vôlei. Enquanto esperavam, os convidados se divertiam jogando botão e fliperama.

Como o *Clube dos Esportistas* não seguia um roteiro, Silvio tomou a decisão de convidar dançarinas de escolas de samba para quebrar a seqüência de entrevistas. Elas acabaram provocando várias situações inesperadas ao sentar no colo dos entrevistados durante o programa. Cantoras

E o programa estava no ar...

...E o programa continuava no ar.

que estavam se lançando na carreira também eram chamadas pela produção. A parte musical do programa preocupava-se com o surgimento de futuras estrelas da música, principalmente aquelas inspiradas na onda de Gretchen, como Sharon, Sol, Vênus e Rita Cadillac. Com o sucesso do programa, formou-se uma fila de candidatos a ídolos que queriam uma chance de se apresentar.

A ÚNICA REGRA

O programa era comandado por Silvio, que recebia os convidados e conversava com eles, com a participação dos repórteres da equipe. A única exigência de Silvio era para que cada um deles — Flávio Prado, Ely Coimbra, Luís Andreolli, Luiz Alfredo, Ronny Hein, Silvio Ruiz, Fernando Solera e Israel Gimpel — levasse um convidado para ser entrevistado. Mas não era uma tarefa tão fácil assim: além da resistência dos convidados por causa das dançarinas, os repórteres corriam o risco de ser premiados com o "Troféu Palhacinho", que era entregue a quem levasse o pior entrevistado. Havia também o "Troféu Cavalinho" para quem falasse a maior besteira durante o programa.

Foi cumprindo sua obrigação que o repórter Israel Gimpel levou um novato assessor de clube para participar, pela primeira vez, de um programa esportivo na televisão. Sem gritar, e com muita humildade, Eurico Miranda fez sua estréia na televisão no *Clube dos Esportistas* e começou a aparecer para o mundo da cartolagem. O dirigente esportivo Castor de Andrade, baluarte do Bangu, também foi ao programa. Assim que chegou, já ouviu uma pergunta direta de Silvio:

— Você não está armado, está?

— Claro que não.

Silvio não se deu por contente:

— E nessa mala?

— Não tem nada.

Era o mesmo que dizer para Silvio abrir a mala. Isso foi feito, a mala estava cheia de camisas do Bangu, que foram distribuídas para os convidados.

Com o assédio das dançarinas — que eram orientadas por Silvio e Flávio a sentar no colo dos participantes — tornando-se cada vez maior, alguns convidados passaram a recusar o convite. Se isso ocorresse, Silvio justificava a ausência no ar, explicando a razão. Na maioria das vezes o motivo era um só: "Ele não vem ao programa porque a mulher não deixa".

O *Clube* era gravado às sete da noite para ser exibido à meia-noite. Mesmo não sendo ao vivo, nunca foi feita uma edição, o programa era realizado como se fosse realmente ao vivo. Só havia uma interrupção para troca de fita. Silvio se informava com a coordenação da Record sobre o horário em que o programa entraria no ar. Ele então adiantava o relógio para a hora determinada e, de vez em quando, olhava para o relógio e falava a hora certa. Os telespectadores juravam que o programa era ao vivo. (Muitas amigas chegaram a perguntar a Márcia como ela deixava o marido fazer aquela bagunça na sala da própria casa.)

Não havia como imaginar que era uma gravação, sobretudo porque todos os erros que aconteciam iam ao ar, devidamente consertados pelo próprio Silvio. Ele avisava que tinha havido um imprevisto e começava a fazer tudo de novo, depois de o telespectador ter visto o erro.

Por essa razão passava a ser difícil saber o que era um erro e o que estava combinado, como a inesperada invasão das fãs do grupo Menudos nos estúdios durante a gravação do programa: elas entraram berrando e interrompendo a entrevista que Silvio fazia:

— O que vocês estão fazendo aqui?
— A gente tá procurando o Menudo.

Era uma situação sob medida para Silvio:
— Eles estão naquele outro estúdio.

Nem bem terminou de falar, as meninas saíram correndo para a direção que Silvio apontou. Todos caíram na gargalhada.

O *Clube* era um programa contra qualquer padrão estabelecido pelas regras de televisão. A duração da gravação era determinada pela fita. Parece incrível, mas a produção dispunha de apenas duas fitas para gravar o programa. Mesmo podendo ser editado, o programa acabava na hora em que a fita terminava. A equipe do *switcher* avisava que a fita ia acabar de uma forma surpreendente: colocando caracteres no ar — que o telespectador também via — com o seguinte recado: "5 minutos para terminar a fita".

O clima no *switcher* era o mesmo do estúdio. Como o programa era "gravado ao vivo", precisava ser sonorizado durante a gravação. Carioca, sonoplasta das transmissões esportivas, e Gilberto Gaeta revezavam-se na verdadeira correria que era sonorizar um show tão imprevisível. Muitas vezes Silvio pedia uma música de um disco que não estava no *switcher*. Lá ia o sonoplasta correndo até a discoteca para realizar o desejo do apresentador. Dodô, Marcelo (filho de Tuta) e Mauro Callegari foram os diretores de imagem. Mauro fazia um efeito pela mesa de corte e colocava uma auréola de anjo em Silvio, justamente no momento em que ele estava brigando com alguém. Quando Silvio via a própria imagem no monitor, ficava mais nervoso ainda.

A POLÊMICA

Silvio, na época, tinha um forte apelo com o público infantil e feminino. Com o *Clube dos Esportistas* — um programa que ia ao ar na madrugada de um dia de semana, com piadas fortes, humor picante e mulheres com pouca roupa — ele passou a ter mais força com o público masculino adulto.

O sucesso do *Clube* gerou uma polêmica que dividiu os bastidores da Record. A equipe de produção achava que o *Clube* trazia mais audiência para o futebol, enquanto os diretores Guilherme Stoliar e Ivandir Kotait, o assessor da presidência Rui Viotti e Ciro José defendiam que a imagem do Silvio deveria ser preservada, já que o faturamento do *Clube* era irrisório. Exceto Paulinho de Carvalho, que gostava do programa porque a audiência e a repercussão eram boas, toda a direção da Record era contra as aventuras semanais de Silvio Luiz.

Ele era visto como um "tio" pelas crianças e pelas mães. Mas, depois do *Clube*, qualquer brincadeira politicamente incorreta poderia prejudicar a imagem da maior estrela da emissora com os anunciantes. E como as transmissões esportivas de Silvio eram o principal faturamento da Record, Ivandir, Guilherme e Viotti temiam que uma atitude do apresentador Silvio Luiz no *Clube* pudesse arranhar comercialmente o narrador Silvio Luiz. A pressão foi tão forte que, logo após o primeiro aniversário do programa, as dançarinas tiveram de deixar o programa, mas Silvio — depois que até sua esposa, Márcia, reclamou da retirada das dançarinas — brigou pela volta das mulatas e conseguiu que elas retornassem duas semanas depois.

Rui Viotti criticava muito o excesso de exposição de Silvio, achando que sua imagem poderia desgastar-se com a folia que fazia no *Clube dos Esportistas*. Viotti aplaudia o estilo de narração de Silvio, mas defendia que suas aparições no vídeo deveriam ter um caráter mais jornalístico e formal. Chegou a sugerir, em uma idéia ousada, que Silvio não aparecesse no vídeo para criar um clima mágico e misterioso sobre sua imagem.

Antes mesmo de o *Clube* existir, um dos piores momentos nessa diferença de opiniões ocorreu logo após a estréia do programa *Almanaque da Copa* (que marcou a primeira aparição de Juca Kfouri no vídeo). Esse programa era feito pela produtora independente Manduri, que comprou espaço na programação da Record. Na estréia do *Almanaque da Copa*, Silvio apareceu dentro de uma cela, vestido como presidiário, de uniforme listrado de preto e branco. Viotti novamente tentou lhe dizer que essas aparições não fariam bem à sua imagem como jornalista, mas Silvio pretendia fazer do esporte algo bem mais descontraído do que as normais e idênticas transmissões que as emissoras realizavam, independentemente de estar narrando ou apresentando um programa. Silvio sabia que tinha de manter-se coerente: se ele era divertido narrando, não poderia surgir com uma imagem séria no vídeo.

Quatro anos depois, essa "briga" de opiniões alcançou seu ponto mais tenso (para a direção da Record) ou engraçado (para Silvio): durante a cobertura da Copa de 1986, no México, Viotti conseguiu armar um *link* (uma pequena central técnica, geralmente em um caminhão de externas, que possui equipamentos capazes de transmitir de qualquer lugar) na frente do Estádio Jalisco, em Guadalajara, onde jogariam Brasil e França. A idéia de Viotti era que Silvio mostrasse o clima da partida, a expectativa dos torcedores e, principalmente, sua opinião sobre o jogo. Mas o que Viotti acompanhou pelo monitor foi, em vez de uma cobertura jornalística, um Silvio Luiz sendo carregado pelos pés e pelas mãos por dois policiais mexicanos para um camburão, enquanto Flávio surgia de repente:

— Silvio, por que estão te prendendo?

E ele, já dentro do camburão, respondia:

— Porque eu estou roubando a audiência da Globo.

Viotti foi à loucura... Ciro José ficou profundamente irritado... Silvio se divertiu muito...

Apesar das opiniões conflitantes, nunca foi feita nenhuma pesquisa para acabar com essa dúvida e, como tudo que girava em torno do *Clube dos Esportistas*, jamais se chegou a conclusão alguma.

DEU NO POSTE

Era feriado naquela terça-feira, mas o *Clube dos Esportistas* iria ao ar normalmente. O bicheiro Ivo Noal, que não conhecia Silvio, ligou para a produção do programa procurando por ele. Noal pediu que Silvio desse o resultado do jogo do bicho durante o programa porque, devido ao feriado, estava com dificuldades para se comunicar com o interior do Estado. Silvio, para ressaltar o lado prestação de serviço do *Clube*, divulgou os resultados que o bicheiro lhe havia passado.

No dia seguinte, em agradecimento, Noal enviou para a Record uma caixa de uísque, que foi devolvida.

Pouco depois Paulinho receberia uma intimação da Polícia Federal. Silvio estava intimado a comparecer diante de um delegado para prestar esclarecimentos. O delegado tinha somente uma dúvida:

— Como é que o senhor conseguiu o resultado do jogo do bicho naquele dia?

— Doutor, da mesma maneira que o *Jornal Nacional* conseguiu saber qual a cotação do dólar paralelo naquele dia.

(O telejornal da Rede Globo informava as cotações da moeda norte-americana no câmbio negro diariamente.)

O DIA EM QUE O BONI FOI AO CLUBE
(E DEMITIU UM FUNCIONÁRIO DA RECORD)

Em uma gravação os sonoplastas Gaeta e Carioca (emprestados a outros programas) não estavam trabalhando no *Clube dos Esportistas*. A sonorização seria feita pela primeira vez por José Raimundo Ferreira. Carioca avisou o colega que estaria trabalhando no *switcher* ao lado. Uma hora depois do início da gravação, Carioca foi procurado por um arrasado Ferreira:

— Pô, os caras acabaram de me demitir no ar.

Carioca, já imaginando tratar-se de mais uma de Silvio, ainda tentou consertar:

— Imagina! Isso deve ser brincadeira.

— Não, foi sério! E o Silvio até me humilhou porque deu o microfone para outra pessoa me demitir. Vai lá falar com ele pra não me mandar embora.

Durante o programa, Silvio havia pedido a terceira faixa de um disco, mas sabia que a música era a quarta. Por gozação, começou a gritar e reclamar com o sonoplasta. Em seguida, pediu outro disco e novamente deu a informação errada. Ferreira seguiu as novas ordens e, claro, foi enganado novamente... era a ocasião que Silvio estava esperando:

— Assim não é possível. Quem é que tá aí em cima?

Silvio recebeu a informação de que era o Ferreira quem estava sonorizando o programa:

— Ferreira, você não fez nada certo. Você vai ser demitido pelo Boni.

E, passando o microfone para o zagueiro Boni, do São Paulo, que participava do *Clube*, Silvio ordenou:

— Boni, manda o Ferreira embora.

Como Boni já estava no clima do programa...

— Ferreira, você está demitido.

Silvio ainda completou:

— Que moral, hein, Ferreira? Quem te demitiu foi o Boni, não foi qualquer um não!

O Ferreira acreditou...

E ATÉ O SINHOZINHO MALTA...

Em 1985 o vice-presidente de futebol do Corinthians era Antoine Gebran, amigo de Silvio. Nesse ano a novela *Roque Santeiro*, da Globo, fazia enorme sucesso. Um dos principais personagens da história era Sinhozinho Malta, um coronel do interior que chacoalhava sua pulseira cada vez que era contrariado.

Gebran, que sempre gostou de usar relógio, correntes e pulseiras de ouro, foi ao programa com uma grossa pulseira. Assim que Silvio foi cumprimentá-lo, já lançou:

— E aqui, diretamente da Globo, Sinhozinho Malta.

A partir daquele momento, em qualquer lugar que fosse, Gebran seria chamado de Sinhozinho Malta por dirigentes e torcedores. A única saída para Gebran foi parar de usar suas correntes e pulseiras para que o apelido caísse no esquecimento.

A TV Globo estava fazendo uma pesada promoção divulgando a nova torre de transmissão na avenida Paulista. O *Clube* foi no embalo. Durante um mês Silvio anunciou:

— Nós também vamos inaugurar a nossa torre.

Logo depois de a Globo começar a transmitir da torre na Paulista, o *Clube* também estreou a sua, que era a peça do jogo de xadrez colocada em cima do balcão do cenário. A inauguração teve direito a iluminação especial, banda de música...

FERREIRINHA

A garçonete do programa passou a ser chamada de Ferreirinha em "homenagem" ao antigo vice-presidente da Federação Paulista de Futebol José Ferreira Pinto, o

Zé da Farmácia, que tinha várias diferenças com Silvio. Foi Hélio quem a descobriu, enquanto ela se apresentava no quadro dos calouros do programa *Raul Gil*. (Silvio fazia questão de que a atriz escolhida fosse bem baixa, já que o inspirador da personagem era chamado de "anão de jardim" por ele.) Hélio teve tanta certeza de ter achado a personagem procurada que garantiu a Silvio:

— Encontrei a garçonete pro seu programa.

A atriz foi aprovada na hora. Ela morava na periferia da cidade de São Paulo, em um bairro tão distante que a produção se comunicava com ela por telegrama. E a garçonete Ferreirinha se transformou em uma das razões do sucesso do programa.

Ela ia para os estúdios do Aeroporto um dia antes da gravação.

Na emissora jantava, dormia, almoçava, tomava banho e recebia um bom cachê (para os padrões da Record). A cada semana usava uma fantasia diferente: borboleta, zebra, bailarina. Silvio dava ordens duras e tratava mal a Ferreirinha durante o programa. Ela se escondia em um canto do cenário e fingia chorar. Toda essa cena tinha duplo sentido. Silvio queria mesmo era atingir Zé Ferreira. E o pior era que a atriz enganava muita gente, que acreditava na sua atuação.

O primeiro aniversário do programa foi comemorado com uma apresentação especial no Teatro Zaccaro. Márcia estava lançando um novo disco naquele momento, mas não quis participar do programa. Ela escapou de uma grande confusão: Rita Cadillac, a madrinha do programa, foi convidada a cantar *Parabéns*. Rita, de minissaia, foi conduzida por Silvio para a frente da mesa, estrategicamente colocada de

Mais uma fantasia de Ferreirinha.

costas para o público. Quando Silvio e ela se abaixaram para cortar o bolo, a galera que acompanhava da platéia se empolgou e invadiu o palco. O programa teve de ir para o intervalo, afinal seria necessário um tempo para acalmar o ânimo dos fãs do *Clube*.

A única vez que Márcia quase apareceu no programa foi por acaso: era aniversário de Silvio, e a família ia jantar fora, logo após a gravação. Quando o programa estava quase no final, Márcia entrou no estúdio e ficou nos bastidores. Assim que os repórteres a viram, começaram a gritar seu nome. O operador de câmera, rapidamente, virou para mostrá-la. Ela saiu correndo e se escondeu. O operador se desequilibrou e a câmera foi ao chão. Todo esse esforço de Márcia foi só para não ser mostrada no programa. Ela gostava de assistir àquela bagunça, mas jamais concordaria em participar do *Clube*.

O REI ENTRA PELA COZINHA

Os repórteres da Record só entravam no estúdio se levassem um entrevistado. O então prefeito Mário Covas foi ao programa e jogou futebol de botão (além dos campeonatos da Record, havia o campeonato do *Clube dos Esportistas*). Prefeitos do interior aproveitavam a chance e compareciam para divulgar as festas de suas cidades.

A chegada dos convidados era feita com muito estardalhaço. Era comum que os participantes chegassem com o programa já em andamento. A sonoplastia garantia a movimentação e fazia a campainha tocar e o cachorro latir para avisar Silvio que uma nova visita entraria no estúdio. Certo dia, no meio da gravação, Flávio informou Silvio que o Pelé estava nos estúdios. Silvio achou que fosse uma brincadeira, que seria um sósia ou alguém que tivesse o mesmo apelido. (Apesar de esportistas famosos, como Nelson Piquet, Falcão, Careca, Sócrates, Oscar Schmidt, Montanaro, Bernard, Zico, Bernardinho, terem participado pelo menos uma vez no programa.)

De repente, Silvio, que fazia de sua intuição no momento a fonte para criar piadas, viu Pelé entrar, só que pela porta da cozinha (do cenário). Ele não poderia deixar passar: "Pô, negão, você tem a mania de sempre entrar pela cozinha?!". A irritação de Pelé com a brincadeira foi visível. Mas nenhum mau humor resistia às loucuras daquele programa. Bastaram apenas alguns minutos para que o convidado relaxasse e se contaminasse por aquele clima divertido, principalmente em uma gravação que contava com uma presença tão especial; afinal, o "negão" era o Pelé, que acabava de ver em outra emissora uma entrevista sua que fora inteiramente editada. Ele aproveitou e provocou Silvio:

— Aqui não vai cortar nada, não é?

Silvio garantiu:

— Neste programa não se corta nada.

NO COLO

O empresário de boxe Caled Cury participava freqüentemente do programa, levando jovens pugilistas para divulgar suas lutas. Certa vez Caled levou um lutador iniciante, que tinha um apelido curioso: Maguila. Como era normal em todos os programas, dançarinas de escola de samba eram convidadas a fazer um show. Quando elas começaram a sambar, uma delas, seguindo a orientação de Silvio, sentou-se no colo de Maguila. O inexperiente pugilista ficou tão empolgado que se excitou. Convidados, dançarinas e repórteres perceberam sua reação. Silvio não perdoou:

— Olho no lance!

O câmera fechou no local.

Virou tradição. Dílson Guedes, diretor de futebol da CBF, foi outro que ficou muito feliz quando a cantora Vênus sentou no seu colo. Dílson se entusiasmou demais. O câmera estava atento e pegou tudo. A direção de imagem pôs no ar. Toda vez que Israel Gimpel confirmava a presença de Guedes, Silvio encarregava Flávio de levar Vênus ao programa.

O octogenário dirigente Athiê Jorge Cury, ex-presidente do Santos, chegou a passar mal ao ser "vítima" de Rita Cadillac, que sentou no seu colo enquanto cantava. Alguns convidados, com medo de suas mulheres, chegaram a abandonar o programa depois de assediados pelas mulatas. José de Assis Aragão era outro que tinha de enfrentar a esposa para participar. Silvio sabia disso e fazia questão de sempre convidar alguma mulata para dançar com o juiz.

Cada repórter levava um ou dois participantes, havia cerca de oito dançarinas por programa, além dos câmeras e da produção. Assim, ao final de cada gravação, mais de cinqüenta pessoas se aglomeravam no acanhado estúdio de 10 m x 10 m, que não tinha ar-condicionado. Ferreirinha servia água e café, mas nada de refrigerante. Solera então esperava a temperatura do estúdio ferver — quando os convidados estavam morrendo de sede — para encher vários copos de plástico com um pouco de café, misturado com água e algumas pedras de gelo. Os copos eram colocados em uma bandeja, e Ferreirinha punha-se a servir a bebida especial do programa. Os participantes pulavam do sofá para pegar um copo, que pensavam ser refrigerante, e viravam de um só gole. Em seguida vinha a reação dos sedentos, fazendo caretas horríveis enquanto ouviam as gargalhadas de Solera.

José Izar, o advogado do Corinthians e depois vereador, se convidava tantas vezes para participar que passou a ser considerado parte do cenário. Ele costumava usar o telefone que havia no estúdio. A produção não desperdiçava a chance e colocava no ar a conversa telefônica, sem ele perceber.

A fama das dançarinas que sentavam no colo dos convidados acabava trazendo problemas para a produção. Em 1984 Jair Picerni era o técnico da Seleção Olímpica que iria conquistar a medalha de prata nos Jogos de Los Angeles. Ele era uma forte atração, mas foi proibido pela esposa de participar do *Clube*. O repórter Israel Gimpel o ajudava muito na sua passagem pela Seleção e vivia cobrando sua visita ao programa. Depois de insistentes tentativas, Picerni abriu o jogo com o repórter:

— Israel, se eu for, minha mulher me mata!

— Mas você vai comigo.

— Eu sei, mas o Silvio vai botar uma mulata no meu colo! E aí, como eu fico?

— O Silvio me garantiu que não vai pôr ninguém no teu colo.

Israel procurou Silvio e pediu que ele não aprontasse nenhuma com o Jair. Silvio concordou. Desconfiado, Picerni ainda levou o cunhado para a gravação. Silvio realmente cumpriu o que havia dito e não mandou nenhuma dançarina sentar no colo do técnico... Quem deu a ordem para que uma bela dançarina sentasse no colo de Picerni foi Flávio Prado, que jurou não saber do acordo entre Israel e Silvio.

Um apresentador com mania de grandeza.

UM FÃ

Assim como Maguila, outro esportista brasileiro que fez sua estréia na televisão ao participar do *Clube* foi Ayrton Senna. Toda vez que o jovem piloto ia ao programa, Silvio pedia aos empresários que o patrocinassem. Ele participou várias vezes — bem antes de se tornar um ídolo mundial —, mas uma delas não saiu da memória de quem acompanhava os programas: era o especial de fim de ano, com árvore de Natal e presentes no cenário. Silvio se fantasiou de Papai Noel e distribuiu lembranças para os convidados. Quando Senna abriu o presente, havia a mensagem: "Esperamos que um dia você seja campeão de Fórmula 1". Depois de se tornar piloto de Fórmula 1, Senna encontrou Silvio em um restaurante em São Paulo e recordou-se do *Clube*, dizendo: "Eu queria dizer que sou seu fã". Anos depois, Silvio andava pelos boxes do autódromo de Interlagos, às vésperas de um Grande Prêmio do Brasil. Senna, já consagrado como tricampeão mundial na categoria, viu Silvio e foi até ele: "Você sabia que eu continuo sendo seu fã?", perguntou. Silvio devolveu:

Como sempre, convidadas muito especiais.

"E eu também continuo seu fã". Senna tirou o boné da cabeça e o entregou a Silvio, demonstrando a mesma simpatia daquele jovem de outrora que iniciava a carreira e que ia brincar no *Clube dos Esportistas*.

O *Clube dos Esportistas* terminou algumas semanas antes da Copa de 1986. Como a idéia era deixar de exibir o programa apenas enquanto a equipe estivesse no México, não houve uma despedida. Todos acreditavam que o programa fosse voltar. Mas depois da Copa a situação financeira na Record tornou-se insustentável. Paulinho foi adiando a reestréia, talvez já preparando a saída de Silvio da Record. A equipe, que se havia envolvido com o programa, lamentou muito. Porém ninguém sentiu tanto como Silvio, que criou a atração. Silvio considerava o *Clube dos Esportistas* o melhor programa que já havia feito, achando, inclusive, que o *Clube* havia sido mais importante para a televisão brasileira do que a própria linguagem que ele introduziu na narração esportiva.

Capítulo VI

O QUASE CARTOLA

O CAOS

Na eleição para a presidência da Federação Paulista de Futebol realizada em janeiro de 1979, Nabi Abi Chedid, deputado estadual da Arena (partido do governo militar que estava no poder), venceu Alfredo Metidieri por 126 votos a 105. Havia uma série de acusações no ar: depósitos bancários suspeitos, casos acobertados de *doping* de jogadores, supersalários de funcionários e manipulação de resultados. Minutos após a eleição, dirigentes dos grandes clubes já se reuniam para tentar organizar a criação de uma entidade paralela à Federação. A idéia nunca passou daquela reunião. Era mais um desabafo contra a desorganizada votação, na qual onze clubes com direito a dois votos não puderam participar.

Enquanto recebia os cumprimentos de Cláudio Lembo, presidente regional da Arena, Nabi dedicava sua vitória a José Ferreira Pinto Filho — principal articulador da campanha e manda-chuva do futebol paulista —, o mesmo dirigente que tentou pressionar o árbitro Silvio Luiz a dar o título do Torneio Governador do Estado para o São Paulo Futebol Clube e que, mais tarde, seria lembrado ao "batizar" a personagem Ferreirinha do *Clube dos Esportistas*.

Pelos estatutos da entidade, a eleição seguinte deveria ocorrer no começo de 1982. A gestão de Nabi à frente da FPF foi uma calamidade: a bagunça na organização do futebol tinha atingido o auge. Foram 453 jogos no Campeonato Paulista de 1981, que, mesmo assim, ainda estava sem um vencedor oficial. O São Paulo ganhou na bola, mas a diretoria do Guarani entrou na Justiça, lutando por uma vaga nas finais no lugar da Ponte Preta. Os rebaixados seriam o Noroeste de Bauru e o São Bento de Sorocaba. Mas o jogador Manguito, do Marília, "esqueceu" de cumprir a suspensão automática por cartões amarelos, ninguém percebeu e seu time jogou cinco partidas em condições irregulares. As diretorias do Noroeste e São Bento queriam que o Marília perdesse os pontos dessas partidas. Mas não foi só nesse Campeonato que a baderna tomou conta: em 1979 uma disputa judicial entre Corinthians e Federação paralisou o torneio por quase um mês. Em 1980, por incapacidade de se administrar a tabela, foram marcados jogos em quase todos os dias da semana. Seguindo a escalada da incompetência, o ano de 1981 apenas coroava o desastre de sua administração.

Nabi Abi Chedid, agora deputado estadual pelo PDS (partido do então presidente João Figueiredo), fechando os olhos à própria desordem que presidia, teve coragem de lançar sua candidatura à reeleição. José Maria Marin, vice-governador de São Paulo e prestes a ocupar o posto máximo do Estado — já que em maio o governador Paulo Maluf, também do PDS, iria deixar o cargo para candidatar-se a deputado federal —, também lutava pela presidência da Federação Paulista de Futebol.

Por trás da candidatura de Marin estava o velho conhecido de Silvio: José Ferreira Pinto Filho, que desde 1976 participava combativamente das eleições da FPF. Nunca do mesmo lado: em 1976 ele ajudou Alfredo Metidieri a derrotar Nabi. Três anos depois passou para o lado de Nabi e trabalhou pela derrota de Metidieri. (Na eleição de 1979 Ferreira Pinto era Coordenador de Esportes do Governo do Estado de São Paulo. Decidia para quais ligas iriam as verbas oficiais. Nabi, que era seu candidato, ganhou a eleição.) Em 1982, exercendo o cargo de delegado regional da Sunab, Zé Ferreira tornava-se o chefe do comitê eleitoral de Marin para vencer Nabi.

A "CAMPANHA"

Silvio e Flávio, transmitindo dois jogos do Campeonato Paulista por semana, acompanhavam a desorganização e tinham noção de quase tudo que rolava nos bastidores do poder do futebol paulista. Quando os dois candidatos — Nabi e Marin — saíram em campanha, eles não viram perspectiva de melhora. Foi então que tiveram a idéia: "Vamos ser candidatos pra desmoralizar esses caras? É claro que a gente não vai ganhar, mas nós vamos encher o saco deles" — pensavam. Eles verificaram os estatutos da Federação e não havia nenhum impedimento à candidatura, Silvio seria candidato a presidente, e Flávio a vice, pela chapa Meu Chapa. Desde que a idéia nasceu, a intenção nunca foi ganhar a eleição. Havia um só objetivo: mostrar para o torcedor como a politicagem prejudicava os destinos do futebol. Seria uma candidatura de protesto, um protesto bem-humorado, mas um protesto para desmoralizar, com muita graça, os cartolas que estavam no poder.

Em nenhum momento Silvio Luiz quis ser presidente da

Federação. Ele iria lançar uma candidatura de gozação, como Márcia fez questão de deixar claro, na única vez em que se meteu em sua carreira: "Se essa candidatura for séria, pode arrumar um advogado. Eu vou querer a separação".

A intenção era fazer uma crítica bem-humorada, ainda mais porque eles tinham certeza de que iriam perder. Mesmo assim Flávio ainda chegou a perguntar a Silvio o que ele iria fazer se ganhasse a eleição:

— Se eu ganhar, eu renuncio. Passo a presidência pra você.

— Pra mim, não. Eu não quero.

Dessa maneira, a campanha de Silvio resumiu-se ao *slogan*: "Não vote na gente. Nós não vamos dar dinheiro, bola e uniforme pra ninguém. Não vamos distribuir nada. Só prometemos seriedade. E seriedade não ganha eleição". Somente jornalistas foram indicados como diretores da chapa Meu Chapa: José Silvério, Juca Kfouri, Wanderley Nogueira, Orlando Duarte, Osmar Santos e Julinho Mesquita.

FRAQUE, CARTOLA E UMA CHARRETE

Dia 2 de janeiro de 1982. (Nabi só mandou publicar os editais de convocação da eleição nos últimos dias de dezembro, para tentar pegar os adversários de surpresa.) Depois de muitas reuniões, de muitas sugestões e da ajuda dos produtores do departamento de esportes da Record, Silvio e Flávio realizaram uma brincadeira que entrou para a história da cartolagem brasileira: na hora combinada eles trocaram de roupa no carro de Silvio e subiram em uma charrete (emprestada pelo pai do repórter Eduardo Savóia), que estava ao lado do prédio da Rádio Jovem Pan, na avenida Paulista. Silvio e Flávio surpreenderam todos — e pararam o trânsito — com um show à parte. Elegantemente vestidos com fraque e cartola (não faltava nem o cravo na lapela), percorreram um quarteirão da alameda Santos, viraram na Brigadeiro Luís Antônio e cruzaram a avenida Paulista para descer em direção ao prédio da Federação a bordo da charrete!

Havia uma explicação para essa superprodução: eles estavam com esses trajes formais porque iriam entrar no mundo da cartolagem. De charrete porque o país enfrentava uma crise de combustível. O governo promovia uma insistente campanha de economia de combustível — os postos de gasolina fechavam nos fins de semana —, e eles queriam provar que estavam colaborando, demonstrando o quanto seriam austeros no futuro mandato (ao contrário de Marin e Nabi, que percorreram o Estado em carros oficiais, gastando gasolina oficial). Antes mesmo desse espetáculo, a dupla Silvio e Flávio já agradava aos torcedores: uma pesquisa da Rádio Jovem Pan, realizada durante toda a semana anterior, apontou uma vitória esmagadora da chapa Meu Chapa. Eles eram, sem dúvida, os preferidos dos torcedores, mas só os dirigentes de clubes tinham poder de voto.

Com a frente do prédio da Federação tomada por fotógrafos, jornalistas, curiosos e seguranças, a charrete dos candidatos se aproximou. Cada um segurava um gibi do *Tio Patinhas* (dada a importância do evento, eles levaram uma revista para passar o tempo). As hostilidades entre os partidários de Nabi e Marin cessaram. A chegada da dupla conseguiu desviar um pouco a atenção. Quando eles entraram no Teatro Cacilda Becker, no térreo do prédio da Federação, onde seria realizada a eleição, Silvio e Flávio quebraram a tensão que existia. Os próprios candidatos Nabi e Marin chegaram até a rir quando viram a roupa dos adversários.

Estava tudo pronto para a eleição. Do lado de fora do prédio a trégua havia terminado, e correligionários e cabos eleitorais de Marin e Nabi trocavam socos e pontapés. Nabi chegou às sete da manhã e já havia preparado as cédulas que seriam usadas. Se o futebol era desorganizado, a eleição tinha de seguir o mesmo ritmo: ninguém sabia, ao certo, quantos seriam os votantes. Em 1976, o Decreto-Lei 6.251 autorizou as ligas amadoras a votar; assim, na eleição de 1979, vencida por Nabi, o número de eleitores subiu de 30 para 316. E esse número não pararia de crescer. Para tentar contornar essa enorme discrepância — já que um time grande da capital teria o mesmo poder que uma liga amadora de uma pequena cidade —, o decreto determinava que os votos dos clubes valeriam por dois; o que, a rigor, não atenuava a diferença.

Os eleitores estavam sendo credenciados, seguindo as determinações do juiz de direito da Segunda Vara Federal, Vladimir de Freitas Passos, e a votação iria começar.

Iria... Márcio Papa (então vice-presidente da Federação, que rompera com Nabi um mês depois da eleição de 1979, estava apoiando a candidatura Marin), amparado por uma liminar, passou a presidir a mesa eleitoral e decidiu mudar as regras da eleição. Qualquer alteração na forma da votação iria contrariar a decisão do juiz Freitas Passos. Em vez da cédula única, com o nome dos candidatos, Papa decidiu que seriam adotadas cédulas coloridas (rosa para Marin, branca para Nabi e amarela para Silvio). Papa também providenciou a troca das urnas. A turma de Nabi protestou aos berros, denunciando que as novas urnas tinham fundo falso. Para aumentar a confusão, os envelopes em que deveriam ser colocadas as cédulas escolhidas pelos eleitores eram transparentes; a votação, assim, deixava de ser secreta.

A partir das mudanças, o eleitor teve de seguir um complicado ritual para garantir o segredo do voto: pegar as três cédulas na mesa da presidência, colocar uma delas dentro do envelope transparente, dobrar, esconder com a mão e colocar na urna sem deixar que seu voto fosse identificado.

Era essa a intenção dos partidários de Marin: as outras cédulas acabariam servindo como "comprovante de voto" dos eleitores que deviam favores ao candidato. Depois de votar, eles apresentariam as outras duas cédulas para os integrantes da chapa de Marin, confirmariam o voto e conquistariam a gratidão do candidato.

Mas Nabi percebeu que estava perdendo e resolveu apelar. Com gritos e empurrões, o candidato começou a tumultuar a sessão. Depois de um bate-boca com o coronel Izer Brizola, uma porta de vidro estilhaçou-se. Nabi acabaria levado à força por soldados para uma sala ao lado, por ordem de Papa.

Nabi queria apenas tumultuar e ganhar tempo. As mudanças das regras da eleição deram-lhe a chance que esperava: enquanto ele realizava aquele show, fazendo um violento jogo de cena, seus assessores telefonavam para o juiz Freitas Passos. Logo depois o próprio juiz, acompanhado por agentes federais armados com metralhadoras, invadiu o local. Enquanto os agentes se posicionavam no palco do teatro — de armas em punho —, o juiz se pronunciou:

— Atenção: os inúmeros requerimentos, as inúmeras acusações e o estado de ânimo exaltado obrigaram a minha presença aqui. Quero esclarecer, desde logo, que essa medida extrema não é de meu agrado. Até lamento muito que um Estado como São Paulo dê um exemplo tão triste para os demais. Os últimos requerimentos que me foram enviados denunciavam que as cédulas usadas nesta eleição haviam sido confeccionadas por Márcio Papa, presidente da Assembléia. Assim, tornou-se imprescindí-

O único candidato a caráter.

vel minha vinda ao local. Vim examinar pessoalmente o motivo de não estarem utilizando as cédulas preparadas pelo senhor Nabi. Não admitirei qualquer reação e a menor rebeldia. A Assembléia está encerrada. Isto constará em ata, e eu oficiarei, pedindo a intervenção do CND. Não há mais nada a comentar.

Em seguida o juiz lacrou as urnas e, conforme prometera, oficiou a decisão ao CND para que designasse um interventor na Federação. A turma de Nabi comemorava. O ambiente ficava cada vez mais tenso. O próprio diretor do Deops, Romeu Tuma, comandava a operação de segurança para tentar manter a calma no local. Do lado de fora, seiscentos policiais armados acabavam com as brigas e vigiavam as fanfarras dos dois candidatos. E Silvio e Flávio lendo o *Tio Patinhas*...

SILVIO LUIZ É AMEAÇADO

Uma nova data para a eleição foi marcada: 22 de janeiro. Nesse intervalo, Silvio mudou o nome de sua chapa. O antigo registro Meu Chapa foi substituído por El Cid, em homenagem à Espanha, país-sede da Copa daquele ano.

Novamente as eleições não se realizariam. Um outro juiz federal, Sebastião de Oliveira Lima, da 6.ª Vara Cível, entendendo que "houve conflito de competências", determinou a suspensão da eleição. Estava formada uma situação na qual ninguém se entendia: o Tribunal Federal de Recursos dava ao grupo de Nabi o direito de presidir a eleição. A 15.ª Vara Cível estadual garantia a Márcio Papa esse direito. Porém, um despacho do ministro Jarbas Nobre, do mesmo TFR, apontava que o vice-presidente mais velho da entidade, Américo Egídio Pereira, deveria instalar e executar os serviços.

Do lado de fora, a notícia da nova suspensão da eleição desencorajou as brigas entre os partidários de Nabi e Marin. As bandinhas eram desmontadas, enquanto os correligionários retiravam as faixas de apoio.

Silvio e Flávio pensaram em realizar uma outra superprodução, mas desistiram, já que não conseguiriam vencer a concorrência. Os trajes do dia seriam as fantasias de Batman e Robin, mas como o aluguel estava muito caro, foram ao prédio da Federação vestindo uma camisa da Seleção Paulista. Silvio explicava a escolha:

— Quem pretende dirigir o futebol paulista tem de vestir esta camisa.

Logo em seguida revelou que estava sendo ameaçado. Os jornalistas ficaram surpresos, mas ele esclareceu:

— Foi uma ameaça do pedreiro que estava trabalhando na reforma da minha casa. Ele avisou que vai embora e vai deixar o serviço pela metade.

O CIRCO

Sobrou um pequeno espaço para o protesto de Silvio e Flávio. Em meio à briga de políticos que invadiram o futebol, eles tentaram usar o humor para chamar a atenção dos torcedores. E conseguiram. A grande cobertura da imprensa abriu os olhos da torcida e esclareceu várias questões para aqueles que gostavam de futebol. Os repórteres que cobriram a eleição também sofreram. Durante os tumultos, os seguranças de Nabi e Marin não se importavam em bater nos jornalistas que estivessem no caminho.

Depois da primeira tentativa de eleição, Nabi chamou Silvio e Benedito Teixeira, o Birigüi, candidato a vice de sua chapa e presidente do América de São José do Rio Preto. Nabi sugeriu que Birigüi e Silvio entrassem com uma liminar pedindo a exclusão de Papa da presidência da Assembléia. Eles concordaram, mas Silvio não queria misturar as candidaturas e entrou com a própria ação na Justiça. Ele não aceitava a atitude de Papa, que modificara as regras da eleição sem ter autoridade para isso. Logo após tomar essa decisão, Silvio explicou seu propósito aos repórteres:

— Vou pedir à Justiça que indique outra pessoa. O Márcio está vinculado a José Maria Marin, o que deixa os demais candidatos em condições desfavoráveis.

E Silvio venceu... por alguns minutos. No dia 16 de março de 1982 a liminar a essa petição, que determinava a suspeição de Márcio Papa em presidir a Assembléia, comandar e coordenar os trabalhos, foi aceita na 1.ª Vara Cível de São Paulo. Contudo, minutos depois de conceder a liminar para Silvio, o mesmo juiz, Ângelo Trigueiro, voltou atrás e considerou seu próprio despacho sem efeito, "tendo em vista a ponderação da parte" (o advogado Eurico de Castro Parente, que defendia Marin).

ATÉ QUE ENFIM

Somente no dia 25 de março — quase três meses depois de liminares, juízes, acusações de compras de votos e muita baderna — as eleições chegaram ao final. Um cinematográfico esquema de segurança evitou conflitos. Políticos, personalidades e secretários de Estado acompanharam o pleito. Depois de se tornar o pivô de uma discussão que só terminou no Supremo Tribunal Federal — com um despacho do ministro Moreira Alves —, Márcio Papa, agora sim, estava investido legalmente para presidir a Assembléia. (Mais tarde, no seu curto período à frente do governo de São Paulo, Marin indicaria Papa para a presidência do Banespa.)

Após a apuração, Marin levou a melhor, ganhando a eleição com 187 votos. Nabi ficou com 131. E Silvio teve um voto de um time da primeira divisão, que valeu em dobro.

Quase todos os dirigentes da primeira divisão procuraram Silvio para garantir que tinham votado nele, mas ele nunca ficou sabendo quem realmente lhe deu esse voto.

Mas a intenção foi alcançada: a eleição da Federação tornou-se assunto nas ruas. A candidatura Silvio-Flávio foi o primeiro movimento a despertar os torcedores e até a sacudir a imprensa, obrigada a dar mais destaque à eleição devido à presença de Silvio e Flávio, que, no jogo sem bola dos dirigentes esportivos, estavam sendo acusados de preparar uma candidatura a deputado, que jamais chegou a ser cogitada.

A partir daquele momento — e definitivamente —, liminares, mandados e cassações, juízes e advogados entraram em campo e tornaram-se estrelas do futebol. Os julgamentos passaram a ter mais importância que os clássicos. Campeonatos seriam decididos no tapetão. A direção do futebol foi tomada por políticos.

A campanha era para alertar. Sem Silvio Luiz e Flávio Prado, essa eleição iria ser vista a distância pelos amantes do futebol. A charrete, o fraque e a cartola mostraram um lado do futebol que o torcedor ainda não conhecia.

O QUASE CARTOLA II – A REVANCHE

Janeiro de 1985... Nabi e Marin, inimigos de ontem, aliados de hoje. Superada a divergência da primeira eleição, os colegas de partido dão uma aula de política. Nabi passa para o lado de Marin, resultado de um acordo costurado dois meses antes, e concorre como seu vice na eleição para a presidência da Federação. De olho na eleição para a CBF, Nabi desejava um clima de paz no seu reduto, além do apoio da forte Federação Paulista.

Não bastasse a surpreendente união dos antigos desafetos, Ferreira Pinto também volta a fazer as pazes com Marin (com quem, mantendo a tradição, tinha brigado depois da última eleição) e Nabi (com quem tinha brigado depois da penúltima eleição). Um trio imbatível. Faltava apenas o vice de Marin se aliar novamente, mas, rompido com Marin pouco tempo depois da eleição, Waldemar Bauab foi para a oposição. O afastamento de Bauab só iria confirmar a maldição dos vices na FPF.

O deputado do PMDB e presidente do São Bernardo, Felipe

Cheidde, e o empresário, advogado, ex-conselheiro da Portuguesa e ex-assessor da CBD, Ulisses Gouveia, também concorreram. Silvio e Flávio repetiram a candidatura e lançaram o projeto de administração e as propostas da chapa Meu Chapa em um manifesto destinado aos jornalistas, no qual tocavam nas feridas do futebol paulista, ironizando várias atitudes antiéticas que a Federação estava adotando:

"Meu caro colega, estamos no mesmo barco; e esse barco nada mais é que o renascimento do futebol em São Paulo, morto há anos por jogadas políticas e interesses particulares (...). Mamam na teta até secá-la e depois não sobra nada pro bezerro. Por isso resolvemos nos lançar à luta. Nossa luta nada mais é do que um repúdio ao que está sendo feito e ao que pretende ser feito, se porventura mais um político tomar conta do futebol.

Nada temos contra a classe política. Apenas achamos que o seu dever é defender os nossos interesses nas Câmaras e Assembléias. Lá é que eles têm a obrigação de mostrar o seu valor, sua inteligência, seu amor pelo futebol (...).

Quando da eleição do atual presidente da Federação Paulista de Futebol, fomos contra por achar que os interesses políticos e pessoais estariam acima dos interesses do futebol. Não nos ouviram, e o resultado aí está. A razão infelizmente estava conosco. Para disputar o cargo com um político aparecem dois outros políticos. Quem poderá garantir que o resultado não será o mesmo? Afinal, são políticos que farão no futebol muito mais política, e menos futebol.

Por isso, aqui estamos. Sem compromisso com ninguém, aliás, nossa candidatura é para provar ao povo torcedor que também os dirigentes de nossos clubes e ligas só sabem fazer política no futebol. Só procuram o seu benefício próprio e a sua promoção pessoal. Por isso é que aqui estamos. De peito aberto e coração limpo. Nossa maior vitória será a não-obtenção de votos para poder provar aquilo que estamos afirmando. Contamos com o seu apoio e relacionamos alguns itens de nossa plataforma:

Prometemos:

- tentar salvar o futebol do caos em que se encontra, reduzindo para 15 o número de clubes participantes na Primeira Divisão;
- não usar o dinheiro da Federação para obrigar os clubes a votar na nossa chapa;
- procurar, de todas as maneiras, trazer para São Paulo os grandes nomes do futebol mundial;
- permitir a entrada do maior número possível de mascotes em campo;
- entregar o departamento de árbitros para o seu sindicato, como é desejo da maioria dos árbitros;
- cobrar a verdadeira taxa de arbitragens;
- dar o dinheiro dos clubes para os clubes e não aplicá-lo;
- um campeonato com turno e returno, o campeão será aquele que fizer mais pontos;
- uma nova maneira de contagem de pontos: vitória, 3 pontos ganhos. Empate com gols, 1 ponto ganho. Empate sem gols, cada time perde 1 ponto;
- que os três últimos colocados descerão, e os três primeiros colocados da Segunda Divisão subirão, independente do partido político a que pertençam o prefeito da cidade ou o presidente do clube;
- facilitar o trabalho da imprensa nas dependências da Federação, trabalhando de portas abertas. Nada deve ser feito às escondidas;
- exames antidoping durante todo o campeonato;
- nomear a diretoria imediatamente após a posse;
- não agredir nos banheiros, ou quaisquer outros lugares, as pessoas que não pretendem votar em nossa chapa;
- que não haverá, no mesmo dia e na mesma hora, mais de um jogo numa mesma cidade;
- que os papéis timbrados do boletim oficial com telefones que não existem mais serão substituídos por outros, com números atualizados;
- que não emprestaremos dinheiro aos árbitros. Isso é problema do sindicato;
- que eliminaremos o uso do elevador privativo, facilitando o

trânsito nas dependências da Federação. Não se justifica um elevador parado o dia inteiro;
• que não haverá interferência da presidência na eleição dos membros do Tribunal de Justiça Desportiva;
• que obedeceremos ao calendário da Confederação Brasileira de Futebol;

Prometemos não fazer:
• campanha em clubes e ligas a fim de pedir votos, pois não temos nada a prometer a não ser trabalho em prol do futebol;
• oferecimento de jogos de camisas, bolas de futebol e empregos públicos;
• interferência junto a autoridades, chefes de seção, secretários de Estado, para que dispensem funcionários que farão nossa campanha, mesmo porque não haverá campanha;
• distribuir móveis novos ou usados, linhas de ônibus municipais ou intermunicipais;
• visitas ao interior apenas em época de eleição;
• usar o futebol para promoção pessoal, pois já temos bastante".

CADÊ OS ESTATUTOS?

Apesar de a situação jurar que essa seria uma eleição limpa, havia um ambiente de desconfiança. A candidatura de Felipe Cheidde era uma séria ameaça aos planos de Nabi e Marin. Cheidde apostou alto na eleição, percorrendo o interior do Estado de helicóptero. O presidente do Botafogo de Ribeirão Preto, Faustino Jarruche, era o vice da sua chapa. Ambos prometiam uma limpeza na Federação.

Apesar do clima calmo que reinava algumas semanas antes da eleição, as tentativas de manipulação dos correligionários de Marin abalaram a frágil paz, que foi destruída de vez quando os candidatos oposicionistas tentaram obter na Federação as cópias dos novos estatutos e informações sobre as cédulas que seriam usadas na votação. Temia-se que a chapa Marin-Nabi, em vez da adoção da cédula única, lançasse como balão-de-ensaio a eleição com cédulas coloridas (uma para cada candidato). Silvio e Flávio denunciaram que a adoção de quatro tipos de cédula iria servir como comprovante de voto. Era só o eleitor mostrar as outras cédulas para o candidato em quem prometera votar para confirmar a escolha. (O mesmo problema da eleição anterior. Foi baseado nesse fato que Nabi conseguiu suspender o primeiro pleito de 1982, mas agora ele estava do outro lado...)

O assessor da presidência e coordenador da campanha de Marin, Eduardo Farah, jurava não saber onde os estatutos estavam. As regras poderiam mudar, e ninguém tomaria conhecimento, porque Nabi havia escondido os estatutos dos outros candidatos e da imprensa. Silvio e Ulisses Gouveia, outro candidato de oposição, só conseguiram ter acesso aos estatutos da FPF um dia antes da eleição, depois de muitos protestos contra Farah. O mistério foi grande, mas só houve uma alteração significativa: o presidente da Federação poderia designar um dos membros da Assembléia para presidir a mesa. (Essa medida evitava que Bauab, ex-aliado de Marin, conduzisse os trabalhos. O mesmo caso que ocorreu entre Nabi e Márcio Papa, na eleição anterior.) Cheidde ainda tentou entrar com uma liminar para garantir que Bauab presidisse a Assembléia, mas o juiz da 8.ª Vara Cível, Cristiano Ferreira Leite, negou o pedido.

Dessa vez Silvio e Flávio participaram mais ativamente das reuniões preparatórias e se empenharam em combater qualquer marmelada.

As agitações e ameaças não conseguiram superar a bagunça da eleição anterior. No dia 4 de janeiro os eleitores da chapa Marin-Nabi, confortavelmente instalados no Hotel Danúbio, e os eleitores de Cheidde-Jarruche, hospedados no Hotel Eldorado, depois de ter todas as despesas de bar pagas por seus candidatos, chegaram ao prédio da Federação logo após o almoço. O ambiente estava calmo, nem houve agressões em frente ao prédio...

Mais uma vez o problema das cédulas monopolizou a discussão.

Marin, que chegara dos Estados Unidos pouco antes da votação, sentiu a pressão da imprensa e da oposição e, após uma reunião com assessores, optou pela eleição com cédula única. Assim, Silvio e Flávio já conseguiam um motivo para comemorar: haviam vencido a briga pela cédula única. (Vitória que, Silvio explicaria mais tarde, fora obtida graças à participação da imprensa, que acompanhou e fiscalizou o processo eleitoral).

Com a sua candidatura, Silvio e Flávio chamaram novamente a atenção dos meios de comunicação e dos torcedores.

OS MÉDICOS

Dessa vez Silvio e Flávio chegaram ao prédio da Federação em uma ambulância com luzes e sirene ligadas, vestidos totalmente de branco. Eles seriam os médicos que iriam salvar o futebol. A ambulância foi emprestada pelo doutor Osmar de Oliveira. Silvio já estava com o discurso pronto:

— O futebol paulista está doente, de cama, e por isso vim de ambulância. Quem sabe os clubes consigam entender a nossa mensagem e resolvam curá-lo.

Enquanto Flávio cutucava:

— Vai começar uma verdadeira operação no futebol paulista.

O presidente da Ponte Preta, Carlos Vacchiano, foi o escolhido de Marin para presidir os trabalhos. Logo após Vacchiano assumir a mesa, faltou energia elétrica no prédio. Suspeitas e pequenas acusações rondaram a eleição, mas dez minutos depois a situação voltou ao normal. A tempestade que caía na região havia provocado o corte de energia. A escuridão serviu para revelar a verdadeira face dos candidatos. Sorrisinhos e abraços foram substituídos por xingamentos vindos da boca dos assessores, que estavam protegidos pelo escuro. Entre Cheidde e Marin houve troca de acusações de compra de votos. Mas nada de tumultos, nem metralhadoras e liminares.

Marin venceu com uma vantagem de apenas 28 votos. Ele teve

153 contra 125 da chapa Felipe Cheidde-Faustino Jarruche. A chapa Ulisses Gouveia-Heitor Teixeira ficou com cinco. A repercussão da candidatura dessa vez foi menor, mas Silvio conquistou um total de quatro votos (na verdade, dois votos que eram contados em dobro). Flávio comemorou a excelente melhora: "100% de aumento em relação à última votação". Assim como ocorreu na eleição anterior, vários dirigentes garantiram que tinham votado na dupla.

Para surpresa geral, a eleição foi realizada em ordem. Silvio lamentava a escolha, depois da divulgação dos resultados:

— Aquele doente que tentei salvar, lançando a minha candidatura à presidência da Federação Paulista, acaba de falecer. Foi uma eleição limpa, justa e refletiu a vontade das ligas amadoras e dos clubes profissionais. Mas, novamente, os políticos tomaram conta do pedaço. Resta-lhes apenas cuidar desse corpo doente que mora no prédio da Brigadeiro Luís Antônio.

Affonso Splendore foi indicado para ser o vice-presidente de marketing na gestão de Marin. Splendore era um amigo de Silvio desde o início da TV Record e da Rádio Guarujá. Pouco depois de assumir o novo cargo, ele chamou Silvio para uma conversa:

— Sei que você não concorda com um monte de coisas e de pessoas aqui dentro, mas seus conselhos são importantes. Você podia me dar algumas dicas pra tentar melhorar o futebol paulista.

Silvio não perdeu a chance e meteu a boca em todo mundo, abriu os olhos de Splendore quanto às pessoas que circulavam naquele prédio e até atendeu o pedido do amigo, dando sugestões que poderiam ser usadas pela Federação.

DIVIDINDO O BOLO

Depois dessa segunda tentativa da dupla Silvio-Flávio, a Federação mudou os estatutos relativos a candidatura. A partir da eleição seguinte os candidatos teriam de ser ex-diretores ou ex-presidentes de clubes. Silvio e Flávio não se deram por vencidos. Já se preparando para uma terceira candidatura, eles, discretamente, tornaram-se diretores do Clube Montenegro de Osasco. Se quisessem ser candidatos novamente, estariam de acordo com a legislação da Federação.

Com o poder da Federação Paulista nas mãos, era hora de conquistar o futebol brasileiro. Marin e Farah iriam trabalhar muito pela candidatura Nabi, que só havia aceitado ser vice de Marin porque seu objetivo era concorrer à presidência da CBF.

Porém Nabi foi obrigado a retirar sua candidatura à presidência e precisou montar uma nova composição: novamente teria de se contentar com o cargo de vice, porque, segundo as pesquisas, existia a certeza de que haveria empate entre a chapa de Nabi e a de Medrado Dias, candidato da situação. Conforme os estatutos da CBF, em caso de empate o candidato mais velho seria declarado vencedor. Nesse caso, Medrado, com 61 anos, se tornaria presidente, já que Nabi tinha 52. O político paulista foi obrigado a montar uma nova chapa, dessa vez como vice de Otávio Pinto Guimarães (ex-presidente da Federação Carioca de Futebol), que, com 63 anos, acabou se tornando candidato. A princípio Otávio relutou e fez questão de deixar clara sua posição: "Se eu for aceito, vou ficar o mandato inteiro como presidente". Ironicamente, tanto esforço de Nabi não seria necessário. Em janeiro de 1986, faltando menos de cinco meses para a Copa, a chapa Otávio-Nabi ganhou por 13 a 12, sem precisar do desempate pela idade.

O novo presidente estava doente, mas o poder deu-lhe forças. E mesmo que Otávio renunciasse, Nabi só poderia assumir depois que o presidente tivesse cumprido dois anos de mandato. Eles então dividiram o poder: Nabi ficou com o futebol, e Otávio com a parte administrativa da CBF, tanto que, na Copa de 1986, o deputado praticamente mandou na Seleção.

Os desentendimentos entre os dois também não demoraram a surgir. Otávio fortaleceu o surgimento do Clube dos 13, apoiando o grupo que Nabi pretendia combater: Eduardo Viana, o "Caixa d'Água", Eurico Miranda, Márcio Braga e Carlos Miguel Aidar. Com a CBF dividida, os dirigentes se uniram para organizar um novo campeonato brasileiro, a Copa União, com transmissão exclusiva da Rede Globo.

Em 1988 Eduardo Farah se tornou presidente da Federação Paulista. Foi eleito com o apoio de Marin, que, segundo um acordo da época, voltaria à presidência assim que Farah deixasse o cargo. Porém Farah também se comprometeu com Antoine Gebran, que havia ficado, durante todo o ano anterior, saneando as contas da Federação. Gebran também recebeu a promessa de Farah de ser o novo presidente da Federação assim que ele saísse. Só não houve um conflito porque Farah decidiu perpetuar-se no cargo.

Gebran já tinha sido vice-presidente de futebol do Corinthians. Assim que assumiu, recebeu os parabéns de todos os que o cercavam. Silvio, que o conhecia desde a época de ouro da Record, também telefonou para o novo diretor do Corinthians:

— Gebran, larga essa merda. Isso não é pra você. Isso é pra político picareta.

Em 1988 Gebran foi convidado a assumir o departamento de árbitros da CBF. Novamente recebeu os cumprimentos dos assessores e um outro telefonema de Silvio:

— Gebran, larga essa merda. Isso não é pra você. Isso é pra político picareta.

Depois Gebran aceitou ser o primeiro vice-presidente da FPF na chapa de Farah. Como sempre, teve de ganhar muitos abraços, mas dessa vez não recebeu nenhum telefonema de Silvio.

Capítulo VII

PELAS BARBAS DO PROFETA

TV BANDEIRANTES

Depois de vencer uma série de problemas financeiros durante o período de sua instalação na Bandeirantes, a Promoação — agora com o nome de Luqui — consolidou o departamento de esportes da emissora. O projeto de Luciano e Quico tornou-se um sucesso nas tardes de domingo. Investindo pesado em esportes, em julho de 1987 a Bandeirantes contratou Flávio Prado, Ely Coimbra, Michel Laurence e Pedro Tadeu. Sabendo da saída de Silvio da Record, Luciano, como diretor geral de esportes da Bandeirantes, fez uma proposta para o antigo companheiro. Uma conversa que começou na garagem do prédio da *Gazeta*, durante os Jogos Pan-Americanos de 1987. A Koch Tavares possuía os direitos de transmissão do evento;

alugou espaço na programação da TV Gazeta, de São Paulo, e montou uma equipe. Silvio, que estava saindo da Record, narrou alguns jogos. A Bandeirantes interessou-se pelo Pan-Americano e também participou. Assim ocorreu esse primeiro encontro. O acordo final, algum tempo depois, foi realizado durante um jantar no restaurante O Profeta.

UMA ESTRÉIA INVERTIDA

Quando Silvio acertou sua ida para a emissora, a Bandeirantes tinha os direitos de transmissão do Campeonato Italiano. Na época o Milan estava com um esquadrão, e o Nápoli começava a formar uma forte equipe, com Maradona, Alemão e Careca, o que aumentaria muito o interesse do torcedor brasileiro pelo torneio. Luciano, então, escalou Silvio para narrar as partidas. O sinal do jogo vinha direto da Itália, a transmissão era ao vivo, mas *off tube*, feita nos estúdios da TV Bandeirantes, no bairro do Morumbi.

Silvio estava sem trabalhar havia algum tempo e não vinha acompanhando o dia-a-dia do esporte, e muito menos o futebol italiano. A RAI, emissora italiana que gerava o sinal do jogo, não se preocupava em dar nenhum suporte técnico para as redes que compravam a transmissão. Freqüentemente a partida começava sem ao menos a emissora colocar no ar a escalação dos clubes, e algumas vezes chegava a trocar o jogo sem comunicar à Bandeirantes.

Escalado para estrear na Bandeirantes narrando um jogo do Campeonato Italiano, Silvio chegou cedo, levando recortes de jornais com informações sobre os clubes cuidadosamente organizados. Essa sua estréia na Bandeirantes também marcaria o início da parceria com o comentarista Juarez Soares. Na hora do jogo, os dois se encontraram e cumprimentaram-se respeitosamente, mas sem nenhuma intimidade. Seria a primeira vez que os dois trabalhariam juntos.

Existe na Itália a tradição do uniforme para a televisão. Em alguns jogos transmitidos pela RAI, ou em amistosos, os clubes usam uniformes que não possuem, necessariamente, as cores do time.

Bola rolando. E com vinte minutos de jogo no primeiro tempo, Juarez percebeu que Silvio havia trocado os times. Juarez refletiu por alguns instantes: ele precisava ter certeza de que os times haviam sido realmente invertidos. Quando a bola saiu de campo, Juarez puxou o fone de Silvio, que imediatamente desligou o microfone para ouvi-lo:

—Você inverteu os times. Pode mudar porque eu tenho certeza de que você trocou.

Silvio olhou surpreso para Juarez, que confirmou:

— Pode trocar.

Sem se apavorar, ele ligou o microfone, esperou a bola sair, leu o texto do comercial e voltou a narrar, mudando os times no mesmo instante. Sem avisar, sem dizer nada, ele mudou a camisa de vinte e dois jogadores e seguiu narrando, como se nada tivesse ocorrido. Terminado o primeiro tempo, os dois puderam conversar mais tranqüilamente. Silvio agradeceu a Juarez, que estava admirado com a calma dele no momento de destrocar os times.

CARECONE

Com o Nápoli de Careca, Alemão e Maradona fazendo grande sucesso no Campeonato Italiano, o interesse pelos jogos aumentou. A televisão italiana escolhia quase sempre o jogo da equipe de Maradona para ser transmitido.

Assim, Silvio criou mais um apelido para um amigo que conhecia desde os tempos do *Clube dos Esportistas*, quando jogava no São Paulo: Antônio de Oliveira Filho, além de Careca, também se acostumou a ser chamado de Carecone, pois era assim que Silvio se referia a ele durante as partidas que narrava.

Mesmo depois de ter encerrado a carreira, o apelido colocado por Silvio ainda seria lembrado por muitos torcedores. No auge do Nápoli, quando o time conquistou o Campeonato Italiano, a Copa da Itália e a Copa da Uefa, Careca recebia centenas de telefonemas e cartas, e todos o chamavam pelo novo apelido: Carecone.

Além do Nápoli, o time do Milan, com os holandeses Gullit e Van Basten, também empolgava. O Campeonato Italiano daquele ano alcançou bons índices de audiência e um excelente retorno financeiro. Para conquistar mais audiência com o Campeonato Italiano, Luciano, atendendo a uma sugestão de Silvio, chamou Sílvio Lancellotti, um especialista em futebol italiano. Tentando cativar ainda mais a colônia, Luciano foi além e convidou Giovanni Bruno (um italiano que conquistou São Paulo com seus restaurantes) para comentar alguns jogos. Giovanni gostou da idéia e, mesmo sem ganhar nada, tornou-se presença constante nas transmissões. O resultado dessa mistura foi excelente. Silvio, Giovanni e Lancellotti começaram a fazer uma cobertura diferenciada. Lancellotti trazia informações insólitas sobre os jogadores, como a profissão do avô do goleiro ou sobre a mulher do atacante que fazia tortas deliciosas. Silvio divertia-se com essas curiosidades. Claro que a dupla de comentaristas também falava sobre pratos da culinária italiana.

Giovanni acabou se entusiasmando e vestiu a camisa da Bandeirantes. Todo domingo ele era o primeiro a chegar, levando — para alegria da equipe — salame, queijo e azeitona, que abasteceriam os profissionais durante a transmissão.

A RAI continuava não mandando a escalação dos times que iriam jogar. Giovanni e Lancellotti ligavam para parentes na Itália e tentavam obter informações sobre os clubes; se eles não conseguissem, Silvio seguia a escalação da rodada anterior até que as mudanças fossem identificadas, com a bola em jogo, por Lancellotti.

A VACA NÃO FOI PARA O BREJO

Com Nápoli e Milan disputando a atenção do futebol mundial e com o entrosamento perfeito do novo trio, a Bandeirantes acabou conquistando uma excelente audiência — para seus padrões — nas manhãs de domingo. Os diálogos entre Silvio, Giovanni e Lancellotti eram um show à parte, ainda mais para os italianos radicados no Brasil que acompanhavam a transmissão.

Silvio, por causa de Careca, acabou se transformando em um torcedor do Nápoli. Houve um jogo em que o time napolitano, jogando em casa, estava perdendo de 1 a 0, mas pressionava muito o adversário. Silvio empurrava o Nápoli, mas em um contra-ataque no final da partida saiu o segundo gol. Ele, então, perdeu as esperanças:

— Giovanni, como se diz "a vaca foi pro brejo" em italiano?

Giovanni Bruno: o amigo e um comentarista diferente.

Giovanni demorou para responder:

— Bom... é "*la mucca è andata in montagna*".

Lancellotti caiu na gargalhada:

— Giovanni, a vaca foi pro brejo! Brejo, Giovanni! Brejo, e não montanha!

— É, mas como na Itália não tem brejo, ela foi pra montanha mesmo.

OLIMPÍADAS DE 1988

Principal emissora na época a cobrir os esportes olímpicos, a Bandeirantes montou uma grande equipe para os Jogos Olímpicos de Seul, que começaram no dia 17 de setembro. A diferença cultural entre Brasil e Coréia provocou engraçadas situações.

A equipe da Bandeirantes foi jantar em um restaurante, mas o intérprete não entrou com eles porque estava estacionando o carro. Silvio não quis esperar e resolveu escolher o prato que iria comer, sem saber o que era. Ele apenas simpatizou com a forma com que o prato foi escrito (em coreano!) e decidiu arriscar. Assim que o intérprete chegou, perguntou o que Silvio havia pedido. Ele apontou no cardápio.

O intérprete se espantou:

— Você vai comer cachorro?!

Silvio ficou apavorado e pediu para ele cancelar o pedido.

Silvio e Osmar de Oliveira, apenas dois anos depois do "Unidos, venceremos", voltavam a trabalhar juntos. A amizade se consolidou. Sempre saíam juntos para almoçar, e o doutor Osmar se divertia com o jeito franco e debochado de Silvio, que não tinha vergonha de mostrar que não sabia. Para se comunicar, ele falava em português misturado com espanhol, gesticulava, provocava risadas, ria de si mesmo... e se fazia entender. Nos mercados e nos restaurantes, a história se repetia.

Depois de quase ter comido carne de cachorro, ele adotou um novo método: quando queria carne de vaca, começava a mugir. Quando queria frango, ele "batia as asas".

Anos mais tarde eles fariam parte da equipe do SBT nas Olimpíadas de 1996 e na Copa de 1998. Silvio se comunicaria da mesma maneira. E para encerrar o programa diário do SBT sobre a Copa da França, ele sempre diria, em francês, um ditado brasileiro traduzido literalmente. O resultado era um desastre.

UM CHINÊS DESLIGADO

Silvio não era mais diretor, não precisava se preocupar com a produção e as escalas, mas continuava rigoroso com o cumprimento dos horários. Quando era escalado para narrar os jogos no interior pelo Campeonato Paulista, sempre aparecia meia hora antes do horário marcado para a saída do carro da emissora. Escalado para narrar um jogo em Bragança Paulista, Silvio chegou pontualmente adiantado. Só que nada de o comentarista aparecer. Mais dez minutos de tolerância e, mesmo assim, ele não chegou. Silvio, então, entrou na perua e mandou o motorista ir embora. O comentarista era Juarez Soares, então chefe de esportes da emissora, que teve de ir para Bragança em outro veículo. Mesmo tendo chegado bem antes de a partida começar, o China ainda teve de ouvir o sermão:

Em Seul, tentando entender a língua.

— Tá vendo? Não chegou no horário, ficou lá!

Com a convivência nasceu uma intimidade entre eles. Juarez foi descobrindo que Silvio era brincalhão apenas na transmissão e que aquele locutor anárquico era uma pessoa extremamente metódica.

Blota Jr. e dr. Osmar escolhem o cardápio.

A dupla foi cobrir um jogo entre Brasil e Itália em Bolonha, um amistoso preparatório para a Copa do Mundo de 1990 que a Seleção Brasileira ganhou por 1 a 0. Eles se afinavam nas idéias e temperamentos, só que o comentarista era o oposto de Silvio quanto à organização: cansado de fazer cálculos cada vez que ia trocar *travellers checks* — e impressionado com a disciplina de Silvio —, Juarez lhe fez uma proposta:

— Silvio, não agüento mais trocar dinheiro e fazer contas. Você fica com o meu dinheiro, paga tudo pra mim e depois me dá o que sobrar.

Silvio concordou. Além de ter o próprio caderninho com os seus gastos anotados, Silvio também arrumou um caderninho para o Juarez, marcando as despesas dele. O acordo proporcionou momentos inacreditáveis, como o dia em que Juarez teve de pedir a Silvio que o levasse para cortar o cabelo. Silvio atendeu ao pedido, mas reclamou muito:

— Pô, China, você deixa pra cortar o cabelo aqui na Itália, onde é muito mais caro?!

Pouco antes da volta ao Brasil, Silvio entregou o resto do dinheiro e um relatório detalhado das despesas ao comentarista. O mais incrível viria na hora em que estavam fazendo as malas para o retorno: Juarez não conseguia encontrar o passaporte. Eles reviraram o hotel e nada encontraram. Para não perder o vôo, foram até Milão de trem. Lá registraram a perda do passaporte em uma delegacia. Depois, se dirigiram ao Consulado Brasileiro. Para sorte deles, Juarez ainda estava com sua carteira de identidade. Depois de algum tempo o Consulado Brasileiro emitiu um documento que autorizava Juarez a deixar a Itália.

Depois dessa jornada, enquanto aguardavam a saída do avião na sala de embarque do aeroporto, Silvio se lamentava:

— China, se eu soubesse, ia pedir para cuidar do seu passaporte também.

TRÊS É DEMAIS

Com Silvio narrando e Juarez nos comentários, formou-se uma dupla muita afinada no humor. Até demais: durante a transmissão *off tube* de uma partida do Barcelona pelo Campeonato Espanhol, Silvio e Juarez — em um domingo à tarde — começaram a falar sobre um churrasco do qual participaram; nesse instante o goleiro Zubizarreta, do Barcelona, cometeu uma falta e foi expulso. E a conversa sobre o churrasco continuava. O técnico foi obrigado a tirar um jogador para colocar o goleiro reserva. Silvio e Juarez, empolgados, detalhavam a comida da festa. O juiz marcou pênalti contra o Barcelona. Só então Silvio voltou a narrar, anunciando a marcação contra o time catalão. Momentos antes da cobrança, perceberam que havia algo errado e surgiu a dúvida de Silvio: "Cadê o Zubizarreta? Será que ele foi substituído?".

Somente depois de algum tempo eles descobriram que o goleiro fora expulso. Não houve mais comentários sobre o churrasco.

Para completar e aumentar ainda mais as irônicas observações da dupla, José Luiz Datena passaria a ser o repórter de campo, formando uma equipe impagável. No começo da carreira, Datena seguia os estilos de Silvio e Juarez, usando muito humor nas reportagens que fazia. Como Juarez também gostava de uma brincadeira... a transmissão com os três juntos poderia transformar-se em uma comédia.

Reclamando o passaporte roubado.

Essa equipe foi escalada para um jogo do Campeonato Paulista em Olímpia. Luciano do Valle estava no Canadá para transmitir uma prova da Fórmula Indy. E quando Luciano viajava, eles ficavam mais ousados ainda, ou, como admitia o próprio Datena: "Falávamos todas as abobrinhas a que tínhamos direito". A transmissão foi um festival de piadas, porém, no fim do segundo tempo, Luciano entrou no ar e chamou Silvio, que se entregou na hora:

— Seu Bolacha, o senhor está ouvindo a transmissão?!

— Eu estou ouvindo vocês durante todo o segundo tempo! É um negócio impressionante!

Luciano sabia que essa era a impressão que passava ao telespectador. Ele entrava na transmissão e acabava fazendo escada para mais brincadeiras da equipe. O que parecia uma bronca era, na verdade, apenas mais um — o diretor de esportes — entrando naquele modo diferente de transmitir uma partida de futebol.

Essa mesma equipe transmitia um jogo fraquíssimo também pelo Campeonato Paulista. A partida estava horrível. Silvio comentou que o gramado talvez pudesse ser o responsável pela péssima atuação das equipes. Em seguida, dando a entender que iria buscar uma informação para confirmar seu comentário, ele tentou armar para cima do repórter:

— Datena, como é que está a grama?

— Não sei, Silvio, ainda não experimentei.

Bragantino e São Paulo jogavam em Bragança Paulista, no dia 23 de outubro de 1993. Durante a partida, Silvio criticou o péssimo estado da rodovia Fernão Dias. Três dias depois ele recebeu um fax do ministro dos Transportes, Alberto Goldman — "um corintiano roxo com um filho são-paulino doente" —, em que dizia que estava acompanhando a transmissão e que havia conseguido, dez dias antes, um empréstimo em Washington para reformar a estrada. O ministro ainda informava que as obras de duplicação do trecho paulista começariam naquele mesmo ano.

TIROTEIOS COM MÁRIO SÉRGIO, O CISCO KID

Outro parceiro de trabalho se tornaria um grande amigo de Silvio: Mário Sérgio Pontes de Paiva, a quem Silvio chamava de Cisco Kid desde que, na época em que jogava pelo São Paulo, ele havia disparado uns tiros de revólver na saída de uma partida.

No começo Silvio dava conselhos e ajudava o novo colega a se adaptar à linguagem da televisão. Depois ficaram famosas as discussões dos dois durante os jogos. Mário Sérgio fazia seus comentários de forma seca e direta. E Silvio sempre completava com uma piadinha, ironizando a linguagem extremamente técnica adotada por ele. Mário replicava. E Silvio ironizava... Até que em um jogo do Palmeiras Mário fez uma observação sobre o lateral Roberto Carlos:

— Acho que ele deve jogar mais aberto, em cima da linha.

— Mário, se ele jogar em cima da linha, o trem vai pegar.

Mário ficou tão furioso com Silvio que se negou a continuar comentando até o fim do primeiro tempo, quando, só depois de muita conversa e da intervenção do diretor de imagem, aceitou voltar a comentar. Antes disso, estourou:

— Não quero mais papo com você. Você me respeite ou a gente vai sair na porrada!

No final do jogo, os dois conversaram e se entenderam, como sempre. A amizade entre as duas famílias também foi aumentando. Numa tarde de verão Silvio até apareceu de surpresa no apartamento de Mário apenas de short, tênis e celular. Os porteiros, quando o viram, ficaram desesperados com o traje do visitante.

Esses desentendimentos chegavam a fazer com que o telespectador acreditasse que realmente eles haviam brigado no ar. Em outro jogo Mário novamente fechou a cara para Silvio. Minutos depois Silvio perguntou algo para o comentarista, que apenas balançou a cabeça em sinal negativo. Era tudo que Silvio queria:

— Mário, não adianta você balançar a cabeça. O telespectador não está vendo. Você tem de falar.

Mário acabava rindo e, ao mesmo tempo, ficava com mais raiva ainda. Os dois admitiam que os desentendimentos "saíam naturalmente". Silvio sabia que Mário era pavio curto e jogava com isso, provocando o companheiro, que comprava as brigas. E não foram poucas vezes. Silvio não perdia a chance de brincar com os termos específicos e gírias que Mário fazia questão de usar:

— Tem de ficar de olho na segunda bola.

— Mas eu só tô vendo uma em jogo.

Ou então:

— Tá faltando um caçador nesse time.

— Mário, não tem nenhum leão em campo.

No Campeonato Brasileiro de 1993 Mário Sérgio estreou como técnico de futebol, comandando o Corinthians em uma série invicta de quinze partidas. O time paulista perdeu apenas um jogo no campeonato inteiro, mas não conseguiu chegar até a final. Na fase semifinal Mário estava suspenso e acompanhava os jogos da cabine, cercado por seguranças. Pouco antes de uma partida no Pacaembu, Silvio entrou rapidamente na cabine, sentou ao lado de Mário e começou a dar palpites sobre o esquema de jogo do Corinthians. O técnico não acreditou:

— Mas nem aqui você me deixa em paz?! Se você continuar falando, eu mando os seguranças te expulsarem!

COPA DE 1990 – APITO FINAL

Pouco antes da Copa de 1990 a Skol usou a expressão "olho no lance" em um comercial. Silvio moveu um processo contra a empresa. A diretoria da Skol procurou então o comando da Bandeirantes, porque o valor do processo era muito alto. Os diretores da Bandeirantes chamaram Silvio e pediram que ele retirasse o processo, já que existia a possibilidade de a Skol comprar uma cota de patrocínio do Mundial. Silvio aceitou e resolveu trocar o alto valor do processo por um automóvel Monza zero (e ainda deu seu Monza usado para a Skol!).

A Luqui/Bandeirantes montou uma grande equipe para a cobertura do Mundial: Luciano do Valle, Rivellino, Gérson, Mário Sérgio, Toquinho, Flávio Prado, Zico, Jota Júnior, Armando Nogueira, Juarez Soares, José Luiz Datena, Ely Coimbra, Giovanni Bruno, professor Júlio Mazzei e Silvio.

A pedido de Luciano, Paulo Mattiussi criou o *Apito Final*, um dos melhores programas diários já produzidos para debater jogos da Copa. Uma mesa-redonda que fugia aos padrões, com muita novidade, reportagens e, fechando cada programa, um musical com Toquinho, executando ao violão uma canção que fizesse referência aos acontecimentos do dia. Nessa turma de cobras criadas, o músico — muito famoso na Itália —, era o caçula, um fanático por futebol que estava deslumbrado por conviver com seus ídolos, mas que teve de sofrer como qualquer iniciante em televisão. No primeiro dia, assim que entrou na sala da Bandeirantes no Centro de Imprensa, leu no quadro-negro uma pergunta que Silvio escreveu, mas não assinou: "Será que Toquinho comia o Vinicius ou o Vinicius comia o Toquinho?". Todos os participantes do programa estavam na sala e, sérios, enquanto aguardavam sua reação, o cumprimentavam como se nada tivesse ocorrido. O músico fingiu que não viu a frase e ficou quieto.

No dia seguinte Toquinho chegou antes de todos e deixou no mesmo quadro a mensagem: "Todo craque, sem exceção, é veado". Ele tinha pensado que aquela brincadeira houvesse partido de algum dos ex-jogadores e decidiu ir à forra. Quando eles viram a frase, queriam saber quem havia escrito. Toquinho se vingou:

— Não sei, mas se vocês se julgam bons jogadores o problema é de vocês...

Silvio saiu ileso do tiroteio, e por isso continuou abusando.

Ele desenhava setas nas quais escrevia "Toquinho" e as espalhava pelo Centro de Imprensa, indicando, assim, o caminho para o novato chegar até a sala da Bandeirantes.

A ITÁLIA É UMA FESTA

Juarez, Silvio, Rivellino e Zico.

Luciano havia convidado Toquinho e tornou-se seu protetor. Na rodada de abertura do *Apito Final*, cada participante fazia um comentário inicial, e Luciano, que comandava o programa, chamava o músico por último, assim ele podia rebater as brincadeiras sem ser contestado, porque depois dele haveria um intervalo comercial.

Toquinho conhecia Roma muito bem e mudou a rotina de todos os que trabalhavam no *Apito Final* ao convidar a equipe para jantar depois do programa. Devido ao fuso horário, a mesa-redonda, que era ao vivo, terminava por volta das duas da manhã no horário de Roma. Não havia mais restaurante aberto naquela hora, mas Toquinho conhecia dois irmãos que eram donos do Santo Padre, um restaurante em que não havia cardápio, mas sim um prato especial a cada dia. A própria família dos donos fazia e servia a comida. A princípio, devido às provocações entre eles e Toquinho, todos achavam que poderia ser uma brincadeira do cantor, mas assim que chegaram a mesa já estava posta. Todos elogiaram o lugar, e Toquinho, finalmente, passaria a ter mais sossego. A partir daquele dia o jantar no Santo Padre tornou-se obrigatório. Os jornalistas e ex-jogadores contavam histórias, reviviam fatos e reforçavam a amizade. Toquinho conseguiu que o restaurante ficasse aberto durante todo o mês. Eles chegavam às duas da manhã e saíam com o sol nascendo. Meses depois o dono do restaurante recebeu uma pesada multa por invadir o horário permitido. (Geralmente a equipe deixava o restaurante por volta das cinco da manhã.)

Seguindo essa estranha rotina de horários, muitas vezes eles perdiam o café da manhã do hotel. Giovanni Bruno então servia o café para a equipe no quarto que dividia com o comandante Vicente, que estava acompanhando a equipe da Bandeirantes. O lugar mais parecia uma quitanda: melão, leite, café, queijo, vinho, pão...

Silvio várias vezes foi tomar café nesse restaurante improvisado. Giovanni não deixava faltar nada e ainda ajudava na preparação do jantar no restaurante Santo Padre.

NANA, NENÊ

Com a Seleção Brasileira fora da Copa, a Argentina, última campeã, passou a chamar mais a atenção e começou a despontar como favorita. O repórter da Bandeirantes José Luiz Datena — que fazia o quadro "repórter-surpresa" para o *Apito Final* — foi escalado para cobrir o treino da equipe de Maradona e pediu que Silvio o acompanhasse. Datena queria que Silvio observasse o coletivo e depois fizesse um comentário. Silvio topou e, mesmo cansado por participar do *Apito Final* e do exaustivo jantar no Santo Padre, seguiu com Datena à concentração do Roma para assistir ao treinamento.

A presença maciça de repórteres do mundo todo provocou um grande atraso no coletivo da Argentina. Silvio, que estava sentado ao lado do campo, não resistiu à demora e caiu no sono. O treino começou e Datena eternizou a cena: pediu ao cinegrafista

No restaurante Santo Padre, com Zózimo Barroso, Toquinho e Armando.

que fizesse imagens de Silvio dormindo — a essa altura já roncando — no gramado, com o time argentino jogando ao fundo.

Para espanto de Silvio e delírio dos participantes da mesa, a reportagem foi ao ar no *Apito Final* do mesmo dia, com direito a sonorização com música de ninar.

Em outro programa *Apito Final*, Silvio arriscou e fez mais uma piada em cima de um comentário de Mário Sérgio, que retrucou no ato:

— Você, como árbitro, foi péssimo. O que entende de futebol?

No intervalo, foi a vez de Luciano perder a paciência:

— Na próxima os dois vão receber cartão vermelho e retornar ao Brasil.

Silvio e Mário só voltaram a se falar alguns dias depois, quando foram fazer o mesmo jogo, Holanda x Irlanda.

Na fase seguinte, quando não havia partida todos os dias, a equipe da Bandeirantes aproveitou uma folga e fez uma feijoada. Para completar o dia, houve um jogo de futebol entre a equipe da Bandeirantes e os *carabinieri*, um time da guarda civil romana. Começo de partida e a Bandeirantes saiu fácil na frente, com Zico, Rivellino e Mário Sérgio. Quando eles começaram a cansar, os italianos começaram a apertar. Foi a vez de Silvio entrar para apitar e garantir a vitória da Bandeirantes. Mesmo assim Rivellino ainda saiu de campo irritado com o juiz.

No tempo em que o Datena era magro.

CADA UM NA SUA

Depois do vexame da Seleção Brasileira na Copa de 1990, o ex-jogador Paulo Roberto Falcão tornou-se o novo técnico do Brasil. Falcão fez insistentes pedidos a Vital Battaglia para que assumisse o cargo de assessor de imprensa. Ele aceitou o convite e desvinculou-se de todas as suas outras atividades antes de iniciar o novo trabalho. Falcão também teve de negociar muito com o presidente da CBF, Ricardo Teixeira, para que ele concordasse com a indicação do jornalista como assessor do técnico. O novo técnico pretendia modernizar o futebol brasileiro, e Vital imediatamente mergulhou nessa esperança que estava surgindo.

No Aeroporto de Cumbica ocorreu o primeiro encontro entre Silvio e Vital depois que ele se tornou assessor de Falcão. Vital, ao ver Silvio, foi em sua direção para explicar as novas propostas que pretendiam apresentar e também para pedir o seu apoio.

Nem bem chegou perto de Silvio e ouviu secamente:

— Não quero conversa com você, porque agora você virou cartola.

Vital, decepcionado por não ter tido nem a chance de falar, não se controlou:

— Então, vai à puta que o pariu.

O troco veio na hora:

— Vai à puta que o pariu você!

Ficariam mais de dez anos sem trocar uma palavra.

Pouco tempo depois eles voltaram a se encontrar no Aeroporto do Galeão. Os jogadores estavam dando entrevista no saguão, mas Vital mandou os atletas entrarem na sala de embarque. Vários repórteres que não viajariam ficaram do lado de fora, sem fazer as entrevistas. Silvio viu o que ocorrera, saiu da sala de embarque, pegou os gravadores dos repórteres e começou a realizar as entrevistas, para que os jornalistas não fossem prejudicados. Vital percebeu o que Silvio estava fazendo e então liberou o técnico Falcão para voltar ao saguão e atender aos jornalistas.

Silvio mais uma vez mostrava o seu radical posicionamento contra as ligações profissionais dos jornalistas. Vital não teve oportunidade de se explicar, mas Silvio interpretou sua ida para a assessoria de imprensa da Seleção como uma traição à sua profissão de jornalista. Apesar de admirar Vital, se havia algo que Silvio não tolerava era uma perigosa mistura de funções. Para ele, um jornalista jamais poderia estar comprometido ideologicamente com dirigentes, técnicos, empresários ou jogadores. Ao não aceitar que sua honra e sua liberdade fossem prejudicadas, ele passava a não aceitar que qualquer colega se envolvesse e servisse a dois senhores ao mesmo tempo. Silvio não se importava com o caso de J. Hawilla, que era jornalista na Globo mas abandonou a profissão para tornar-se empresário. Hawilla foi honesto ao tornar pública sua escolha. Vital também tinha sido correto ao se desligar de todas as funções que exercia, mas mesmo assim Silvio jamais concordaria com aquela mudança (de jornalista a funcionário da CBF).

Após a Copa de 1990 Flávio Prado deixou a Bandeirantes e foi para a Rádio Jovem Pan. Silvio continuou narrando na emissora. Depois de treze anos a dupla se separava. Mas a amizade prosseguiu: no primeiro aniversário do programa *Cartão Verde*, também comandado por Flávio na Rede Cultura, Silvio foi convidado e, de surpresa, levou um bolo. A produção achou que esse gesto deu sorte, e Silvio virou convidado permanente do programa de aniversário. E, claro, ele sempre tem de levar o bolo "de surpresa".

NARRAÇÃO INDIGESTA

Olimpíadas de Barcelona, em 1992. Silvio foi escalado para cobrir uma maratona de jogos de basquete, com Edvar Simões. Teve de chegar bem cedo ao ginásio de Badalona, sem tomar café da manhã. Eles então comeram um cachorro-quente em uma barraca em frente ao ginásio. Assim que o jogo começou, Silvio sentiu uma forte dor de barriga e saiu correndo para o banheiro, dizendo apenas:

— Edvar, segura aí!

Cinco minutos depois Silvio retornou, mas por pouco tempo. Logo em seguida a incômoda dor voltou. Lá foi Silvio para o banheiro. E Edvar, tentando encobrir a falta do narrador, não parava mais de comentar o jogo. Silvio iria correr da cabine para o banheiro mais algumas vezes naquele dia.

Jogo na Vila Belmiro. O Santos estava mal, e a torcida aproveitou para descontar na

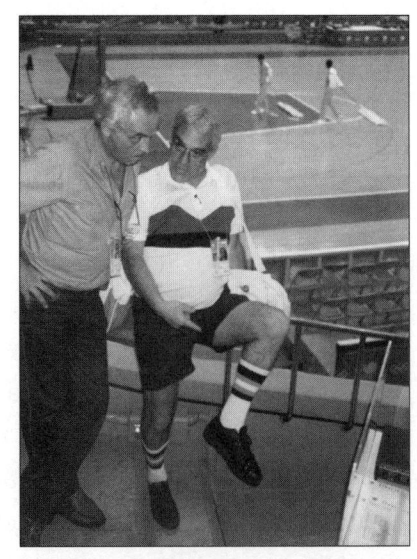

O comandante Vicente foi quem comprou o sanduíche.

equipe da Bandeirantes. Silvio, Rivellino e Datena conseguiram entrar na perua e escapar. Mas, quando perceberam, o repórter Gílson Ribeiro havia ficado para trás e estava apanhando muito dos torcedores.

Silvio mandou o motorista voltar devagar e entrar com o carro no meio da confusão. Ele desceu e pediu calma aos torcedores. Surpreendentemente, eles atenderam aos pedidos de Silvio e pararam de bater em Gílson, que pôde entrar na perua.

IDÉIA ILUMINADA

Durante o intervalo de um jogo realizado no Parque Antártica a câmera mostrava em plano geral o estádio e um prédio vizinho com quase todas as lâmpadas acesas. Silvio observou a cena e achou que uma boa parte daquelas pessoas estava assistindo à transmissão da Bandeirantes.

Tomou coragem e decidiu arriscar, pedindo no ar:

— Você, que mora nesse prédio mostrado pelas nossas câmeras, se estiver assistindo à Bandeirantes, comece a acender e apagar as lâmpadas.

Algumas luzes passaram a piscar imediatamente. Aos poucos o prédio acabou se transformando em uma árvore de Natal.

Essa idéia foi muito imitada, e hoje os moradores já acendem e apagam as lâmpadas assim que o prédio é focalizado.

PELO AMOR DO MEU FILHINHO

Alexandre (filho mais velho de Silvio) e seu amigo Zé Beto foram a pé do bairro de Pinheiros até o Estádio do Pacaembu para assistir à partida Santos e Palmeiras. No final do jogo eles desistiram de pegar ônibus devido aos tumultos na saída do estádio. Voltaram, esperaram o estádio esvaziar e pularam da área do Tobogã para o lado das cabines. Alexandre sabia que seu pai havia narrado o clássico e que iria permanecer na cabine para fazer uma entrada ao vivo no programa *Show do Esporte*. Ele viu que as lâmpadas da cabine da Bandeirantes continuavam acesas e falou para o amigo:

— Meu pai ainda tá aqui. A gente pode voltar de carona com ele.

Porém havia um policial encostado na grade de acesso às numeradas. Alexandre dirigiu-se a ele e, apontando para a cabine, disse:

— Será que eu podia pular e subir? Eu preciso falar com meu pai.

— Quem é seu pai? — perguntou o policial.

— É o Silvio Luiz.

— Ah, é?... E o meu é o Chacrinha.

Alexandre não esperava essa resposta e perdeu a cabeça:

— Então vai à merda.

Depois disso, ele e o amigo correram para fora do estádio, pela saída do Tobogã. O policial ainda passou um aviso pelo rádio, mas eles foram rápidos. Porém, definitivamente, perderam a carona e tiveram de voltar a pé para suas casas.

Na quarta-feira da mesma semana, apenas três dias depois, Alexandre foi ver, dessa vez com Silvio, um jogo no Morumbi. Para não perder nenhum lance, ele acompanhava o jogo das numeradas (e Silvio sempre pagava o ingresso do filho), mas retornava no intervalo do jogo para a cabine. Silvio, Rivellino, Alexandre e os produtores conversavam e comiam amendoim quando dois oficiais entraram.

Silvio levantou-se e dirigiu-se ao oficial, que era responsável pelo policiamento dos grandes jogos:

— Eu quero apresentar o meu filho, Alexandre.

O oficial olhou para ele e perguntou:

— Eu não te conheço de algum lugar?

O oficial, que já havia reconhecido o garoto que o xingara, apenas queria testá-lo.

— O senhor me conhece do jogo de domingo.

— Foi você quem me xingou, então?

— Fui eu.

Todos se surpreenderam com o diálogo, mas o policial, com muita calma, disse então:

— Você não devia ter feito isso.

Silvio arregalou os olhos e deu um salto. Partiu para cima de Alexandre:

— Como?!...Você xingou um policial?!

— É que eu queria pular a grade pra falar com você, mas ele não deixou.

Alexandre tentava se explicar, mas era interrompido a todo momento pelos gritos do pai:

— O policial não tem obrigação de saber que você é meu filho!

O oficial aproveitou para também tentar dar uma lição em Alexandre, que contestou:

— Mas o senhor viu que eu não menti. Ele realmente é meu pai. Agora eu queria saber se o seu pai é o Chacrinha!

Todos caíram na gargalhada, menos Silvio.

O policial sorriu e explicou a gravidade da atitude de Alexandre:

— Eu sei que você vem muito ao estádio. Então, vou te pedir um coisa: não xingue mais nenhum policial, porque você poderia ser preso.

Os policiais se despediram e saíram da cabine. Silvio, agora aos berros, ficou descontrolado:

— Se você entrasse em cana, eu não ia te tirar de lá, só pra você aprender!

Exatamente naquele instante, Silvio precisava retornar ao ar para chamar os melhores momentos do primeiro tempo. Alexandre e todos os que estavam na cabine presenciaram uma transformação: Silvio voltava a ser o mesmo locutor brincalhão da frente das telas, narrando todo o segundo tempo sem demonstrar a menor irritação. Depois do jogo, para azar de Alexandre, o pai Silvio continuava enfurecido.

UM ESCALPO POR UM PATROCÍNIO

A Bandeirantes passava por um momento difícil e precisava fechar uma cota de patrocínio para a Copa de 1994 com a empresa Tramontina. Foi realizado um jantar no escritório da fábrica, com a presença do diretor-presidente da emissora, João Carlos Saad, os diretores da Bandeirantes, da Tramontina e a equipe esportiva. Havia uma diferença no valor que estava impedindo o acordo. O jantar seguiu, e a tensão foi aumentando, já que o acerto não surgia. O encontro estava quase no final, e Silvio, apesar de estar brincando muito, percebeu que o acordo ainda não fora realizado.

O local onde eles estavam jantando era também um *showroom* da empresa. Silvio decidiu agir e então pegou uma faca afiadíssima, subiu na mesa e abriu a camisa. Todos pararam para acompanhar a cena. Ele então encostou a faca na barriga e começou a descer, cortando pra valer os pêlos do corpo. Em seguida, abriu o zíper da calça e sentenciou:

— Se vocês não fecharem essa cota eu vou continuar cortando.

O nervosismo deu lugar ao riso. Silvio rompia as defesas dos dois lados, e o jantar ganhava um clima bem leve. Mais relaxa-

---

TRAMONTINA

Caro Sílvio Luiz:

Aqui no Rio Grande do Sul há uma lenda que diz que quando se ganha uma faca de presente, deve-se dar uma moeda a quem nos presenteia com a faca. Com isso, evitamos que presenteador e presenteado briguem.

Mas esta é uma faca que foi produzida especialmente para manifestar nosso carinho e admiração a alguns amigos ou a pessoas que queremos fazer nossas amigas. De modo que, proponho continuar respeitando a lenda gaúcha, mas você guarda a moedinha. Quem sabe um dia a gente almoça juntos e incluímos a moedinha no pagamento do almoço?

Um abraço,

Clovis Tramontina
Presidente

dos, os diretores da Bandeirantes e da Tramontina se entenderam, e a cota foi finalmente fechada.

Nos corredores da Bandeirantes, quando João Carlos Saad e Silvio se encontravam, o presidente da Bandeirantes sempre perguntava:

— E a nossa cota?... Está dando coceira?

O TROFÉU DA COPA DE 1994

Sempre pensando em reforçar a união da equipe que comandava, Luciano organizou um jantar nos Estados Unidos para comemorar os bons resultados que a Bandeirantes vinha obtendo durante a cobertura do Mundial. Luciano também convidou Pelé, que se emocionou ao rever Tostão depois de muitos anos.

O jantar corria em clima festivo. Luciano, Juarez Soares, Pelé, Gérson, Tostão, Mário Sérgio, Jota Júnior, Armando Nogueira e Silvio Luiz divertiam-se relembrando histórias do passado. Porém, em certo momento, Mário perguntou a Gérson como ele tinha saído da Globo. Começou, então, uma lavagem de roupa pela qual ninguém esperava: Gérson passou a atacar Armando — ex-diretor de jornalismo da emissora —, afirmando que ele tinha sido omisso ao endossar sua demissão. Armando, ao lado de Silvio, se afundava na cadeira. O ambiente do jantar mudou completamente. No dia seguinte Armando procurou Luciano e pediu para ser desligado do grupo. Luciano não concordou e manteve o jornalista na equipe. Algum tempo depois, Gérson e Armando fizeram as pazes.

Durante esse jantar — e antes da discussão —, Silvio, que sempre gostou de guardar recordações, pediu a todos na mesa que autografassem um guardanapo do restaurante. Essa lembrança daquela reunião de craques e jornalistas virou um troféu para ele. O guardanapo foi emoldurado e virou um quadro que ele mantém em sua casa.

O PRESIDENTE ITAMAR E
O CARRO VELHO DO COMENDADOR

Durante a Copa de 1994 Orlando Duarte mostrou uma nota de 1 real para Silvio. Era a primeira vez que ele via a nova cédula. Silvio pediu a Orlando que lhe emprestasse a nota. No encerramento do *Apito Final* daquele dia, Silvio pegou a cédula de 1 real e uma de 1 dólar e disse, mostrando a nota brasileira:

— Esta aqui vale mais que "esta outra" (apontando a nota de dólar). Isso é pra mostrar o nosso valor. Temos de acreditar, porque agora vai melhorar.

Pouco depois da Copa, Silvio estava no departamento de jornalismo da Bandeirantes e passou em frente à sala de Chico Pinheiro, que falava ao telefone. Cumprimentaram-se com um aceno através do vidro. Chico sussurrou:

— Estou com o presidente (Itamar Franco).

Silvio aproveitou:

— Então deixa eu falar com ele.

Chico passou o telefone para Silvio:

— Presidente, aqui é o Silvio Luiz.

— Jornalista, você não sabe a admiração que tenho por você ter me ajudado naquele depoimento. Aquele seu gesto, segurando a nota de 1 real, foi muito importante. Você precisa vir tomar um café comigo.

Silvio realmente teria de ir a Brasília na semana seguinte, mas para acompanhar o andamento do seu processo contra a Record. Na capital federal, recebeu a notícia de que a audiência do processo fora cancelada. Silvio ligou então para o Palácio do Planalto, tentando falar com o presidente. A assessoria lhe disse que ele não estava, mas anotou o telefone do hotel de Silvio.

Uma hora depois ele recebeu uma ligação:

— O presidente quer recebê-lo. O senhor pode vir agora? O seu nome já está na portaria.

Ele pegou um táxi para o Palácio. Foi levado a uma sala onde alguns ministros conversavam. Estava meio sem jeito, ainda mais quando lembrou que usava uma gravata um pouco festiva para o momento. A secretária disse para os ministros aguardarem porque o presidente iria atender primeiramente o jornalista.

Ele foi chamado em seguida. Itamar o recebeu com alegria e logo depois autorizou a entrada dos outros ministros, do ministro-chefe da Casa Civil, Henrique Hargreaves, e do fotógrafo do Palácio para registrar sua presença. Ao lado do local onde estavam havia uma saleta com um armário, uma pequena geladeira e uma mesinha com uma garrafa de café. Itamar pegou a garrafa e serviu um copinho de café a Silvio, eles conversaram por mais alguns minutos e se despediram. O presidente voltou a agradecer a atitude de Silvio quando da implantação do Plano Real.

Silvio, que já havia sido agraciado, por iniciativa do vereador paulistano Éder Jofre, em dezembro de 1985, com a entrega da Medalha Anchieta e do Diploma de Gratidão da Cidade de São Paulo, teve uma grande surpresa quando recebeu uma carta do Ministério da Educação e Desporto comunicando que ele fora escolhido para receber uma comenda. No dia 19 de novembro de 1994, em Brasília, Silvio Luiz recebeu do presidente Itamar Franco a Ordem Nacional do Mérito Educativo, no grau de Comendador. A sugestão partiu do Conselho das Ordens Brasileiras, e o comunicado foi feito em nome do ministro da Educação e Desporto, Murílio Hingel. (Uma doce vingança para Silvio: ele não se tornava o ministro da Educação — como era chamado na Record —, mas um comendador, e por sugestão de um ministro. Se os antigos colegas pudessem vê-lo agora...)

Aproveitou o embalo e foi ao Palácio exibir sua gravata.

Ao entregar a comenda para Silvio, o presidente comentou:
— Hoje nós não podemos tomar café, mas amanhã eu vou estar em São Paulo e quero que você vá tomar um café comigo no hotel.

No dia seguinte Silvio e seu filho Alexandre estavam no Hotel Cadoro. Assim que Silvio chegou, os seguranças já o conduziram para o quarto. Itamar, de roupão verde, recebeu Silvio para uma rápida conversa. Silvio apresentou seu filho. Eles conversaram rapidamente e, ao se despedirem, Itamar fez mais um convite a Silvio:

— Amanhã eu vou abrir o Salão do Automóvel. Você não gostaria de ir?

Silvio acenou concordando, e o presidente completou:
— Esteja aqui às dez da manhã.

Meia hora antes do horário combinado Silvio já estava no Cadoro. Ele foi encaminhado para o ônibus número um, onde foram levados, além do presidente, os assessores e os ministros. Silvio acompanhou o presidente na abertura do Salão. Logo após o coquetel, o presidente e a comitiva retornaram ao ônibus, Silvio também. Do Anhembi, o ônibus seguiria direto para o Aeroporto de Congonhas. Silvio lembrou-se de que havia deixado o carro no estacionamento do hotel. Eles desceram no aeroporto, Silvio tentou despedir-se do presidente, mas ele o chamou para mais um café. Enquanto Itamar aguardava o avião, chegaram o governador de São Paulo, Antonio Fleury, e o ministro da Fazenda, Ciro Gomes. O presidente apresentou Silvio:

— Vocês não imaginam como esse moço me ajudou na época do Plano Real.

E fez um novo convite:

—Você não quer ir comigo para Brasília?

Silvio recusou gentilmente. Mesmo assim, Itamar Franco ainda reforçou:

— Quando for lá, me procure.

Despediram-se, e o presidente voou para a capital federal.

O problema de Silvio agora era chegar até o Hotel Cadoro, na rua Augusta, próximo à avenida Paulista, para pegar seu carro. Silvio conseguiu uma carona em um carro da Telesp, que o deixou a dois quarteirões do hotel.

Depois de pagar o estacionamento, Silvio entrou na sua Caravan azul a álcool. Virou a chave e o carro não pegou. Tentou várias vezes e nada. Foi até a um posto de gasolina próximo e comprou um saquinho de gasolina. Voltou para o carro, abriu o capô e colocou um pouco de gasolina no carburador. Enquanto fazia isso, Silvio pensava na sua vida. Uma hora antes, estava com o presidente da República, o governador e o principal ministro do governo. Agora tentava fazer seu velho carro pegar. Depois que a gasolina desceu, Silvio entrou no automóvel, virou a chave, o motor funcionou e ele foi embora.

BACUBUFO NO CATEREFOFO

São Paulo e Palmeiras jogavam no dia 30 de outubro de 1994. O atacante palmeirense Edmundo discutiu, durante o jogo, com o diretor do São Paulo Kalef João Francisco. Depois fez uma falta violenta em Euller e recebeu cartão amarelo. Em seguida deu um tapa em Juninho, foi expulso e ainda acertou um soco no lateral André, provocando uma briga entre as duas equipes. Silvio narrava o jogo — que seria exibido em videoteipe pela Bandeirantes, logo após o término da partida — e não poupou o atacante palmeirense:

— É um cafajeste. Esse moleque é um cafajeste.

Alegando que a atitude de Silvio, "além de ofender sua honra subjetiva, desvalorizava o valor de seu passe" e que, ao proferir o que entendeu como injúrias ao microfone, ele estava infringindo o artigo 22 da Lei 5.250/67 (que regula a liberdade de manifestação), Edmundo entrou com uma queixa-crime contra Silvio, que recebeu um mandado de citação para apresentar defesa no processo 1.288/94. Intimado a defender-se, Silvio — aconselhado por seu advogado — começou a juntar videoteipes e notícias que comprovavam o que havia dito. Esse recurso é chamado juridicamente de "fato verdadeiro", e, ao ser levado ao tribunal, eliminaria a possibilidade de ele ser acusado de haver cometido qualquer infração. Derrotado pelas próprias — e verdadeiras — atitudes que praticava, Edmundo acabaria retirando a ação.

Outro fato iria indispor ainda mais a torcida palmeirense contra Silvio: o técnico palmeirense Wanderley Luxemburgo havia afastado o mesmo Edmundo do time por indisciplina, e Silvio fez um comentário incisivo defendendo a atitude do técnico. A opinião de Silvio, a favor de Luxemburgo e do profissionalismo, pesou e acabou refletindo no grupo de jogadores, na diretoria e na torcida, alcançando uma forte repercussão dentro do clube. O comentário trouxe muitos problemas pessoais para Silvio, que defendeu Luxemburgo — pessoal e profissionalmente — e o fortaleceu à frente da equipe que iria conquistar o título nacional daquele ano.

Pouco tempo depois Silvio e Ely foram escalados para trabalhar no jogo em que Edmundo agrediu um cinegrafista equatoriano, durante a partida entre Nacional e Palmeiras, em Quito, pela Taça Libertadores da América. A notícia da prisão de Edmundo foi transmitida por todas as emissoras equatorianas. Silvio estava vendo televisão naquele momento e imediatamente chamou Horácio Margulies (coordenador de produção da Expoarte, que estava cuidando da transmissão). Era preciso ligar rapidamente para a Bandeirantes e dar a informação. Horácio sugeriu que Ely fizesse a reportagem. Silvio aceitou a sugestão.

O que a torcida palmeirense jamais ficou sabendo foi que Silvio procurou o jogador e colocou à disposição dele o microfone da Bandeirantes, além de oferecer ajuda ao atleta.

Mas a cega paixão de torcedores e dirigentes clamava por vingança contra o jornalista que ofendeu um de seus jogadores mais queridos. Silvio começou a ser incomodado por torcedores palmeirenses, recebendo telefonemas anônimos e ameaças em sua própria casa. Passou a ser maltratado toda vez que ia ao Parque Antártica para trabalhar. Na última vez em que ele narrou no estádio do Palmeiras, foi tão hostilizado que teve de deixar o lugar escoltado pela polícia. À saída, Silvio deu uma entrevista ao repórter Wanderley Nogueira, da Rádio Jovem Pan, e jurou:

— Eu não piso mais neste chiqueiro.

Nessa mesma época começaram a ser distribuídos folhetos na porta do estádio do Palmeiras com a seguinte frase: "Vamos eliminar o Silvio Luiz, inimigo número um da torcida palmeirense".

Esse problema entre Silvio e a torcida palmeirense, que deveria ficar restrito aos torcedores mais extremistas, surpreendentemente alcançou a diretoria do time, atingindo a, assim chamada, parte profissional do clube. O episódio que resume essa falta de razão e o excesso de paixão ocorreu quando o time do Palmeiras estava embarcando em um avião da TAM para jogar em Recife.

As equipes esportivas costumavam viajar na mesma aeronave do time, mas a diretoria do Palmeiras não permitiu a presença de Silvio. Ele então ligou para o comandante Rolim, presidente da TAM, e explicou a situação. Rolim emprestou seu jato particular para que Silvio fosse a Recife. Na volta para São Paulo o comandante novamente colocou o próprio avião à disposição de Silvio, só que, agora, os outros repórteres que cobriram o jogo quiseram voltar com ele. Silvio engrossou, criticando a falta de união:

— Vocês não vieram com o Palmeiras? Agora vocês vão voltar com eles, porque eu vou voltar sozinho neste avião.

UM NARRADOR QUE VOA

Metódico e organizado, Silvio costumava guardar todas as fichas de embarque dos vôos. Além de guardá-las, ele anotava no verso a hora exata em que o avião decolou e chegou. Silvio queria fazer um quadro com todas as fichas, mas desistiu e as jogou fora.

Essa contabilidade iria apontar — trabalhando pela TV Bandeirantes na Libertadores da América e nos amistosos da Seleção — um total (em jogos no exterior) de 109 horas e 48 minutos de viagens de avião; além de 8 horas e 45 minutos de automóvel, percorrendo 1040 quilômetros.

As viagens pelo Estado de São Paulo, para cobrir o campeonato regional, totalizaram 7340 quilômetros, percorridos em 78 horas e 12 minutos de estrada e 5 horas e 43 minutos de avião. Pelo Brasil, o total via aérea foi de 44 horas e 36 minutos; e mais 10 horas e 10 minutos via terrestre.

Brincando de comissário de bordo.

Um total geral de viagens aéreas de 160 horas e 7 minutos. Em estradas foram 93 horas e 42 minutos. Total de quilômetros: 9070.

Isso tudo somente no ano de 1995.

A PROFISSÃO OU O AMIGO

Depois de ter lido uma nota no jornal *Notícias Populares* que afirmava que os repórteres da Bandeirantes Luciano Júnior e Octávio Muniz tinham aberto um escritório de agenciamento de jogadores, Silvio procurou a direção da Bandeirantes. Como Luciano do Valle estivesse viajando, ele foi — com o jornal debaixo do braço — falar com José Roberto Maluf, diretor geral da emissora.

Em seguida Silvio procurou Juca Silveira — que iria assumir a direção de esportes da emissora — e pediu que não fosse mais escalado com os dois repórteres. Qualquer elogio ou crítica que Silvio fizesse a um jogador que, por acaso, fosse contratado da empresa deles, poderia deixar uma forte suspeita no ar.

Dois dias depois, na mesma coluna, uma nota informava que Ely Coimbra também participava da empresa. Ele já havia acertado sua saída da Bandeirantes, e acabava de ser contratado pela Record. Ely Coimbra era muito amigo de Silvio e foi um segundo pai para Alexandre. Ely sempre tratou o filho de Silvio como se fosse seu próprio filho.

Mas o principal fato que provocou essa atitude de Silvio ocorreu alguns meses antes, em um jogo entre Guarani e Santos, narrado por Silvio e comentado por Ely. A notícia da empresa tinha chegado ao conhecimento dos torcedores, que passaram a acusar todos os profissionais da Bandeirantes, com gritos e ofensas:

— Seus mercenários! Vocês são um bando de ladrões. Vocês querem é vender jogador!

Durante esse jogo Silvio ficou arrasado. Percebeu que todos

poderiam ser envolvidos indistintamente. Para ele, que se importava, acima de tudo, com seu nome, aqueles ataques dos torcedores doeram profundamente. Naquele dia, na frente de Alexandre, Silvio abriu o jogo com Ely:

— Ely, olha a cagada que tá dando! Isso vai dar merda e vai sobrar pra todo mundo!

De saída para o SBT, Silvio aceitou ser entrevistado pela revista *Placar* para falar sobre as relações entre jornalismo e agenciamento de jogadores. Silvio, como sempre, foi franco e contundente, atacando a atitude dos profissionais que misturaram as duas funções. Depois dessa reportagem Silvio e Ely nunca mais se falaram.

Um mês antes da publicação da matéria, Maluf já tinha tomado as providências, e a direção da Bandeirantes exigiu que os seus dois profissionais optassem entre o escritório e o trabalho na televisão. Luciano Júnior e Octávio escolheram a Bandeirantes. Quando a revista estava nas bancas, a Bandeirantes já tinha resolvido o problema.

A empresa de agenciamento, na verdade, pertencia ao filho de Ely, que tinha o mesmo nome do pai. Era uma empresa de consultoria e assessoria de marketing esportivo que se chamava SGB — Sports General Business — e que intermediava transações entre times e jogadores. Luciano Júnior tinha ligações com a empresa. Octávio Muniz não chegou a ser sócio da empresa, mas um "agregado que cuidava de eventos futuros", como ele próprio declarou na época.

Mais de um ano depois eles foram demitidos da Bandeirantes. A direção da emissora justificou-se dizendo que as demissões foram feitas em função de a empresa "estar buscando a otimização de seus recursos, inclusive humanos".

Silvio ainda tentou, no lançamento de um livro de Sílvio Lancellotti, falar com Ely, mas ele só conversou com Márcia. Silvio e Ely nunca mais trocariam uma palavra. Ely Coimbra morreu em novembro de 1998. Quando souberam da morte de Ely, Silvio e Alexandre decidiram ir até o velório. Flávio Prado telefonou a Silvio e o aconselhou a não ir, porque o ambiente estava muito tenso.

Era o triste fim de uma grande amizade, uma amizade tão forte que uma conversa talvez pudesse reconstruir.

SBT

Em 1996 Guilherme Stoliar e Ivandir Kotait, aproveitando uma fase em que o SBT voltava a investir em futebol, convidaram Silvio para ser o principal narrador da emissora. A contratação de Silvio surgiu da necessidade de o SBT ter um narrador com a mesma personalidade que a emissora de Silvio Santos, que detinha os direitos exclusivos da Copa do Brasil e do Torneio Rio—São Paulo. O SBT transformou em um grande sucesso a Copa do Brasil, trouxe de volta o Torneio Rio—São Paulo e transmitiu com exclusividade a primeira edição da Copa Mercosul.

A estréia de Silvio no SBT foi marcada por uma apreensão da direção e do departamento de esportes. Ele vinha com fama de estrela e de não perdoar erros técnicos ou de produção. O clima era tenso, ninguém pensava em falhas: "Senão ele vai xingar no ar", pensavam. Por ser a estréia dele e o jogo de abertura (da televisão) da Copa do Brasil — ABC de Natal e Corinthians, no dia 26 de fevereiro —, havia mais funcionários que o normal acompanhando a transmissão, que correu sem um momento crítico. Quando o jogo terminou, com o SBT alcançando, no segundo tempo da partida, o primeiro lugar em audiência, Silvio se despediu dos telespectadores e agradeceu à emissora, citando o nome dos diretores e funcionários que trabalharam no evento; daqueles que ele não conhecia o nome, citou a função: equipe técnica, operadores, câmeras e departamento esportivo. Era a primeira vez que isso acontecia no SBT. Algumas pessoas que estavam no *switcher* e na técnica se emocionaram... Outros passaram a ter uma nova imagem de Silvio.

O seu quarto Troféu Imprensa, como sempre, entregue por Silvio Santos.

OLIMPÍADAS DE 1996

Jogos Olímpicos de 1996. Novamente Silvio e Osmar de Oliveira voltariam a trabalhar juntos. Osmar era o chefe de esportes do SBT, conhecia bem o estilo diferente do narrador, mas pediu seriedade e um certo formalismo a ele, pelo menos durante a narração da festa de abertura das Olimpíadas de Atlanta, no dia 19 de julho. Os dois apresentariam juntos o evento, para quebrar a monotonia da longa cerimônia na qual atletas de todos os países desfilam por mais de quatro horas. Eles se revezariam na locução a cada três delegações que entrasse no estádio.

Tentando dinamizar o desfile das delegações, Silvio e Osmar passavam aos telespectadores informações sobre a história e a geografia do país que se apresentava. Eles tinham um pré-roteiro com a ordem de entrada das delegações e, seguindo a lista inicial, montaram uma papelada com dados sobre todos os países. Eis que surge a delegação de Bermudas. Osmar, que era o locutor da vez, não encontrou a ficha de Bermudas, então parou de narrar e tentou lembrar de cabeça alguma informação sobre a colônia britânica do Atlântico Norte. Silvio não resistiu ao silêncio:

— Foi nesse país que inventaram aquela calça cortada um pouco acima dos joelhos. Não é isso?

Ao mesmo tempo que queria brigar com Silvio, Osmar não conseguia segurar o riso e apenas respondeu:

— Acho que não.

ALÉM DE POLIGLOTA, TAMBÉM É MÉDICO

Alexandre e dois amigos, Kadu e Porpeta, estavam de férias em Miami, onde acompanhariam o torneio de futebol das Olimpíadas. Assim que chegaram, Kadu e Porpeta saíram para um passeio, enquanto Alexandre, que estava resfriado, com febre alta e dor no corpo, preferiu ficar no hotel. Silvio foi até o quarto em que ele estava hospedado. Além da gripe, Alexandre teve de agüentar um discurso:

— Tá vendo, quando eu dizia pra você aprender inglês, você nem ligava. Quando eu quis pagar curso de inglês, você não se interessou. Agora você precisa falar inglês e não sabe nem comprar um remédio. Vem comigo que eu vou te mostrar.

Silvio também não sabia falar bem inglês, mas — para dar uma lição ao filho — arriscou, foi até a farmácia e comprou o remédio. Alexandre não entrou na farmácia, ficou do lado de fora, vendo seu pai conversar com a funcionária. Silvio saiu e entregou um frasco de comprimidos para Alexandre:

— Toma esses comprimidos de duas em duas horas. Esse é o melhor remédio que tem.

— Foi isso que ela disse?

— Foi.

Xororó e a equipe do SBT.

Em seguida Silvio se dirigiu ao Centro de Imprensa. Alexandre cumpriu a determinação, voltou para o quarto, tomou o remédio, colocou o relógio para despertar e deitou-se. Na hora certa o relógio despertou, Alexandre tomou mais um comprimido, mediu a temperatura e continuava com febre. Com muito sono, colocou novamente o relógio para despertar.

Com Bebeto em Miami.

Duas horas depois acordou e tomou mais um comprimido, mas a febre continuava e sentia mais sono ainda. No fim do dia Kadu e Porpeta chegaram contando as maravilhas da balada. De repente pararam de falar e olharam para Alexandre:

— O que tá acontecendo com você?

— Eu não sei, tô tomando remédio, mas minha febre não abaixa. Eu não tô legal.

Ele mediu a temperatura novamente, e o termômetro apontou quase 40°C.

— Mas você não tomou nada?

— Tomei. Tem um remédio aí.

Kadu era o único que falava inglês. Ele pegou o frasco do remédio e perguntou:

— Quem mandou você tomar isso aqui?

— Meu pai. Ele foi até a farmácia e comprou.

— Mas, cara, isso é remédio pra insônia.

Kadu e Porpeta caíram na gargalhada. Alexandre, mesmo com dor e febre, acompanhou os amigos. Depois de muitas risadas,

Kadu desceu ao *hall* do hotel e comprou um remédio para febre e dor de garganta. Alexandre tomou os remédios certos e no dia seguinte já estava bom. Pronto para se acertar com o pai:

— Bonito, hein? Como chama a escola em que você aprendeu inglês?

— Por que você está perguntando isso?

— Porque o remédio que você me deu é pra insônia.

— A culpa foi da balconista, que não entendeu o meu inglês.

Para confirmar o grande domínio de Silvio em relação à língua inglesa, ele foi comprar desodorante e acabou levando laquê. Depois de tomar banho, passou o que ele pensava ser desodorante e ficou com os braços colados.

O QUE SÓ O GALVÃO VIU

Depois de chegarem a dividir a mesma apertada cabine, separados apenas por uma divisória improvisada — na semifinal entre Emelec e Grêmio, no Estádio Modelo em Guaiaquil, durante a Libertadores da América —, Galvão e Silvio voltaram a ter de narrar lado a lado, mas dessa vez com mais conforto, acompanhando a Seleção Brasileira nas Olimpíadas de Atlanta.

Em um ataque do Brasil houve um cruzamento na área e uma rápida conclusão. A bola passou raspando a trave e balançou a rede pelo lado de fora. O estádio se levantou, pensando que fosse gol. Silvio soltou o grito: "Ééééééééééééééééé...". Galvão viu que a bola tinha saído e não se mexeu. Silvio olhou para ele e então percebeu o erro:

— Estou precisando trocar os óculos! O Galvão aqui do meu lado está enxergando muito mais. Ele foi o único que viu que a bola não entrou.

Nesse momento, Galvão, que tinha se mantido firme na narração, ouviu o que Silvio disse e levou um pequeno susto com o comentário.

Com Arnaldo César Coelho e Galvão Bueno.

CADÊ O JOGO?

São Paulo e Ajax se enfrentavam em um amistoso internacional no Morumbi, em 10 de junho de 1997. Silvio narrava a partida pelo SBT.

Apesar de algumas estrelas do futebol holandês estarem em campo, o jogo seguiu em ritmo de festa. Mas aos trinta minutos do segundo tempo, com uma temperatura de 13°C no Morumbi, uma forte cerração baixou no estádio. Silvio, na cabine, não conseguia enxergar o gramado, nem com a ajuda do monitor. Passou a inventar o jogo com a ajuda de Juarez e dos repórteres Antonio Pétrin e Luiz Ceará. Até o momento em que nem os repórteres de campo tinham condições de ver a partida. Silvio então tentou improvisar, conversando com Juarez Soares, que estava comentando o jogo:

— Eu trouxe vela. E você, trouxe vela, Juarez?

— Silvio, não dá pra enxergar nada. Quero ver como os jogadores vão fazer.

— Então canta aquele tango de Gastón e Le Pera *Por la noche que me quieras todo se perdió*.

E o árbitro mandando o jogo seguir. Os próprios jogadores já não viam a bola. E no último minuto:

— Eu não tô vendo nada... Ih, foi gol, gol!!! Éééééééééé do São Paulo. Eu não vi quem é que fez, mas foi do São Paulo!

O GRITO PAROU NA GARGANTA

12 de julho de 1998. Final da Copa na França. A Seleção Brasileira iria encarar a dona da casa e o Stade de France lotado. Silvio e Juarez estavam a postos duas horas antes de o jogo começar e viveriam juntos o momento mais dramático do futebol brasileiro no Mundial.

Juarez, impaciente com a espera; Silvio, examinando tudo antes da transmissão. Eles demonstravam calma. A escalação dos times já era conhecida. A única grande ausência era a do zagueiro francês, Blanc, expulso na semifinal contra a Croácia, que seria substituído por Leboeuf. Talvez por isso a distribuição das planilhas com a escalação das seleções não despertasse muito interesse entre as equipes esportivas. A posição reservada ao SBT era na última e mais alta fileira das cadeiras de imprensa. As planilhas foram distribuídas de baixo para cima. Quando Silvio recebeu a planilha, começou a transcrever a escalação para a própria ficha que sempre levava nos jogos. Surpreso com o que leu, comentou:

— Chinês, o Ronaldinho não vai jogar!

— Que é isso, você tá de brincadeira?

— Olha aqui, pô! O nome assinalado é o do Edmundo. Ele não tá nem no banco.

Juarez, ainda espantado, se agitou:

— Chama, Silvio! Chama e mete bronca!

Imediatamente, Silvio chamou a central do SBT. A emissora exibia uma prova de Fórmula Indy ao vivo. Angelo Henrique, o Makarrão, na coordenação da transmissão, ainda perguntou:

— Mas e se for um erro da Fifa?
— Se for um erro da Fifa melhor ainda! — respondeu Silvio.

O SBT interrompeu a prova automobilística e entrou no ar dando a informação em primeira mão, entre as emissoras que cobriam a final.

Ronaldinho acabaria jogando — ou entrando em campo —, mas a França venceria a decisão com facilidade. Depois do jogo, Silvio ficou uns cinco minutos sem falar com ninguém, um abalado silêncio que causou preocupação entre os colegas que estavam trabalhando com ele. Silvio tinha certeza absoluta de que o Brasil seria campeão.

FELIZ ANIVERSÁRIO, SILVIO LUIZ

No ritmo agitado de uma cobertura de Copa do Mundo, às vezes falta tempo até para uma conversa. Como Silvio nasceu no dia 14 de julho — um mês em que, geralmente, são disputadas as Copas e Olimpíadas —, ele quase sempre comemorava o aniversário longe de casa. E foram então os amigos que lhe proporcionaram comemorações — diferentes, simples, emocionantes — que se tornaram inesquecíveis para ele...

Na Copa de 1994, pela Bandeirantes, Juca Silveira foi a única companhia de Silvio na comemoração de seus sessenta anos de vida. Juca fez questão de oferecer — e beber — um champanhe com Silvio.

Em Cáli, Luciano e Juarez, ainda na Globo, pagaram um jantar e lhe deram uma nota de 50 dólares, que ele guardou.

Na Copa América de 1999, no Paraguai, Silvio recebeu uma bonita homenagem de Galvão Bueno.

A falta da família doía profundamente, principalmente em ocasiões especiais. Ele sentia mais quando estava distante dos filhos no dia do aniversário deles. Uma ausência que os filhos mais novos, Andrea (a Teca) e André, quando crianças, não conseguiam entender. A única alegria era receber os parabéns do pai no ar, durante a transmissão esportiva — coisa que Silvio sempre fez —, porque no dia seguinte esse era o assunto principal na escola.

Foram muitos aniversários de filhos, esposa, mãe e amigos longe de casa: em aeroportos, hotéis e cabines de estádios. Nessas ocasiões Silvio deixava-se tomar pela saudade. Mas nenhuma comemoração de aniversário se compara à da Copa de 1998, na França: o Mundial terminou no dia 12, porém a passagem aérea de Silvio foi marcada só para o dia 18. A festa dos franceses tomou as ruas de Paris no dia seguinte à conquista — uma segunda-feira que foi enforcada — porque na terça (aniversário de Silvio) era a data nacional da França e feriado. Silvio comprou um champanhe e colocou no frigobar do seu quarto. Às onze da noite da segunda, dia 13, ele saiu do hotel e foi até a Torre Eiffel. Ficou esperando. Assim que os relógios marcaram meia-noite, as luzes da Torre se acenderam. Nesse instante Silvio estourou o champanhe e tomou a garrafa inteira. Depois voltou para o hotel e foi dormir.

GOL SHOW

Apesar de o SBT possuir os direitos de transmissão da Copa Mercosul de 1998, a emissora repassou esses direitos para a Bandeirantes e acabou com seu departamento esportivo. Silvio Santos estava muito decepcionado com o fato de sua milionária proposta para a compra dos direitos do Campeonato Brasileiro ter sido recusada: um ano antes o SBT havia oferecido 50 milhões de reais anuais pelos direitos

Pouco antes da misteriosa final da Copa.

de transmissão, mais uma série de benefícios (como a criação de um canal de futebol a cabo para que os times pudessem divulgar seus projetos). As propostas da Bandeirantes/TVA e Globo/Globosat totalizavam cerca de 20 milhões anuais, com menos benefícios. A oferta do SBT foi considerada a mais vantajosa para os clubes, mas — mistérios da cartolagem — havia uma cláusula no contrato anterior que permitia que Globo e Bandeirantes cobrissem qualquer proposta. As duas emissoras então usaram essa vantagem. O SBT ameaçou entrar na Justiça para contestar esse direito de preferência, mas recuou e divulgou um comunicado em que, com proféticas palavras, acusou o Clube dos 13 de amadorismo, "aguardando que, algum dia, o futebol brasileiro possa amadurecer, atingindo sua fase adulta, dando tratamento empresarial, como ocorre nos outros países, a todos os produtos dele derivados".

O *Gol Show* era um programa do SBT que tinha uma ótima audiência e que contava com a participação popular pelo telefone. Muitas vezes a atração — apresenta-

No **Gol Show**, *substituindo o patrão*.

da por Silvio Santos — alcançava um milhão de chamadas por domingo.

O telespectador disputava pelo telefone. Sua voz comandava um canhão que disparava uma bola em direção ao gol, conforme a ordem do participante. A produção orientava o telespectador a só falar no momento em que gostaria que o tiro partisse. A palavra-padrão escolhida para o canhão disparar a bola era "gol". Debaixo das traves, sempre um goleiro famoso tentava defender o forte arremesso.

Se fosse gol, o telespectador recebia prêmios; mas o principal objetivo era acertar a zona do ângulo superior das traves e ganhar um milhão de reais. Silvio Luiz foi escolhido para substituir Silvio Santos durante uma temporada do programa. Apesar do nervosismo de Silvio Luiz com a responsabilidade, a audiência e o número de ligações mantiveram-se na média.

Neimar de Barros, diretor do programa, preocupava-se sempre com o *standby* (um segundo recurso, no caso de algo sair errado). Até o canhão, importado da Europa, possuía um *standby*. Durante um programa, que era ao vivo, o canhão principal travou no momento em que Silvio Luiz estava entrevistando um jogador, pouco antes de as cobranças de tiros a gol começarem. Neimar correu e posicionou-se à frente de Silvio, mas fora do campo visual das câmeras, e sinalizou para que o apresentador esticasse a conversa.

Começou uma complicada operação, mas os produtores se apressaram, retiraram o pesadíssimo canhão e colocaram o reserva em menos de três minutos. Silvio Luiz continuou a entrevista normalmente, e quem estava acompanhando pela televisão nada percebeu.

Silvio Luiz foi importante em algumas situações inesperadas: o tiro do canhão era muito potente, tornando quase impossível a defesa do goleiro. Por duas vezes a bola furou a rede. A produção ficou em dúvida se a bola tinha entrado ou não, mas Silvio, de olho no lance, confirmou o gol mesmo antes do *replay*.

Em outro programa do *Gol Show*, o assistente de produção responsável pela manipulação da dália (uma cartolina com orientações de texto e roteiro do programa) faltou. Um outro funcionário foi escolhido para mostrar a dália, mas nunca havia feito isso. Foi um desastre. Logo no começo do programa ele deixou as dálias caírem. Silvio Luiz viu o que aconteceu, improvisou e segurou o programa. Em seguida ele trocou a ordem das dálias, invertendo a seqüência do programa. Silvio percebeu que havia algo errado e ignorou as orientações, consertando o erro do atrapalhado substituto, que não tinha nem numerado as dálias.

UM ROQUEIRO NA BANHEIRA

A idéia surgiu de maneira inusitada: durante uma conversa sobre futebol, os irmãos Andria e Ivan Busic — que formavam, com Eduardo Ardanuy, o conjunto de rock Doctor Sin — fizeram a música *Futebol, Mulher e Rock'n Roll*, colocando frases de Silvio na letra da música. Era a primeira vez que compunham em português.

Eles eram fãs de Silvio e o conheceram pessoalmente em um encontro casual na gravadora Paradox. Apresentaram-se ao ídolo e pediram que ele autografasse o pôster do grupo.

Com a música pronta, que se acabou tornando uma homenagem, eles decidiram convidá-lo para participar da gravação. Silvio aceitou sob uma condição:

— Só não vai me fazer cantar em inglês!

O grupo fez a gravação da canção nos Estados Unidos e mandou uma base para Silvio, que, sozinho no estúdio em São Paulo, gravou seus famosos bordões.

Depois disso Silvio passou a falar, nos programas e nos jogos, sobre o grupo, que insistia em chamar de "Doutor" Sin. A música estourou, foi tocada em várias rádios e se tornou um grande sucesso nos shows, causando surpresa entre os integrantes do conjunto, que jamais havia gravado em português. *Futebol, Mulher e*

Rock'n Roll projetou o grupo no país, já que o Doctor Sin vendia mais no exterior do que no Brasil. Para continuar essa escalada de sucesso, o próximo passo planejado pela gravadora seria a realização de um videoclipe que também deveria ter a participação de Silvio.

A idéia original do clipe era que o conjunto tocasse passeando pelo cenário e rodeado por belas modelos de biquíni, e Silvio entraria em uma banheira de espuma cercado pelas mulheres. Mas quando chegou ao estúdio e viu o que eles estavam preparando — quem diria —, Silvio afinou:

— Não vou entrar na banheira de jeito nenhum. Eu vou apanhar em casa! Vocês querem que eu me separe?

Silvio recusou-se porque o clipe iria passar muitas vezes. As fotos de divulgação estariam em todos os jornais e revistas. A idéia então foi cancelada. O clipe foi realizado seguindo outro roteiro.

ROCK'N GOL

A MTV patrocinava o time do Fluminense e, pelo contrato, o tricolor carioca teria de fazer uma partida contra o time da emissora. Zico Góes, diretor da MTV, convidou Silvio para narrar esse jogo. Para Zico, o deboche e a irreverência de Silvio se encaixavam no perfil da emissora, ou, como ele mesmo definiu: "Silvio Luiz tinha MTV nas veias". Foi a primeira vez que a MTV transmitiu uma partida de futebol, e, ainda, ao vivo. O jogo foi realizado no dia 1.º de dezembro de 1997 no estádio do Bangu, com renda revertida para a luta mundial de combate à Aids. O resultado não foi muito

Até **rock** *ele gravou.*

animador para o time da emissora — formado por craques da música como Jorge Ben Jor, Dado Villa Lobos, Samuel Rosa, Guto Goff, Tony Garrido, Andrias (do Sepultura), Claudinho e Buchecha —, que sofreu uma goleada implacável: 13 a 0.

Como repórter de campo, Silvio contou com a divertida e surpreendente participação de Marcelo Yuka, baterista do Rappa, que se saiu bem na função.

No ano seguinte a idéia foi ampliada com a realização do *Rock'n Gol*, um campeonato entre conjuntos. Silvio narrou a maioria das partidas, aceitando um novo convite de Góes, que achava importante que a MTV mantivesse a irreverência também na transmissão do campeonato entre bandas e músicos. A MTV não queria nenhum locutor tradicional, queria alguém sem papas na língua. Durante as narrações, Silvio abusava dos palavrões. Como ele ainda era contratado do SBT, novamente — como aconteceu durante a polêmica do *Clube dos Esportistas*, quinze anos antes — ele teria de ouvir as broncas do amigo Ivandir Kotait, diretor da emissora, que chamava sua atenção e não concordava com a maneira como transmitia as partidas da MTV.

Foi durante o *Rock'n Gol* que surgiu mais uma novidade: Silvio deixava o celular ligado durante as transmissões, e se o aparelho tocasse, ele não tinha dúvidas: atendia e conversava no ar. Soninha foi a comentarista do *Rock'n Gol* daquele ano. A aceitação do público foi muito boa, e a relação com os novos atletas também. Os músicos vestiam a camisa, lutavam com excesso de vontade e alguns jogos ficavam quentes. O evento tornou-se um sucesso.

Em 1999 a experiência foi bem além. Silvio chegou a apitar alguns jogos. É claro que houve muita reclamação contra o árbitro: em um jogo em que os integrantes do Doctor Sin participaram, o juiz Silvio expulsou de campo — depois de terem gravado juntos — Ivan Busic por uma jogada violenta (antes do jogo o músico havia se declarado grande fã de Silvio.)

Ivan reconheceu que havia ficado nervoso no lance, mas, ainda sem entender, tentou dialogar com o árbitro:

— Silvião, sou eu, o Ivan!
— Não tem papo, tá fora.
Mais um que descobriu que esse juiz não perdoava ninguém. Terminado o jogo, Ivan ainda teve de agüentar o comentário de Silvio:
—Você é perna-de-pau demais! Vai ser ruim assim lá longe!

BANDEIRANTES

O JUIZ DO JUIZ

Silvio continuou no SBT até o término do seu contrato. Após deixar a emissora, Silvio ficou sem emprego. Dias depois recebeu um telefonema do amigo Ruy Brisolla, então sócio da Traffic, empresa de marketing esportivo que havia assumido o departamento de esportes da Bandeirantes. Brisolla iria realizar um dos maiores gestos de solidariedade que Silvio recebeu em sua carreira. Ele queria conversar com o narrador e marcaram um almoço. Silvio, inseguro com seus rumos profissionais, ainda ligou para outro amigo, o apresentador Fausto Silva, e também o convidou para participar desse encontro.

Brisolla, J. Hawilla (o outro sócio da Traffic), Silvio e Fausto se reuniram nesse almoço. Silvio iria receber uma proposta de Brisolla para — mais um — novo desafio em sua carreira:

— Tenho uma oferta para você comentar arbitragem.

— Mas por que comentar arbitragem? Você acha que eu não tenho mais chance como narrador?

Hawilla, que achava que o jeito debochado de Silvio poderia marcar um novo estilo na análise dos árbitros, respondeu:

— Como narrador, você acabou.

A oferta e o comentário surpreenderam Silvio, que não respondeu na hora. Ele estava desempregado, e a situação do mercado, naquele momento, era ruim. Fausto Silva chamou Silvio para uma conversa reservada:

— Melhor pegar isso do que não fazer nada.

Silvio então chegou para os donos da Traffic e anunciou, no seu melhor estilo:

— O que vier, eu traço. Eu aceito comentar arbitragem.

Hawilla ainda reforçou:

— Mas é pra meter o pau! Xingar todo mundo!

Silvio então começou a comentar arbitragem na equipe principal, ao lado de Luciano do Valle. Algum tempo depois Silvio foi chamado para um novo encontro na Bandeirantes com Brisolla, Luciano Callegari Jr. e Hélio Sileman. Brisolla iniciou a reunião:

— Nós chegamos à conclusão de que você tem de voltar a narrar.

Silvio ficou satisfeito com a proposta. O pedido para Silvio voltar a narrar partiu de Luciano do Valle, que achava um desperdício — para a empresa e para o profissional — colocar um grande narrador para comentar arbitragem.

Terminada a reunião, Silvio deu uma carona para Brisolla até a sede da Traffic. Naquele mesmo dia ele ainda recebeu um pequeno aumento.

Narrando pela Bandeirantes/Traffic em 1999, Silvio pôde fazer um novo amigo: o ex-jogador Neto estreou comentando uma partida a seu lado. Silvio deu uma força e uns conselhos, explicando qual o melhor momento para entrar com o comentário e passando deixas certas para o parceiro, porém não deixaria escapar a oportunidade de aprontar com o estreante, que costumava roer as unhas durante os jogos. Assim que ele chegava com a mão perto da boca, Silvio pedia no ar que Neto

J. Hawilla, da Traffic.

tirasse o dedo do nariz. Também o chamava de "porpeta". Neto levava na brincadeira, mas como não mandava recado, sendo até agressivo nos comentários, muitas vezes também fechou a cara para ele — por alguns minutos.

Eles trabalharam em muitas transmissões *off tube* do estúdio. Neto aproveitava para se deliciar com as frutas levadas pela produção. Como o comentarista comia quase todas as frutas, Silvio reclamava no ar. Neto, pego de surpresa, ficava sem reação e não conseguia se defender.

A COBRA FUMOU COM O RATINHO

O apresentador Ratinho sempre se declarou fã e seguidor do estilo de Silvio Luiz. Ele o achava diferente, principalmente por Silvio sair do comum e abusar da criatividade.

Em uma visita que fez a Brasília Ratinho leu, em um jornal local, uma entrevista de uma página em que Silvio fazia pesadas críticas ao tipo de programa que ele apresentava. A admiração rapidamente se transformou em ódio. Ratinho deixou de escutar as transmissões de Silvio, ficou com uma mágoa muito grande e começou a bater forte em Silvio no seu programa.

Certo dia Alexandre, então funcionário do SBT, estava almoçando no restaurante da emissora, sozinho em uma mesa, quando Ratinho entrou. Os amigos em comum começaram a provocar, por brincadeira, os dois:

— Ô, Ratinho, sabe que ele é filho do Silvio Luiz? Fala agora a sua opinião sobre o pai dele!

Ratinho dirigiu-se à mesa de Alexandre e passou a explicar:

— Eu falo mesmo, porque seu pai fala mal de mim. Eu não sei o que ele tem contra mim.

— Você tem esse direito. Sei bem quem é o meu pai. Eu só quero que você não confunda as coisas. Não quero ser comparado a ele. Meu pai é meu pai e eu sou eu. Você tem problema com ele, vocês que se virem. Não tenho nada com isso.

Ratinho ficou impressionado com as palavras de Alexandre, foi se servir e voltou em seguida:

— Posso almoçar com você?

Alexandre concordou, e Ratinho prosseguiu:

—Você sabe por que seu pai não gosta de mim?

— Olha, Ratinho, sendo sincero, acho que começou por causa de ciúme. Eu sou um fã do seu estilo, sempre admirei o seu trabalho e o jeito como você faz televisão, comunicando diretamente. E o meu pai sempre foi como você, mas há muitos anos, em uma época em que não se ganhava dinheiro. Então, acho que é um pouco de ciúme e um pouco de inveja. Nós sempre "brigávamos" à noite, porque eu queria ver o seu programa e ele não queria. Eu acho que ele até gosta de você. Mas o principal motivo, na minha opinião, de ele falar mal de você é querer provocar polêmica.

Ratinho se desarmou com a franqueza:

— Eu também admiro muito seu pai. Já falei várias vezes que, se eu fosse um profissional de esportes, gostaria de ser o Silvio Luiz. Eu já o encontrei duas vezes e fui até ele, mas acabei sendo maltratado. Hoje eu voltei a gostar do Silvio Luiz, não por ele, mas por você.

Nesse mesmo dia, durante seu programa, Ratinho mandou "um abraço para o grande narrador esportivo Silvio Luiz".

Alexandre fez uma cópia dessa parte do programa e levou até seu pai:

— A cagada que você fez, eu consertei. A decisão de manter a amizade com ele é sua. Acho que é melhor você pedir desculpa pra ele.

Alguns dias depois, novamente na hora do almoço, Silvio telefonou para o celular de Alexandre e perguntou se o Ratinho estava no restaurante naquele momento. Alexandre passou o celular para o apresentador e eles conversaram por um bom tempo. Silvio foi convidado para participar do programa. Ele foi, mas antes tiveram um longo encontro no camarim, quando acertaram as diferenças.

Depois desse encontro, descobriram muitas semelhanças no estilo metralhadora-giratória: o que acham que devem falar, eles falam... e depois esperam para ver o que ocorre.

O MUNDO SEGUNDO SILVIO LUIZ

O estudante de Cinema da Escola de Comunicação e Artes da USP André Francioli pretendia realizar um curta-metragem que mostrasse, por uma lenta estrutura de imagens, que o ser humano estava perdendo a capacidade de apreciar o que é lento. Em confronto com as imagens, André queria que um narrador esportivo fizesse a locução do filme. Essas imagens teriam de pegar o locutor de surpresa, para testar até onde ele poderia chegar.

Desde que teve a idéia, André sabia que Silvio era o único locutor que tinha o espírito ideal para participar do filme. Além disso, ele sentia que o curta precisava de suas ironias para não ficar muito cerebral. Silvio era perfeito para o filme porque assumia vários personagens enquanto narrava: o narrador que se coloca no lugar do torcedor, que fala com o espectador e que se assume ora como personagem, ora como locutor.

Depois de montado, o vídeo ficou com a duração de seis minutos, com situações do cotidiano, aparentemente sem ligação, misturadas com elementos de futebol. André telefonou então para a Bandeirantes e procurou por Silvio. Pouco tempo depois ele ligou de volta. André explicou sua proposta, falou que não tinha verba, mas Silvio se interessou pela criação:

— E qual vai ser o nome do filme?
— "O mundo segundo Silvio Luiz".

Silvio riu da escolha:

— Você está ferrado.

Ele encarava mais um novo desafio.

A capacidade de improvisar de Silvio também era importante para o curta porque o filme era construído à base da surpresa.

Exatamente como um jogo de futebol. O filme tinha um *take* que mostrava uma mala (modelo executivo) — emoldurada pelas traves do gol — em um campo de futebol, durante um minuto.

A idéia de André era esvaziar a locução de Silvio Luiz para ver até onde ele poderia chegar. Um jogo entre o que o narrador percebia nas imagens e o que o telespectador poderia perceber. Só que Silvio, sem conhecer a proposta do autor, atropelou a idéia e conseguiu segurar a locução. André chegou a considerá-lo co-autor do filme.

André rodou quatro vezes o copião do filme para que Silvio narrasse. Em cada uma delas ele fazia observações completamente diferentes do que havia dito anteriormente. Na edição, André selecionou as melhores frases.

O *Mundo Segundo Silvio Luiz* foi um dos curtas-metragens mais premiados de 2000, bem recebido pela crítica e com uma carreira vitoriosa no circuito dos festivais.

A VOZ

Na metade de 1999 os amigos começaram a reparar que Silvio estava ficando rouco no final dos jogos. Ele havia feito um exame no começo do ano e o resultado apontara que havia um pequeno pólipo na sua garganta. Procurou novamente seu médico, doutor Menon, e fez um novo exame, que revelou que o pólipo aumentara muito de tamanho. A solução seria operar.

Silvio tinha medo de doença — qualquer doença — e ficou apavorado com a possibilidade de que pudesse ser câncer. Deixou-se abater. Ele transmitia sua apreensão ao falar da operação. A preocupação era sentida pelos que conviviam com ele. Uma operação para retirada de pólipo na garganta seria motivo de temor para qualquer pessoa. Porém, no caso de Silvio — ou de qualquer profissional que ganhe a vida com a voz —, esse drama alcançava outros contornos. Não bastaria apenas acabar com o problema, seria preciso voltar a ter a mesma voz conhecida. E a operação iria mexer com suas cordas vocais.

O período pré-operatório foi de muita tensão. Silvio decidiu marcar logo a cirurgia e — sem avisar Márcia — ser operado em outubro.

Ele pensava que o medo da cirurgia fosse a pior parte porque não imaginava o que estava por vir. Sua fala demorou muito para voltar. Três meses depois sua voz ainda estava rouca, muito grave, quase inaudível. Um terrível período de sua vida, em que precisou muito da ajuda da família e dos amigos.

Com a demora para melhorar, Silvio começou a achar que não conseguiria voltar a usar a voz para trabalhar. Para piorar sua recuperação, Silvio se tratou com uma fonoaudióloga que acreditava que a operação fora mal realizada. Ela também optou por um tratamento completamente equivocado, que incluía gritos e muitos exercícios. E longos oito meses depois, Silvio — a essa altura totalmente desanimado — ainda não conseguira ter uma voz sequer compreensível.

A Traffic continuou pagando seus salários normalmente, mas Silvio bancou os médicos do próprio bolso. Pouco tempo depois da operação, Silvio — acreditando que sua recuperação seria rápida — começou a gravar videoteipes para testar a fala. (No primeiro teste que fez, abandonou a gravação após ter ficado com medo de gritar gol e prejudicar a recuperação do local operado.)

Ao mesmo tempo que queria voltar logo, Silvio se abatia psicologicamente. A vontade de retornar ao trabalho contribuía para atrasar a recuperação, pois ele ficava desesperado ao perceber que a voz continuava falhando nos testes que fazia.

Só depois de procurar outros médicos e de certificar-se de que a cirurgia tinha sido perfeita, Silvio decidiu mudar de fonoaudióloga. Ele passou a fazer sessões de fonoaudiologia com a doutora Mara Belau. A melhora foi rápida e sensível. Ele ainda não tinha recuperado plenamente a voz, mas insistia com a direção da

Traffic para voltar a narrar. Mas quando saiu a lista dos profissionais que iriam para Sidney, na cobertura das Olimpíadas, e seu nome não estava lá, Silvio ficou profundamente magoado.

Ele foi escalado para ficar de *standby* no Brasil, passando as madrugadas no estúdio da Bandeirantes. Como a emissora tinha dois satélites, seria quase impossível que o sinal caísse e ele tivesse de entrar no ar. Sem ter o que fazer, cansou de passar as noites em claro, levou um colchonete, um cobertor e um travesseiro para o estúdio, e chegou a dormir enquanto esperava ser chamado pela coordenação da transmissão.

Ao mesmo tempo, continuou o tratamento com a doutora Belau, aprendeu a recolocar a voz e, em menos de três meses, estava completamente curado. Uma melhora que ele atribuiu à doutora Belau, ao apoio da família e dos amigos e ao seu esforço. Durante sua recuperação, Silvio lembrava que Márcia cansou de avisá-lo de que ele usava a voz de maneira errada e que poderia ter problemas de tanto forçá-la. Recordou-se também das gozações que fazia com Toquinho — durante a Copa da Itália — enquanto o músico fazia exercícios para as cordas vocais.

Ele conseguiria recuperar a voz, mas teria outras lutas pela frente. Mesmo depois de sua voz ter voltado, passaria a ser escalado freqüentemente para ficar de *standby* nas transmissões esportivas. Silvio não conseguia, por mais que tentasse ser profissional, entender essa situação. Nesse momento, Silvio, que nunca soube conviver com a fama e aceitar o próprio sucesso, reconheceu para si mesmo que não merecia aquela situação. Somente no pior momento da sua carreira lembrou-se de pedir mais reconhecimento, mesmo sem perceber que sua vida foi uma eterna competição. Veio à mente a frase que disse para sua mãe, logo após a Copa da Espanha, em 1982: "Mãe, primeiro eu fui o filho da Elizabeth Darcy; depois o irmão da Verinha Darcy; então passei a ser o marido da Márcia; mas agora eu sou o Silvio Luiz".

Em janeiro de 2000 Galvão Bueno narrou os jogos do Pré-

Olímpico pela Rede Globo. Em uma das transmissões Galvão perdeu a voz e ficou um pouco rouco. No dia seguinte, sem saber que Silvio estava se recuperando da operação, o narrador da Globo recebeu um telefonema. Era Silvio, que mal podia falar e nem conseguia dizer frases longas:

— Sou eu, o Silvio. Se cuida. Eu vi sua transmissão ontem.

Mesmo sem Galvão ter conhecimento de seu problema, Silvio, preocupado com a rouquidão dele, apressava-se em avisar o companheiro:

— Vou te dar o endereço do meu médico, procure um médico.

A preocupação de Silvio comoveu o colega. Galvão teve apenas um problema passageiro.

Somente nove meses depois da operação, Silvio voltou a brincar. Seguindo a recomendação da doutora Belau, ele andava pelos corredores da Bandeirantes sempre com uma garrafinha de água na mão, o que provocou a curiosidade do jornalista José Paulo de Andrade:

— Silvio, por que você está sempre com essa garrafa?

— A fonoaudióloga mandou eu tomar muito água.

— Sim, mas ela mandou você beber e não carregar. O pessoal está desconfiando que você vai começar a vender água.

COMEÇAR DE NOVO

Foi um curto período de alívio. A fase estava longe de melhorar. Depois de quase um ano longe do microfone e logo após sua voz voltar a ter a mesma potência, Silvio, aconselhado por seu médico, fez uma biópsia da próstata. Quando o exame chegou, Silvio deixou o envelope fechado durante quinze dias em cima da mesa de seu escritório, com medo de enfrentar o resultado. Um dia, ele pegou o envelope e encontrou um amigo, Gil de Oliveira, que, depois de uma conversa, convenceu Silvio a lhe entregar o exame. Gil abriu o envelope na frente de Silvio. Eram oito folhas, cada uma com o resultado de um exame. Gil lia uma folha por vez, verificava a conclusão do laboratório e anunciava:

— Olha, aqui não tem nada: 1 a 0 pra você.

E continuava a contagem:

— Nesta também não: 2 a 0 pra você.

O placar estava marcando 7 a 0 para Silvio, mas na última folha o exame apontou o começo de um câncer.

Na mesma hora eles ligaram para o médico e foram até o consultório. O médico constatou que realmente havia um tumor em estado inicial. Silvio ficou fora de sintonia. Ele pensou que tinha vencido ao recuperar a voz. Estava retomando a carreira aos poucos e agora tomava outro golpe. Para Silvio, isso parecia ser o definitivo fim de sua carreira. O drama se repetia em menos de um ano.

Silvio consultou então outro médico e depois outro, e esse terceiro garantiu a ele que a ameaça do câncer, naquele caso, não era tão grave assim. Os médicos apontavam várias maneiras de tratamento, que aumentavam ainda mais sua indecisão. Mas Márcia, precavida depois da operação na garganta, agiu com firmeza e praticamente o obrigou a definir o médico e a marcar sem demora a operação. Silvio escolheu o doutor Nelson Gataz. Era outubro de 2000 — um ano antes Silvio lidava com seu problema na voz —, e ele agora queria deixar a operação apenas para janeiro, mas Márcia escolheu, depois de consultar a efeméride, o dia 12 de novembro para a cirurgia. Nessa mesma época o governador paulista Mário Covas também estava vivendo seu drama, em uma luta contra o câncer. O impressionável Silvio ficou mais perturbado ainda.

O doutor Gataz pediu vários exames a Silvio e explicou-lhe que, depois da operação, ele não poderia mais ter filhos. Silvio chegou a rir e disse que isso não era problema para um sessentão. Mas o médico garantiu que ele continuaria tendo relações sexuais normalmente. A cirurgia foi perfeita, e a recuperação, bem rápida. O médico ficava cobrando se o seu órgão estava reagindo normalmente. Silvio pedia calma. Depois de três meses

de muita paciência, Silvio telefonou para o médico festejando:
— Doutor, levantou!

39 ANOS DEPOIS...

No começo de 2001 Silvio Luiz recebeu uma proposta da direção da Rádio Bandeirantes. A oferta veio no momento exato, porque Silvio estava sem rumo, mas com muita vontade de trabalhar. Ele saía de casa para ir ao banco e ver os amigos (eventualmente era escalado para narrar um videoteipe ou para ficar de *standby* em alguma transmissão).

O importante convite partiu da direção da rádio. Como Silvio era sempre chamado a participar dos programas esportivos da emissora, os diretores observaram que sua presença estimulava uma maior participação dos ouvintes. A aceitação do público era cada vez maior. Marcelo Parada, diretor geral da rádio, atento ao fenômeno que estava ocorrendo, captou isso, justamente no momento em que a Bandeirantes precisava de um apresentador para o programa *Esporte em Debate*. Além de Parada, a direção da rádio também apoiou a contratação de Silvio, que voltava à emissora pela qual participara de sua primeira Copa, no Chile, em 1962.

O *Esporte em Debate* era um programa diário, com um resumo das informações do dia, notícias e comentários... Até a entrada de Silvio.

Os jornalistas Paulo Calçade, Fábio Sormani e Leandro Quesada participavam do programa. Calçade e Quesada ficaram um pouco preocupados: os dois assistiam ao *Clube dos Esportistas* e sabiam do que Silvio era capaz. Sormani já havia sido repórter de Silvio na Record e lembrou-se de quando engasgou de tanto rir durante um jogo em que Silvio deu uma receita de bolo.

A Rádio Bandeirantes está situada no distante bairro do Morumbi, em São Paulo. Devido à dificuldade de se conseguir que um convidado participasse ao vivo do programa, Silvio fez sua primeira sugestão à direção da emissora: tentar levar o programa, pelo menos uma vez por semana, para um restaurante situado em uma região mais central da cidade. Como o restaurante Lellis patrocinava o programa, o acordo foi feito com facilidade. (A idéia veio do tempo em que Silvio trabalhou na Rádio Guanabara, no Rio de Janeiro. Uma vez por semana um programa que reunia os técnicos era realizado na Cantina Fiorentina.)

Não foi preciso muito tempo para Silvio transformar o *Esporte em Debate* em um *Clube dos Esportistas* do rádio. Do programa antigo só ficou o nome. A única exigência de Silvio com a produção foi de que as matérias gravadas fossem curtas. Há uma pequena estrutura básica, mas grande parte do que acontece surge na hora. Silvio impôs seu jeito irreverente e até "levou" um auditório para o programa (com gravações de aplausos e manifestações do público).

Uma das invenções do novo programa foi a "audiocassetada", que surgiu de uma armação de Silvio: Quesada estava na concentração da Seleção Brasileira fazendo um boletim ao vivo quando foi interrompido por Silvio:

— Quesada, dá pra você segurar um pouco? Temos de chamar os comerciais.

Quesada, na inocência, respondeu:

— Deixa que eu seguro.

Silvio saiu correndo do estúdio para editar e montar a "audiocassetada", que ficou assim:

— Quesada, dá pra você segurar um pouco?

— Deixa que eu seguro.

José Carlos Carboni, chefe de esportes da rádio, foi vítima indireta das invenções de Silvio ao ligar o rádio do seu carro e acompanhar um romântico diálogo entre um casal, bem no horário do programa. Sem entender nada, ele então ouviu a voz de Silvio descrevendo a ação do filme que estava no ar no Canal 21 (também pertencente à Rede Bandeirantes). Silvio havia aumentado o volume da televisão do estúdio para "conversar" com o filme.

O Canal 21 sempre exibia um filme durante o período do programa. O assunto "em debate" eram coxinhas e salgadinhos, já que Roberto Pedrosa — correspondente da emissora no Rio de Janeiro —, depois de dar as informações sobre a CBF, foi perguntado sobre o que iria comer no jantar. Para dinamizar a conversa, Silvio abriu o áudio da televisão e colocou o som no ar, comentando uma ardente cena do filme que estava sendo exibido. Silvio até que pegou leve:

— O que é isso? Tá saindo briga aqui no filme.

Mas Quesada misturou tudo:

— O cara tá querendo comer a coxinha.

As gargalhadas tomaram conta do estúdio.

Para Calçade, que também participava do programa, foi o máximo que conseguia agüentar:

— Pra mim basta. Eu vou sair do estúdio. Vocês ficam aí, tocando o programa.

Quesada não deixou por menos:

— Então eu também vou dar uma volta.

Silvio viu os dois saírem. Ele então ficaria sozinho no estúdio, mas teve a mais inesperada reação:

— E eu também vou dar uma volta.

O estúdio ficou vazio. A produção não sabia o que fazer. O sonoplasta jogou um comercial no ar.

Além do *Esporte em Debate*, Marcelo Parada queria também que fosse criado o *Desafio Bandeirantes*, um programa de pergunta e resposta sobre temas esportivos. O comando dessa atração também seria entregue a Silvio. O formato demorou muito tempo para ser desenvolvido. A idéia veio inspirada no sucesso do *Show do Milhão*, do SBT, mas com várias alterações e adaptações para o rádio. Foram realizados muitos pilotos e vinhetas. Curiosamente, o programa tornou-se também um fenômeno em relação ao público infantil que conseguiu atrair.

Os dois programas alcançaram o primeiro lugar de audiência no segmento de emissoras de jornalismo.

Novo humor no rádio esportivo: **Esporte em Debate.**

Como sempre fez ao longo de sua carreira, Silvio vestiu a camisa da rádio, dando sugestões e palpites na programação. Silvio, do seu jeito, tinha uma enorme gratidão a Parada pelo oportuno convite para comandar os programas, mas mesmo assim não fazia concessão: Parada acabava de sair de uma reunião muito tensa com o departamento comercial e, nos corredores, trombou com Silvio, que tocou em um assunto que não tinha nenhuma ligação com o momento. Parada, na frente das pessoas que participaram da reunião, o interrompeu:

— Silvio, não quero saber disso agora.

Silvio ficou uma semana sem olhar na cara do diretor. Depois o procurou para dar uma lição de moral (que lembrou muito sua discussão com Edson, quando deixou a Excelsior):

— Você me tratou mal, me desrespeitou. Quando você quiser gritar com um funcionário, chame ele para um canto. Não faça isso na frente dos outros.

Minutos depois do desabafo, já voltaria a dar sugestões de pauta para o diretor, voltando a fazer elogios e críticas. Primeiro, uma explosão de cólera; depois, a amizade e o carinho: mais Silvio Luiz, impossível.

Em um dos programas Silvio sugeriu que a produção ligasse para o jogador de vôlei Marcelo Negrão, que se recuperava de uma grave contusão no joelho. Depois da entrevista, Silvio deu uma bela mensagem ao atleta, comparando a situação pela qual o jogador estava passando com a que ele havia vivido. Ambos estavam ameaçados de ficar impedidos de trabalhar. Foram palavras que emocionaram quem acompanhava o programa.

Quesada estava de folga e, depois de ter combinado com a produção, entrou no ar como se fosse um ouvinte, mas imitando um gago. Silvio caiu na brincadeira. Quesada, que se dedicava integralmente a tentar pegá-lo, comemorou muito.

Acabava de ser instalado na sala de Mauro Lissoni, diretor de programação do SBT, um telefone com conferência. Alexandre, filho de Silvio, e o gerente de programação Murilo Fraga — a quem Silvio chama carinhosamente de "Boneco de Olinda" — também estavam na sala. Para testar o telefone, eles tiveram uma idéia: ligaram para o celular de Silvio, que estava no ar com o *Esporte em Debate* e, ao mesmo tempo, telefonaram para Lombardi, o locutor do *Programa Silvio Santos*. Eles simplesmente colocaram um para falar com o outro, mas sem avisá-los. Como Silvio coloca no ar todos os telefonemas que recebe pelo celular, os ouvintes acompanharam um estranho diálogo. Lombardi foi o primeiro a falar:

— Quem é?

E Silvio:

— Quem é você? Você que ligou!

— Não, quem ligou foi você.

A voz inconfundível de Lombardi foi reconhecida por Silvio. Depois de se entenderem, eles conversaram, lembraram histórias, riram, Silvio aproveitou e entrevistou o Lombardi para o programa. Em seguida, despediram-se e desligaram os telefones, ainda sem saber como um não telefonou para o outro naquele dia.

UMA LIÇÃO PARA NÃO ESQUECER

É estranho que duas pessoas tão diferentes convivam no mesmo corpo. Existem dois "Silvio Luiz"; um é o profissional, um astro da narração esportiva, personagem de si mesmo, brincalhão, sarcástico, ácido, um maluco com um microfone na mão falando o que vem à cabeça, sem poupar ninguém. Um apaixonado por futebol que deixou de ser são-paulino ao descobrir que "o futebol é uma caixinha de surpresas entre aspas".

Mas há também a pessoa Silvio Luiz, tão desconhecida do público quanto a verdadeira grafia de seu nome. Em seu RG o Sylvio é com y e não com i, como sempre foi escrito em jornais e nos caracteres da televisão. Um homem organizado, sério, pessimista, responsável... Um amigo que não esquece de ligar nos aniversários e na véspera de Natal. Um pai de família que, para

Teca, André e Alexandre: pelo amor dos meus filhinhos.

dar um presente para os filhos, exigia que eles fizessem por merecer. A cada pedido dos filhos, a mesma frase: "Só quero ver o boletim no final do mês". E se as notas não correspondessem, a ameaça era cortar o passatempo favorito de cada filho: Alexandre não podia mais jogar futebol e acompanhá-lo na Record; Teca não conversava mais com as amigas ao telefone; e André ficava proibido de montar cavalos em torneios na Hípica. (Claro que os castigos tinham negociação.)

Talvez por ter perdido o pai muito cedo, talvez por medo, talvez por ter dificuldade de expor os sentimentos, Silvio, a cada novo momento de sua vida repete uma mesma frase, que usa para justificar quase todos os seus atos: "O que mais me importa é a sobrevivência da família".

Quando estava estourando na Record, Silvio foi convidado do programa *Almoço com as Estrelas* — apresentado por Airton e Lolita Rodrigues — para participar do quadro "Pra quem você tira o chapéu?". O último chapéu tinha o nome da sua mulher. Silvio tentou manter-se firme, mas balançou e desabou a chorar, chamando Márcia de "amiga, companheira e irmã".

Em agosto de 2001, Tom Zé participou de um programa da Rádio Bandeirantes. Assim que o encontrou na emissora, Silvio aproximou-se sem cumprimentá-lo, colocando, na boca do cantor, um microfone ligado a um gravador. Tom Zé nada falou, apenas olhou nos olhos de Silvio e sorriu, transmitindo a afetuosa simpatia de um velho amigo. Logo em seguida disse:
— Silvio, você não precisa mais ser tão feroz, tão desatinado.
Olhe à sua volta, veja que você é um homem famoso. Instituidamente famoso. Veja como todos o respeitam, como ninguém põe mais em dúvida a excelência de sua habilidade profissional.

SILVIO LUIZ É...

"Incontrolável. O jeito era dar corda pra ele."
Luciano do Valle

"Houve um momento na televisão em que o Silvio Luiz ficou mais importante do que a própria partida que ele narrava."
Guilherme Stoliar

"Um troglodita de bom coração."
Fábio Caetano

"Silvio Luiz inventou a reportagem de futebol na televisão, mas não teve seguidores."
Vital Battaglia

"O Silvio mostra a todo momento que qualquer imagem é passível de ser interpretada."
André Francioli

"Silvio, um vilão honesto e forte é melhor que um galã babaca."
Carlos Manga

"Foi, sem dúvida, o melhor repórter esportivo da televisão brasileira."
Reali Júnior

"Se você o levar a sério, você nunca será amigo dele."
Orlando Duarte

"Silvio Luiz pertence a uma dinastia que se caracteriza pela valorização do humor num espetáculo de alta dramaticidade como o futebol."
Armando Nogueira

"Acho que ele nasceu dentro de uma lata de videoteipe."
João Carlos Saad

"Silvio vai continuar sendo um D. Quixote lutando contra moinho de vento. Não vai ganhar nunca, porque moinho de vento é moinho de vento."
Affonso Splendore

"Meu filho chegou pra mim e disse: 'Pai, eu sei imitar o Silvio Luiz melhor do que você'. É um narrador que conseguiu ser admirado por três gerações."
Casagrande

"Na história da televisão, o Silvio só não foi antena, o resto ele já foi."
Ivan Magalhães

"É o narrador que tem o deboche do torcedor, sem cometer a heresia de confundir uma transmissão de televisão com uma de rádio. Revolucionou e, depois dele, ninguém fez nem parecido."
Boris Casoy

"Deus o abençoe, porque ele é um vagabundo genial."
Tom Zé

"O Silvio representa tudo de novo que houve nas transmissões esportivas."
José Luiz Datena

"É um cara que não tem osso na língua, e isso o identifica com o *rock'n roll*."
Ivan Busic

"Tem gente que critica publicamente e pede desculpas entre quatro paredes. Esse nunca foi o estilo de Silvio Luiz. Ele nunca fez questão de agradar."
José Maria Marin

"O Silvio pode ser um gênio, mas quem merece a estátua é a dona Márcia."
Giovanni Bruno

"Uma figura excepcional. Tenho o maior respeito pela sua carreira e pelo ser humano que é."
Itamar Franco

"Existem pessoas com quem você pode brigar feito cão e gato, mas você sempre está junto dela porque tem a certeza de que essa pessoa nunca vai faltar. Eu tenho essa sensação em relação a ele."
Marcelo Parada

"A bronca que o Silvio pode sentir por alguém não dura mais que trinta segundos."
Flávio Prado

"Silvio Luiz, ou você o ama ou você o detesta."
Márcia, Alexandre Sousa, Michel Laurence, José Paulo de Andrade, Juca Kfouri, Gil de Oliveira, Ricardo Saad, José Carlos Carboni, Ciro José...

Capítulo VIII
SILVIO LUIZ POR SILVIO LUIZ

Sempre muito à vontade.

No colinho da mamãe.

"O IMPORTANTE É QUE A NOSSA EMOÇÃO SOBREVIVA"
Eduardo Gudin

O chuca-chuca estava na moda.

Meu primeiro carro.

Folião desde pequeno.

Você ouviu falar de Carmem Cavalaro? Era um exímio pianista.

Rede de televisão: Edmundo Monteiro, Alberto Saad, Carlos Joel Neli e o jovem repórter Silvio Luiz.

O São Paulo dos bons tempos: Pé de Valsa e Maurinho.

O detalhe é o relógio.

O batente estava pesado.

*Você se lembra?
Walter Silva, o Pica-Pau.*

Lea Camargo cantando na chuva.    *Seu Jacob, na TV Paulista.*

Silvio Silveira e Neusa Amaral.

Desentupindo o campo.

Homenagem a dona Elizabeth, entre José Carvalho e Márcia.

Dona Hebe!

Ainda faltava um.

Quem é esse cara ao meu lado?

João Havelange e o papagaio de pirata.

Julinho Mesquita, doutor Sócrates e, como sempre, um "bico".

Olha a intimidade do Rei.

Medalha de prata no futebol em Los Angeles. À minha direita, Dunga; à esquerda, Jair Picerni.

Serginho, Chulapa por minha causa.

O Galinho vira comentarista.

Até hoje não sei por que "Toquinho".

Que saudade do Clube.

*O principe Abdul e José Silvério.
Uma noite nas Arábias.*

Rivellino e Zico.

Júlio Mazzei vê o mundo cor-de-rosa.

Gérson, Zico e Rivellino. Quanto vale esse meio-campo?

Com Rivellino, ao lado da famosa Copa América.

Jorge Vieira: de técnico a comentarista. À esquerda, Juarez Soares.

O príncipe e o mendigo. 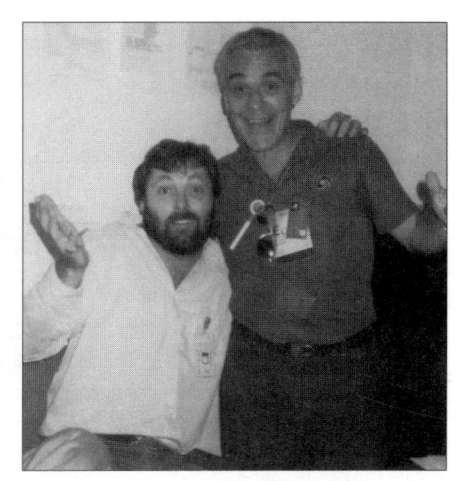   *O filho do artista Bob Mitchum.*

Sérgio Noronha, Kajuru e Juca: um papo de horas.

Seu "Bolacha", agora o Rei do Nordeste.

Cadê o cabelo, Carlito?

Como intérprete do doutor Osmar.

A barriga de Orlando Duarte é maior que a pirâmide.

Uma seleção de amigos: Roberto Carlos, Cafu, Ronaldinho e Antônio Carlos.

Reali Jr. e Flávio Prado. Às vezes a gente se encontra na Copa.

Tamanho é documento. Oscar que o diga.

Galvão Bueno, Pelé e Zé Carvalho.
Ninguém pagou a conta.

Zico e Platini.

Tostão: pouco papo e muita competência.

No Gol Show, um programa de um milhão de reais.

Mario Covas me escutava muito.

Cadê a gravata, Luxa?

Entre Rivellino e Sir Bob Charlton.    *Capacete, mas pode chamar de Júnior.*

Dueto com Vanusa.

Nos tempos da Tiazinha.

Seu Bussunda, quem diria?!

Até tu, Tom?

Faustão: um amigo como poucos.

O Rei do Gado, Antônio Fagundes.

Dona Vera e Zé Francisco, um casal de bons amigos.

Ciro Batelli, o dono de Las Vegas.

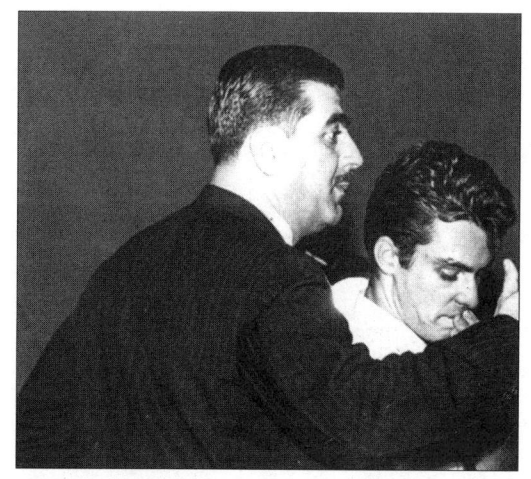

Agradeço a Deus por vocês terem convivido comigo.

Obrigado, Hélio.

Obrigado, Ivandir.

Obrigado, Ruy. *Obrigado, Zezinho.*

BIBLIOGRAFIA

ARAÚJO, Flávio. *O Rádio, o Futebol e a Vida*. São Paulo, Senac, 2001.

CAPINUSSÚ, José Maurício. *A Linguagem Popular do Futebol*. São Paulo, Ibrasa, 1988.

DUARTE, Orlando. *Enciclopédia dos Mundiais de Futebol*. São Paulo, Makron Books, 1995.

Enciclopédia do Futebol Brasileiro. Volumes 1 e 2. Areté Editorial S/A.

ESQUENAZI, Rose. *No Túnel do Tempo: uma Memória Afetiva da Televisão Brasileira*. Porto Alegre, Artes e Ofícios, 1993.

FILHO, Daniel. *O Circo Eletrônico: Fazendo TV no Brasil*. Rio de Janeiro, Jorge Zahar, 2001.

MATTOS, Sérgio Augusto Soares. *A Televisão no Brasil: 50 Anos de História (1950-2000)*. Salvador, Editora PAS – Edições Ianamá, 2000.

MENDES, Luiz. *7 Mil Horas de Futebol*. Rio de Janeiro, Freitas Bastos, 1999.

MORAIS, Fernando. *Chatô, o Rei do Brasil*. São Paulo, Companhia das Letras, 1994.

PECCI, João Carlos. *Toquinho: 30 Anos de Música*. São Paulo, Maltese, 1996.

Rede Record – 45 Anos de História. São Paulo, Antonio Bellini Editora & Design. 1999.

RIXA. *Almanaque da Televisão*. Rio de Janeiro, Objetiva, 2000.

SILVA, Arlindo. *A Fantástica História de Silvio Santos*. São Paulo, Editora do Brasil, 2000.

SKIDMORE, Thomas E. *Brasil: de Getúlio a Castelo, 1930-1964*. Rio de Janeiro, Paz e Terra, 1982.

SOARES, Edileuza. *A Bola no Ar – O Rádio Esportivo em São Paulo*. São Paulo, Summus, 1994.

TAVARES, Reynaldo C. *Histórias que o Rádio não Contou*. São Paulo, Harbra, 1999.

UNZELTE, Celso Dario. *Almanaque do Timão*. São Paulo, Abril, 2000.